Steve Ayan

ICH
UND ANDERE IRRTÜMER

Die Psychologie der
Selbsterkenntnis

KLETT-COTTA

MIX
Papier aus verantwortungsvollen Quellen
FSC® C083411

Klett-Cotta
www.klett-cotta.de

Printed in Germany
Cover: Rothfos & Gabler, Hamburg
unter Verwendung eines Fotos von © Dutchuncle/SHOUT
Gesetzt von Dörlemann Satz, Lemförde
Gedruckt und gebunden von CPI – Clausen & Bosse, Leck
ISBN 978-3-608-96353-3

Zweite Auflage, 2019

Bibliografische Information der Deutschen Nationalbibliothek
Die Deutsche Nationalbibliothek verzeichnet diese Publikation in der Deutschen Nationalbibliografie; detaillierte bibliografische Daten sind im Internet über http://dnb.d-nb.de abrufbar.

*Für alle, die sich noch
über sich selbst wundern*

»Der Intellekt, als ein Mittel zur Erhaltung des Individuums, entfaltet seine Hauptkräfte in der Verstellung.«

FRIEDRICH NIETZSCHE

»Wenn alles nur eine Illusion ist, habe ich entschieden zu viel für meinen Teppich bezahlt.«

WOODY ALLEN

INHALT

II – SICH FINDEN

III – SICH VERTRAUEN

IV – SICH ERFINDEN

V – SICH ÜBERWINDEN

VORWORT

Es gibt Bücher, die sprechen ihren Lesern aus der Seele. Sie erzählen schöne Geschichten von Bäumen, die fühlen können, oder vom Kontakt mit dem Jenseits oder davon, wie man Lügner durchschaut oder alles schafft, was man will. Und dann gibt es Bücher, die schildern ihren Gegenstand so, wie es sich damit tatsächlich verhält. Erstere – sozusagen die Abteilung Mythen und Märchen – sind oft erfolgreicher, letztere jedoch näher an der Wahrheit. Sie, liebe Leserin oder lieber Leser, müssen sich entscheiden. Wollen Sie hören, wie Sie Ihr wahres Ich entdecken und in vollkommener Harmonie mit sich leben können? Dann schlagen Sie dieses Buch besser wieder zu. Wenn sie aber erfahren wollen, was sich über unsere Fähigkeit zur Selbsterkenntnis wissenschaftlich fundiert sagen lässt, auch wenn dies manchmal ernüchternd wirkt, dann sind Sie hier goldrichtig.

Wer ein Buch über die Psychologie der Selbsterkenntnis aufschlägt, hat gewisse Erwartungen. Eine könnte sein, eine Anleitung zur Selbsterforschung zu erhalten, samt Fragenbogen und Tipps, die einem zeigen, wie und wer man wirklich ist. Damit kann ich leider nicht dienen. Von solchen Fahrplänen zum Ich gibt es erstens mehr als genug, und zweitens liefern sie meist fragwürdige Resultate. Denn wer Sie *wirklich* sind, weiß niemand. Am wenigsten wohl Sie selbst!

Wir machen uns nirgends so viel vor wie auf dem Feld der Selbsterkenntnis. Wo, wenn nicht hier, sollten wir aufrichtig sein? Und wo, wenn nicht hier, fällt uns gerade das unsagbar schwer? Wenn man uns fragt, was uns persönlich auszeichnet, sind wir zwar kaum um eine Antwort verlegen. Wir meinen zumeist recht genau zu wissen, woran wir bei uns sind. Doch es gibt keinen absoluten Maßstab dafür, was das wahre Wesen eines Menschen ist. Wie klug, mutig oder mitfühlend ich bin, hängt von den Leuten ab, mit denen ich mich vergleiche. Unter Nobelpreisträgern, Drahtseilartisten oder Seelsorgern stehe ich entsprechend schlecht da. Und um genau das zu vermeiden, wähle ich einen für mich günstigeren Vergleich »nach unten«. Die Selbstbetrachtung soll uns in erster Linie beruhigen und Sicherheit spenden: *Brust raus, Bauch rein – du bist gut so, wie du bist!*

Forscher wissen um diese nur zu menschliche Schwäche und messen die Selbsturteile ihrer Probanden daher an weiteren Parametern: Etwa am Verhalten des Betreffenden, an den Einschätzungen seiner Freunde oder Verwandten sowie an verdeckten Persönlichkeitstests. Doch keine dieser Quellen liefert eine objektive Wahrheit. Wie wir sind, ist nichts Feststehendes, Absolutes, sondern fußt stets auf einer Bewertung, einer Norm, die sich aus dem Verhältnis zu anderen ergibt. So gilt ein witziger Westfale unter Franken leicht als humorlos und ein extrovertierter Emsländer unter Kölnern als verschlossener Kauz. Selbsterkenntnis ist keine Frage von richtig oder falsch, sondern eine Zuschreibung, die mal mehr und mal weniger für sich hat, mal mehr und mal weniger hilfreich ist. Der Wunsch, sich auf bestimmte Eigenschaften festzulegen, birgt dabei eine Gefahr: Er lässt uns leicht übersehen, wie wandlungsfähig unser Ich tatsächlich ist. Und das kann uns viele Chancen verbauen statt sie zu eröffnen.

Eine andere, häufige Erwartung an Bücher wie dieses lautet, sie mögen eine griffige Theorie der Persönlichkeit präsentieren. An solchen Modellen herrscht ebenfalls kein Mangel. Allerdings pressen sie die menschliche Persönlichkeit oft in Schablonen – von der anthroposophischen »Leibertheorie«, wonach wir alle sieben Jahren eine höhere Seinsstufe erklimmen, bis zu jener auf die antike Säftelehre zurückgehenden Typologie der Choleriker, Melancholiker, Sanguiniker und Phlegmatiker. Im Folgenden geht es nicht um solche holzschnittartigen Klischees, sondern um den Blick der Forschung, die zunächst einmal konstatiert, wie Menschen das eben machen: sich selbst betrachten, sich erklären und sich für den Alltag wappnen. Denn dies ist der eigentliche Zweck unseres Selbstbilds: Es soll uns helfen, das Lebens zu meistern. Realismus ist dabei zwar nicht ganz unnütz, aber zweitrangig.

Doch gehört es nicht gerade zum hehren Ideal der Selbsterkenntnis, dass man hart arbeiten und manche Kröte schlucken muss, um es zu erreichen? Das Ego zu überwinden und die eigenen Defizite einzusehen, kostet Überwindung. Dafür aber, so heißt es, winke umso reicherer Lohn: Einklang mit dem Ich. Klare, erreichbare Ziele. Ein authentisches, glückliches Leben. – Schön wär's! Die Forschung legt eher das Gegenteil nahe. Ein gewisses Maß an Selbstüberhöhung, eine etwas zu rosige Vorstellung davon, wie kompetent, integer oder beliebt wir sind, oder was uns die Zukunft bringen mag, sind eher dazu angetan, dass wir forsch und frei zu Werke gehen.[1] Mit breiter Brust nehmen wir Herausforderungen an und bewältigen Krisen besser. Lassen Sie sich nicht einreden,

Sie müssten sich selbst ganz genau analysieren, bevor Sie mit dem guten Leben beginnen könnten! Um erfolgreich und zufrieden zu sein, ist eine Portion Ignoranz und Übermut oft dienlicher. Was nicht heißt, dass man der Verblendung freien Lauf lassen sollte. Hochmut kommt vor dem Fall, weiß der Volksmund; und in der Tat macht zu viel Überheblichkeit mitunter einsam oder sogar krank. Die Gefahren der Hybris werden uns im Folgenden ebenso beschäftigen wie die der exzessiven Selbstprüfung.

Kein Fahrplan zum Ich, keine Charakterkunde – was erwartet Sie in diesem Buch stattdessen? Kurz gesagt, eine Reise durch die moderne Selbsterkenntnisforschung und ihre aufregenden Befunde. Diese lehren uns vor allem zwei Dinge: Erstens wurzeln die Kurzschlüsse und Verzerrungen unseres Selbstbilds tiefer in uns, als wir glauben. Und zweitens sollten wir sie nicht vorschnell als Fehler betrachten, die es auszumerzen gelte, sondern als durchaus nützliche Kniffe. Unser Geist ist nicht dafür geschaffen, sich selbst zu erkennen, sondern um zu funktionieren – also das Überleben des Individuums zu sichern. Weil ein allzu abgehobenes Selbstbild dabei hinderlich wäre, verfügen wir über Mittel, um uns kritisch und distanziert zu betrachten. Allerdings ist es quasi unumgänglich, dass wir uns für anders und das heißt in der Regel für *besser* halten, als wir sind. Es kommt auf die Balance an zwischen dem schönen Gefühl, kompetent, belastbar oder liebenswert zu sein, und der Einsicht, dass einem doch noch ein Stück zur Vollendung fehlt. Ich hoffe, die hier versammelten Arbeiten und Erklärungsmodelle sind Ihnen auf diesem Weg Stütze und Orientierung zugleich.

Die folgenden Kapitel gliedern sich in fünf Abschnitte. In »Sich betrachten« geht es darum, wie wir uns selbst wahrnehmen und eine Vorstellung vom eigenen Ich bilden. Hier betrachten wir das subtile Wechselspiel von bewussten und unbewussten Prozessen ebenso wie die Lücken und Verzerrungen der Introspektion, unserer subjektiven Innenschau. Der zweite Teil »Sich finden« behandelt den Mythos vom authentischen Ich und die subtile Kraft unserer Erinnerungen und Überzeugungen. In »Sich vertrauen« gehen wir den dahinterstehenden Motiven auf den Grund, wie etwa dem Wunsch nach Vertrauen, Kohärenz und einer moralisch weißen Weste. Der vierte Abschnitt »Sich erfinden« erklärt, warum unser Selbstbild stets sozial konstruiert ist, also auf den Erzählungen von und den Vergleichen mit anderen beruht. Und im fünften Teil »Sich überwinden« blicken wir schließlich über den Tellerrand unserer vermeintlich stabilen Persönlichkeit und lernen Methoden kennen, mit deren Hilfe man sich neu justieren und verändern kann.

Heidelberg im Januar 2019

EINLEITUNG

Gnothi seauton, »Erkenne dich selbst!«, ist einer der berühmtesten Sätze der Philosophiegeschichte. Er zierte neben anderen Ratschlägen wie »Nichts im Übermaß« und »Bürgschaft bringt Unheil« die Vorhalle des Apollon-Tempels von Delphi am Berg Parnass. Hier befand sich etwa ab dem 7. Jahrhundert vor Christus eine Orakelstätte, in der die Hohepriesterin Phytia Besuchern die Zukunft weissagte. Laut antiken Quellen galt der Appell »Erkenne dich selbst!« ursprünglich allerdings nicht dem Ausloten persönlicher Eigenarten. Vielmehr sollte der Ratsuchende beim Betreten des Heiligtums die eigene Sterblichkeit und die Hinfälligkeit des Menschen bedenken. Sich in diesem Sinn als schwach und begrenzt zu erkennen, dieser Akt der Demut galt als Gegengift zur verbreiteten Hybris, dem Hochmut. »Erkenne dich selbst!« war somit dem Ursprung nach die Antithese zu jener egozentrischen Selbstbespiegelung, für die diese Maxime heute oft steht.

Die Idee, man müsse seine individuellen Eigenarten und Talente möglichst gut ergründen und ausschöpfen, war den alten Griechen eher fremd. Ihr Ideal des »dem eigenen Wesen gemäßen« Lebens, die Eudaimonie, zielte noch nicht auf Selbstverwirklichung und die Optimierung der eigenen Potentiale, sondern auf einen Zustand der Seelenruhe, eine Art glückseligen Stillstand, den wir uns heute, in einer Zeit der permanenten Veränderung, kaum noch vorstellen können. Gleichwohl stand der Appell zur Selbstvergewisserung, zum Nachdenken darüber, was den Menschen ausmache, am Beginn der abendländischen Kultur. Und dieses Erbe wirkt bis heute fort.

Zu wissen, wer man ist, so glauben wir, sei die beste Gewähr, das für einen selbst Richtige zu tun. Viele Weichenstellungen der persönlichen Lebensgestaltung, etwa bei der Berufs- oder Partnerwahl, machen wir von den Eigenschaften, Fähigkeiten und Bedürfnissen abhängig, die wir an uns und anderen entdecken. Schließlich klappt es mit dem Job oder mit der Beziehung wohl nur dann, wenn das *Matching* stimmt, wenn Profil und Anforderung, Wunsch und Wirklichkeit zusammenpassen. Selbsterkenntnis soll uns hierbei als Kompass dienen. Mit ihrer Hilfe wollen wir sicher durch die stürmischen Gewässer des Lebens navigieren. Wer sich selbst genau kenne und sich von äußerlichen Zwängen und Täuschungen freimache, wer also selbstbestimmt und authentisch handele, der werde quasi unvermeidlich glücklich. Für manche besteht darin gar der tiefere Sinn des Lebens.

Doch wie macht man das – sich selbst erkennen? Eine sichere Methode dafür gibt es nicht. Zwar mangelt es kaum an Leuten, die uns Antworten auf die große Frage »Wie bin ich?« versprechen. Zu allen Zeiten wurden Theorien darüber ersonnen, wie sich unser Charakter erfassen und beschreiben lasse. Doch die meisten davon halten einer näheren Prüfung kaum stand. So zum Beispiel die vom Schweizer Tiefenpsychologen Carl Gustav Jung (1875–1961) entworfene Typenlehre, die zwischen in sich gekehrten, introvertierten sowie geselligen, extrovertierten Denk-, Fühl-, Empfindens- und Intuitionsmenschen unterscheidet. Demnach gibt es etwa den »extrovertierten Empfindenstyp«, der vor Lebenskraft strotzt und nach Genuss strebt, oder den »intuitiven Denktyp«, der den Kopf in den Wolken hat und wenig praktisches Geschick besitzt. Jungs Panoptikum der Klischees ließ Katherine Briggs (1875–1968), eine US-amerikanische Hausfrau mit einem Collegeabschluss in Agrarwirtschaft, zusammen mit ihrer Tochter Isabel Myers (1897–1980) in das Modell des Myers-Briggs-Typenindikators (MBTI) einfließen. Es kombiniert vier von Jung inspirierte Begriffspaare wie »Fühlen versus Denken« oder »Urteilen versus Wahrnehmen« derart miteinander, dass unter dem Strich $2^4 = 16$ Charaktertypen herauskommen. Allerdings scheiterten sämtliche seriösen Versuche von Persönlichkeitsforschern, dieses Schema als trennscharfe, reproduzierbare Beschreibung echter Menschen zu verwenden.[1] Es ist, kurz gesagt, reine Psychofolklore.

Dennoch fand der MBTI Eingang etwa in die Personalauswahl und in die Lebenshilfe und wird von Coaches und Therapeuten bis heute immer wieder aufgebrüht.[2] Schließlich kommen griffige Labels bei deren Kunden meist besser an als sperrige wissenschaftliche Fakten. In diesem Buch lasse ich derlei Küchenpsychologie bewusst beiseite. Es geht hier vielmehr um jenen Fundus an empirisch gesicherten Hypothesen und Effekten, die die Erforschung der Persönlichkeit und Selbsterkenntnis zutage förderte. Mit den blumigen Erklärungen der Ratgeber hat das eher wenig zu tun. Denn anders als diese liefert die Forschung zahlreiche Hinweise darauf, wie schwierig, ja geradezu unmöglich es ist, sich selbst unvoreingenommen zu betrachten. Unser Bild vom eigenen

Ich ist lückenhaft und systematisch verzerrt. Doch das ist tatsächlich auch gut so!

Wir haben ein sonderbar gespaltenes Verhältnis zur Selbsterkenntnis. Wir schätzen sie so hoch wie kaum etwas anderes, und gleichzeitig meiden wir sie wie der Teufel das Weihwasser. Wir wünschen uns nichts sehnlicher, als uns selbst zu durchschauen, und haben doch einen Heidenrespekt davor. Wer weiß, was für unangenehme Wahrheiten dabei herauskämen? Beschlich Sie auch schon einmal der Verdacht, Sie sollten mancher Annahme über sich selbst besser nicht zu sehr auf den Zahn fühlen? Zum Beispiel der, Sie seien ein guter Freund oder ein verständnisvoller Partner? Eine gute Mutter oder ein guter Vater? Sind Sie wirklich so hilfsbereit, ehrlich oder großzügig, wie Sie meinen? Ich schätze, es geht Ihnen damit ähnlich wie mir. Wenn man mich fragt, sage ich: »Klar bin ich das, was sonst!« Und sicher fallen mir auch ein paar passende Beispiele ein: Wie ich einem Kumpel einmal aus der Patsche half oder die gefundene Geldbörse an den Eigentümer zurücksandte. Davon abgesehen drücke ich mich aber vor genauerem Nachbohren. Ein Quantum Ignoranz sich selbst gegenüber ist nicht umsonst so oft vorzufinden – es erweist sich als überaus nützlich.

Eine zentrale Erkenntnis der Psychologie besagt, dass wir stets bewusste *und* unbewusste Anteile in uns vereinten. Dieser doppelte Boden ist der Grund dafür, dass rationale Überlegung und Vorurteil, bewusster Wunsch und Täuschung zugleich in uns am Werk sind. Ein zweiter verblüffender Befund lautet: Sich Illusionen über das eigene Ich zu machen, ist kein Defekt, sondern unvermeidlich – und gesund. Denn die Fähigkeit, andere wie auch sich selbst hinters Licht zu führen, hat eine Menge für sich. In vielen Lebensbereichen sind wir nur dann erfolgreich, wenn wir Kompetenz und Vertrauenswürdigkeit ausstrahlen. Das wiederum gelingt deutlich besser, wenn man sich selbst für kompetent und vertrauenswürdig hält und über anders lautende Hinweise hinwegsieht. Warum sonst, meinen Sie, gibt es so viele Egomanen und Schönredner auf der Welt? Weil ihre Masche zieht! Und dieselben Tricks, mit denen wir unsere Nächsten bezirzen, wenden wir auch auf uns selbst an. Wir täuschen uns und unsere Mitmenschen laufend, wir können gar nicht anders, denn der schöne Schein, die gefühlte Sicherheit helfen uns, jene Ziele zu erreichen, die wir uns vornehmen. So wird die Täuschung zur unentbehrlichen Zutat für ein gelingendes Leben.

Zugegeben, das ist starker Tobak für all jene, die von einem authentischen Leben träumen. Für sie liegt der Weg zum Glück darin, unter allen Umständen wahrhaftig zu sein. Sie wollen sich vom Unechten befreien, von den Maskeraden, den auferlegten Pflichten und Ansprüchen. Die allgegenwärtige Verstellung hindere sie nur daran, ihrer wahren Bestimmung zu folgen. Doch womöglich gehen sie dabei von einer falschen Prämisse aus. Vielleicht gibt es jenen festen Wesenskern, das wahre Ich, dem sie treu sein wollen, gar nicht.

Natürlich sind Selbstbeobachtung und -reflexion nicht grundsätzlich zwecklos. Man kann sich mit ihrer Hilfe sehr wohl ein Stück besser kennenlernen. Selbstkritik ist dabei ebenso dienlich wie eine distanzierte Sicht auf das eigene Denken, die man etwa bei der Achtsamkeitsmeditation einübt, oder der Blick in den Spiegel, den uns enge Freunde bisweilen vorhalten. Allerdings: Negative oder unangenehme Seiten gestehen wir uns nur ungern ein. Ausgerechnet diese auszublenden, kann jedoch kaum Zweck der Übung sein. So führt intensive Ich-Beschau häufig zu Frustration und Unbehagen.

Die meisten Menschen wollen das nicht. Folglich richten sie ihr Selbsturteil danach, was sich gut anfühlt und ihren vorgefassten Meinungen entspricht. So kommt es, dass sie oft nur das bemerken und sich nur an das erinnern, was in ihr geschöntes Selbstbild passt. Halte ich zum Beispiel viel auf meine Intelligenz, bleiben mir Erfolgserlebnisse eher im Gedächtnis haften. Dass ich einst durch die Examensprüfung gerauscht bin, lässt mich hingegen kaum an meinen Geistesgaben zweifeln – das lag schließlich bloß an den dummen Fragen des Prüfers. Auch was ich mir zutraue oder welche Ziele ich mir stecke, unterliegt solchen Beschönigungen. Das geht deshalb oft gut aus, weil das Bild, das ich von mir habe, die Macht besitzt, sich wie eine selbsterfüllende Prophezeiung zu bestätigen. Wir sind zu einem Gutteil, wie wir sind, weil wir *glauben,* so zu sein.

Ist genaue Selbstprüfung also gar nicht empfehlenswert? Jein! Sich meditativ ins eigene Ich zu versenken, innere Zwiesprache zu halten oder ein intimes Tagebuch zu führen, aber auch Fragebögen zu wälzen oder digitales Self-tracking zu betreiben, all dies kann interessante Einblicke gewähren, keine Frage. Doch wie der britische Philosoph Quassim Cassam betont, ist der *Versuch*, Selbsterkenntnis zu erlangen, etwas grundlegend anderes als der *Zustand*, sie zu besitzen.[3] Sich selbst gut zu kennen, mag von Vorteil sein, etwa wenn es darum geht, realistische Ansprüche an sich zu stellen. Das heißt aber noch lange nicht, dass es ebenso hilfreich wäre, sich selbst auszukundschaften. Dies kann die Psyche vielmehr auch belasten, auf Abwege führen oder die Spontanität hemmen.

Hohe Selbstaufmerksamkeit geht mit emotionalen Kosten einher. Sich andauernd einen Spiegel vorzuhalten, fördert beispielsweise Reue, Scham oder Ängste. Genauso wichtig, wie sich gut zu kennen, ist mithin die Fähigkeit, sich selbst ein Freund zu sein und gnädig auf die eigenen Mankos zu blicken.

Der Schweizer Schriftsteller Max Frisch (1911–1991) kann uns hierbei als Vorbild dienen. Er treibt in seinem Tagebuch ein hintersinniges Spiel mit dem Leser, indem er diesen etwa fragt: »Überzeugt Sie Ihre Selbstkritik?«[4] Denn es ist eine Sache, selbige zu äußern, und eine andere, es auch zu meinen. Wir geben uns zwar gern selbstkritisch, wie wir uns auch oft zielstrebig oder weltgewandt geben. Doch das hat häufig nur Symbolwert – wir demonstrieren damit: *Seht her, wie reflektiert ich bin!* Was davon hängen bleibt, steht auf einem ganz anderen Blatt.

Sind Sie ein gerechter Mensch? Sind Sie geduldig? Sensibel? Mitfühlend? Wenn ja, woran machen Sie das fest? Oder ist etwa der *Wunsch* Vater des Gedankens? Tatsache ist: Die meisten Menschen halten sich für besser, als sie sind. Natürlich gibt es auch solche, die notorisch ihr Licht unter den Scheffel stellen und mit sich hadern; nur sind die deutlich seltener. Und erstaunlicherweise geht ein besonders realistisches Selbstbild vielfach mit einer Neigung zu milder Schwermut einher.[5] Das lässt erahnen, was unser Selbstbild im Normalfall leistet: Es ist ein Schutzschild fürs Ego, eine vertrauensbildende Maßnahme.

Ich möchte Sie in diesem Buch zu einem gelasseneren, nicht so bierernsten Umgang mit sich selbst einladen. Statt nach dem eigenen wahren Ich zu schürfen, sollten wir eher Freundschaft mit uns selbst schließen. Wie die psychologische Forschung zeigt, ist das Ich kein klar umrissenes, stabiles Ding, vielmehr passt es sich fortwährend an wechselnde Gegebenheiten an. Jeder ist viele. Erfreuen wir uns doch an dem heiteren Versteckspiel, das wir mit uns selbst treiben! Eines können wir so sicherlich vermeiden: uns selbst allzu ernst zu nehmen.

I – SICH BETRACHTEN

1 DER BLINDE FLECK

Warum wir uns schlechter kennen, als wir meinen

Ihr Ich liegt vor Ihnen wie ein offenes Buch. Sie müssen nur hineinsehen, um darin zu lesen. Was Sie als Person ausmacht, was Sie gut können und was nicht, was Sie lieben und was Sie hassen, wovon Sie träumen und wovor Sie sich fürchten – all das offenbart sich Ihnen unmittelbar, quasi mühelos. Sie (*nur* Sie) wissen genau, was in Ihnen vor sich geht. So selbstverständlich uns diese Annahme erscheint, sie ist höchst wahrscheinlich falsch! Forschern zufolge haben wir keinen direkten Zugang zum Ich. Wenn wir uns selbst betrachten, stochern wir vielmehr genauso im Nebel wie bei einem Fremden. Nur dass wir bei diesem auf das sichtbare Verhalten achten, denn wir können nicht in die Köpfe anderer hineinblicken. Was wir für unser Ich halten, beruht dagegen vor allem auf Einbildungen. Und das macht es so wenig verlässlich.

Emily Pronin von der Princeton University nennt das die Introspektionsillusion.[1] Laut der Psychologin ist unsere subjektive Innenschau lückenhaft und verzerrt, nur bemerken wir davon nichts. Die Inhalte unseres bewussten Denkens – unsere Meinungen, Urteile, Absichten, Empfindungen und

Wünsche – sie nehmen uns derart ein, dass es kaum vorstellbar erscheint, wir könnten uns über sie täuschen. Doch häufig leiten sie unser Handeln weit weniger, als wir meinen. So kann ich zum Beispiel trotz Eiseskälte einfach an einem Obdachlosen am Straßenrand vorübergehen und zugleich meinen, ich sei äußerst mitfühlend und großzügig. Oder ich halte mich für einen sehr guten Freund, bin aber sturzbeleidigt, weil sich Christian oder Susanne schon eine Woche lang nicht mehr gemeldet haben. Wie jemand zu sein *glaubt*, hat oft wenig mit seinem realen Fühlen und Verhalten zu tun. Wie kommt das?

Laut Pronin haben solche Diskrepanzen einen einfachen Grund. Weil wir nicht knauserig, hochmütig, nachtragend oder rechthaberisch sein *wollen*, gehen wir davon aus, wir seien es auch nicht. So fallen uns unsere Macken und Vorurteile schlichtweg nicht auf. Würden wir beachten, was wir tun oder sagen, *könnten* wir sie wahrnehmen. Tatsächlich aber kennen wir uns selbst oft schlechter als unsere Mitmenschen.

Nehmen wir den Bürokollegen, bei dem ich problemlos bemerke, wie das Sich-Verzetteln in Details den Berg seiner Aufgaben immer weiter anwachsen lässt. Anders bei mir selbst: Weil ich mir vornehme, meinen Job gut und effektiv zu machen, komme ich nicht auf die Idee, ich könnte genauso ablenkbar sein. Denn das hieße, mir die Fähigkeit abzusprechen, das eigene Tun im Griff zu haben. »Was ich will, das mach ich auch, ist doch klar!« Egal, wie schlecht ich de facto organisiert bin, ich sehe darüber hinweg. Und staune Bauklötze, wenn mir mal wieder die Zeit davonläuft.

Warum fällt uns diese Verzerrung nicht auf? Laut Pronin liegt das am blinden Fleck der Selbstbetrachtung: Wir besitzen ein erstaunliches Talent, selbst offenkundige Vorurteile und tendenziöse Ansichten auszublenden.[2] Die Forscherin ließ Probanden unter anderem einen fiktiven Intelligenztest absolvieren. Anschließend erklärte man den Teilnehmern, sie seien durchgefallen, und bat sie, Schwächen des Verfahrens zu benennen. Bei ihrem Urteil waren sie also eindeutig voreingenommen – sie hatten mit dem Test nicht nur eine Rechnung offen, sondern waren auch noch ermuntert worden, ihn zu kritisieren. Dennoch glaubten die meisten, ihr Fazit sei ziemlich neutral ausgefallen. Nicht anders beim Bewerten von Gemälden: Trotz des Auftrags zu begründen, warum ein vorgelegtes Bild »ästhetisch dürftig« sei, fanden die Kritiker ihr negatives Urteil ausgewogen. Anscheinend gestehen wir uns ungern ein, was nicht sein soll – dass wir oft gar nicht so fair sind, wie es sich eigentlich gehört. Wir machen uns etwas vor und stehen voller Überzeugung hinter dieser Selbsttäuschung.

Das ist eine sehr moderne Einsicht. Jahrhunderte lang glaubten Philosophen und andere Gelehrte, das denkende Subjekt sehe sich selbst klar und unverstellt. Das Ich besitze unumschränkten Zugriff auf seine innere Welt. Die eigenen Gedanken oder Wünsche mag man anderen mitteilen oder für sich behalten, manchmal verrät man sich auch versehentlich, weil etwa Wut oder Angst mit einem durchgehen. Doch davon abgesehen, bleibe unser Inneres jedem anderen verborgen, so wie das der anderen uns.

Der französische Philosoph René Descartes (1597–1650) vertrat sogar die Ansicht, der Mensch könne »nichts leichter und augenscheinlicher erfassen« als seinen eigenen Geist.[3] Die Introspektion erschien ihm als Quelle unbezweifelbaren Wissens. Wie sollte man sich über seine eigenen Empfindungen auch täuschen? Verspüre ich Hunger, kann es *in Wahrheit* nicht Durst oder Müdigkeit sein. Descartes hielt die Selbsterkenntnis für das Feld par excellence, auf dem wir zu reiner Erkenntnis gelangen. Sein berühmter Satz »cogito ergo sum« heißt frei übersetzt: An allem kannst du zweifeln, nur nicht an deinem eigenen Denken. Daher auch die Wortbedeutung von »con-scientia«, was so viel bedeutet wie »mit Gewissheit«. Als Lehnübersetzung aus dem Lateinischen wurde daraus unser Ausdruck Bewusstsein.

Der Berliner Philosoph Michael Pauen hält Descartes' Gleichsetzung von Erleben und Wissen für einen folgenschweren Irrtum.[4] Man müsse unterscheiden zwischen einer Erfahrung – zum Beispiel der, Hunger zu haben – und dem Urteil *über* diese Erfahrung wie dem Gedanken »ich habe Hunger«. Urteile können richtig oder falsch sein; Erfahrungen sind einfach, was sie sind. Und auch wenn es unwahrscheinlich klingt, so können wir durchaus Hunger haben, *ohne* es zu bemerken. Wer war nicht schon einmal missmutig oder leicht reizbar, bis er feststellte, dass ihn die ganze Zeit über ein Loch im Bauch plagte?

Laut Pauen zählt das Erkennen der eigenen inneren Zustände zu den Überzeugungen, nicht zu den Erfahrungen. Ähnlich sah es bereits sein berühmter Vorgänger Gottfried Wilhelm Leibniz (1646–1716), der die *Perception*, also die unmittelbare Sinneserfahrung, von der *Apperception*, dem bewussten Gewahrsein derselben, unterschied. Wie die psychologische und neurowissenschaftliche Forschung inzwischen bewies, wird alles, was wir wahrnehmen, vom Gehirn konstruiert. Das erfordert aufwendige Berechnungen, in die zahlreiche Vorannahmen und kreative Deutungen einfließen. Nicht viel anders als beim Sehen, Hören oder Tasten geht es uns auch beim Sichten unserer eigenen Gefühle, Ansichten und Wünsche: Wir können uns sehr wohl über sie täuschen. Und wir tun es andauernd.

Ist der Ausdruck Introspektion (von Lateinisch »introspicere« für hineinblicken) also nur eine hübsche Metapher? Blicken wir nicht wirklich in uns hinein, sondern zeichnen mit mehr oder weniger Geschick und mit allerlei Hintergedanken ein schräges Bild unserer selbst? Diesen Verdacht legen die Ergebnisse der Selbsterkenntnis-Forschung nahe. Wir meinen zwar, wir könnten uns direkt und ungeschönt betrachten. Doch die Prozesse, die uns zu denjenigen machen, die wir sind, bleiben zum größten Teil unbewusst.

Nun beruhen die Vorstellungen, die wir über uns bilden, nicht allein auf geistiger Innenschau. Wir beobachten zum Beispiel auch unser eigenes Verhalten und ziehen manche Schlüsse daraus. *Ich plaudere gern mit anderen und amüsiere mich auf Partys – offenbar bin ich ein extrovertierter Typ.* Was andere über uns sagen, unsere Reputation, spielt ebenfalls eine Rolle. *Hoffentlich kommst du auch zu Julias Geburtstag, mit dir ist es immer lustig!* Solche Kommentare beeinflussen unser Selbstbild. Laut einer Untersuchung von Hirnforschern schenken wir dem Urteil von anderen häufig sogar mehr Augenmerk als dem eigenen.[5] Probanden, die sowohl sich selbst mit einer Reihe von Adjektiven beschreiben sollten, als auch von Freunden beschrieben wurden, widmeten den Fremdeinschätzungen mehr kognitive Ressourcen, wie die Hirnstrommuster im Elektroenzephalogramm (EEG) offenbarten.

Da unsere Mitmenschen uns ihre ehrlichen Ansichten jedoch nicht unbedingt auf die Nase binden, kommt ein weiterer Faktor ins Spiel: das, was andere wohl eigentlich über uns denken. Unsere Mutmaßungen darüber können der eigenen Selbsteinschätzung zuwiderlaufen. *Tom hält mich bestimmt für eingebildet, weil ich gern von mir erzähle – dabei suche ich doch nur Bestätigung.* Zugegeben, das ist schon ein recht fortgeschrittenes Stadium der Selbstreflexion. Richtig kompliziert wird es, wenn man anfängt zu spekulieren, was andere glaubten, wie man sich selbst sehe oder weshalb man so handele: *Tanja meint sicher, ich würde mich in den Vordergrund drängen, weil ich so unsicher sei. Aber das stimmt gar nicht.* Dieses Spiel lässt sich beliebig weitertreiben. So prägt am Ende das, was ich meine, was sie glaube, was ich glaube, wie sie mich sehe, mein Selbstbild.

Die Quellen unserer Ich-Urteile sind offenbar vielfältig. Eine Forscherin, die diesen Wirrwarr zu ordnen versuchte, ist Simine Vazire. Die Psychologin von der University of California in Davis fragte sich in einer Reihe von Studien: Wie gut kennen Menschen sich selbst? Und woher stammt dieses Wissen?[6] Will man die erste Frage beantworten, stößt man rasch auf ein Problem: Denn um zu beurteilen, wie adäquat das Selbstbild eines Menschen ist, müsste man wissen, wie der Betreffende *wirklich* ist. Wie geht das? Forscher behelfen sich hier mit verschiedenen Methoden. Erstens vergleichen sie die Selbsteinschätzung von Probanden etwa damit, wie sich diese in Testsituationen, ob im Labor oder im realen Leben, verhalten. Sich selbst für gesellig oder intelligent zu halten, ist das eine – es konkret unter Beweis zu stellen, freilich etwas Anderes. Zweitens bitten Forscher den Versuchsteilnehmern nahestehende Menschen wie Verwandte oder Freunde um ihre Einschätzung. Markante Unterschiede zwischen der Eigen- und Fremdwahrnehmung verraten zwar noch nicht, welche Seite recht hat. Allerdings dürfte es

Gründe für solche Differenzen geben. Und drittens erkunden Psychologen mit verdeckten Verfahren jene unbewussten Neigungen, welche uns selbst oft verschlossen bleiben.

Um dieses implizite Selbst zu messen, eruiert man zum Beispiel, wie eng ich-relevante Begriffe mit bestimmten Konzepten im Kopf verknüpft sind. Als entscheidendes Maß dient dabei die Reaktionszeit. Der Proband soll zum Beispiel, so schnell wie möglich, eine von zwei Tasten drücken, wenn auf dem Bildschirm ein Begriff erscheint, der eine extrovertierte Eigenschaft beschreibt (»gesprächig«, »ausgelassen«, »aktiv« und so weiter). Dieselbe Taste ist gefragt, wenn ein selbstbezügliches Wort wie »mein« oder »ich« eingeblendet wird. Die andere Taste hingegen ist für die Reaktion auf Wörter reserviert, welche soziale Zurückgezogenheit beschreiben (»schüchtern«, »passiv«) oder eben solche, die sich auf andere Menschen beziehen (»du«, »er«). Bei einem solchen Verfahren werden die Begriffe und Tastenkombinationen natürlich immer wieder getauscht. Entscheidend ist die Doppelbelegung der Taste für »ich/extrovertiert« gegenüber den »du/introvertiert«-Varianten. Wird erstere Verknüpfung schneller aktiviert, ist sie im Selbstbild des Probanden offenbar stärker präsent. Das Kalkül dahinter: Blitzschnelles Tastendrücken lässt keine Zeit zum Nachdenken und bringt die unbewussten Anteile der Persönlichkeit ans Licht.

Diese Methode, auch Impliziter Assoziationstest (kurz: IAT) genannt, wurde Ende der 1990er-Jahre von Anthony Greenwald und Kollegen an der University of Washington in Seattle entwickelt.[7] Die Forscher wollten so die geheimen oder unerwünschten Einstellungen und Vorurteile von Versuchspersonen ergründen. Inzwischen nehmen neuere Varianten des IAT auch die emotionale Ausgeglichenheit, Impulsivität oder Geselligkeit ins Visier. Vergleicht man die Resultate solcher impliziten Tests mit den per Fragebogen erhobenen Selbsteinschätzungen von Menschen, ergeben sich meist nur schwache Übereinstimmungen. Das Bild, das wir nach außen vermitteln, hat mit den Blitzreaktionen auf Reizwörter im Schnitt eher wenig zu tun. Sind letztere einfach nicht besonders aussagekräftig? Das ist unwahrscheinlich, denn sie lassen sich relativ stabil reproduzieren. Wären die Reaktionszeiten purer Zufall, müssten bei einer Wiederholung jedes Mal andere Messwerte herauskommen. Doch das ist nicht der Fall. Vor allem aber sagt das implizite Profil eine Menge über das Handeln der Person aus, mitunter mehr als die bewussten Selbsturteile. Das wiesen Forscher in Studien etwa für Eigenschaften wie Ängstlichkeit und Schüchternheit nach.[8] Über die Gewissenhaftigkeit und Offenheit einer Person geben direkte Befragungen hingegen oft besser Auskunft. Dies erklärt Mitja Back von der Universität Münster so: Implizite Verfahren wie der IAT kitzeln automatische Impulse hervor; daran gekoppelte Züge wie der Drang, sich vor anderen zu produzieren, lassen sich folglich in verdeckten Tests gut ausloten. Dagegen spielt sich eine gewissenhafte oder neugierige Ader auf anderer, eher gedanklicher Ebene ab. Folglich kommt man ihnen durch Anregung zur Selbstreflexion und offene Befragung auf die Spur.[9]

Ob Fragebogen, verdeckte Reaktionstests oder Fremdurteile, keine Methode ist die allein seligmachende. Doch in Kombination decken sie interessante Diskrepanzen auf, etwa zwischen der Eigen- und Fremdwahrnehmung oder zwischen expliziten und impliziten Urteilen einer Person. Und am Ende zählt natürlich, was diese konkret tut. Die Forschung der vergangenen Jahre widerlegte so, wovon wir meist intuitiv ausgehen – dass wir selbst unsere besten Kenner seien. Häufig durchschauen uns andere, zum Beispiel gute Freunde oder Verwandte, besser als wir uns.

Wie Simine Vazire in ihren Experimenten zeigte, haben unsere Mitmenschen vor allem unter zwei Bedingungen mehr Durchblick: erstens, wenn sich eine Eigenschaft äußerlich ablesen lässt, und zweitens, wenn sie mit einer starken Wertung verbunden ist.[10] Äußerlich ablesbar sind Charakterzüge, die das Verhalten prägen. Geselligkeit etwa drückt sich darin aus, dass jemand gesprächig ist und sich unters Volk mischt. Schüchternheit und Nervosität darin, dass man schnell rot wird, sich die Hände knetet oder dem Blick des Gegenübers ausweicht. Dagegen ist zum Beispiel die Neigung zum Grübeln schwerer ersichtlich. Man kann schließlich auch aus anderen Gründen stumm dasitzen oder zaudern – etwa, weil man antriebsschwach oder müde ist.

Das zweite Kriterium, das der Bewertung einer Eigenschaft, ist meist noch wichtiger. Intelligenz, Willensstärke und Kreativität gelten als höchst erstrebenswert, anders als zum Beispiel Konformität oder Egoismus. Was niemand gern für sich in Anspruch nimmt, weisen wir entsprechend weit von uns; Positives dagegen schreiben wir uns bereitwillig zu. Neutrale Züge wie Gutmütigkeit oder Pünktlichkeit sind vor solchen Erwünschtheitseffekten eher gefeit, weshalb die Selbst- und die Fremdurteile hier meist ähnlicher ausfallen.[11]

Doch nicht nur die Attraktivität einer Eigenschaft bestimmt darüber, ob wir sie an uns zu erkennen meinen. Die Introspektion weist zudem Lücken auf. So besitzen wir für die Signale unserer Mimik, Gestik oder Körpersprache kein gutes Sensorium. Ob ich vor Zorn Flecken im Gesicht habe oder ob meine gebückte Haltung verrät, wie sehr etwas auf mir lastet, nehme ich selbst kaum wahr. Gerade weil wir so große Schwierigkeiten haben, automatische körperliche Reaktionen zu bemerken, kommt unseren Mitmenschen eine Schlüsselrolle zu. Frei nach dem Motto: Woher soll ich wissen, wer ich bin, bevor du mir sagst, wie du mich siehst?

Laut einer weitverbreiteten Ansicht müssen wir uns auf uns selbst konzentrieren und in uns hineinhorchen, um uns besser kennenzulernen. Belege dafür sind allerdings rar. Eine penible Selbstbeschau verändert zwar durchaus die Art, *wie* wir uns betrachten, sie macht unser Selbstbild jedoch nicht unbedingt genauer. Es fällt uns einfach schwer, unsere inneren Zustände objektiv zu beurteilen, daran ändert auch erhöhte Selbstaufmerksamkeit nichts.[12] Wir kommen darauf später noch zurück.

Zuvor möchte ich noch eine andere Lücke unserer Selbstwahrnehmung ansprechen: Auch die Quellen der Gefühle, die uns umtreiben, entgehen häufig unserer Aufmerksamkeit. Ein Klassiker der experimentellen Psychologie ist jene Studie, die zeigte, dass Personen eine künstlich ausgelöste, körperliche Erregung je nach Kontext verschieden interpretieren.[13] Die Versuchsteilnehmer tranken einen als »Vitamindrink« getarnten Adrenalincocktail und waren durch diese Extradosis Stresshormon binnen weniger Minuten aufgekratzt. Brachte man sie nun mit einem Menschen zusammen, der sich fürchterlich über die Warterei und die unverschämten Fragen der Forscher aufregte, waren die Probanden selbst ebenfalls rasch ungehalten. Ohne den Hormonschub ließen sie sich dagegen kaum vom gespielten Missmut anstecken.

Anderes Beispiel: Wanderer, die auf einer Hängebrücke in schwindelerregender Höhe von einer Studentin angesprochen wurden, zeigten mehr Interesse an der Telefonnummer der Dame als Männer, die man ebenfalls anbaggerte – jedoch auf einem niedrigen Ufersteg.[14] Erstere deuteten ihre Höhenangst offenbar als amouröses Interesse.

Aus dem Alltag sind uns ähnliche Dinge vertraut. Haben Sie im Stop-and-go des Berufsverkehrs auch schon einmal ins Lenkrad gebissen, obwohl der Stau sie doch eigentlich nur wegen des Familienstreits am Frühstückstisch so nervte? Und hat Sie die lahme Kassiererin im Supermarkt letztens rasend gemacht, dabei knurrte Ihnen nur der Magen und Sie wollten schnell nach Hause? Wir wissen oft nicht so genau, woher unsere Stimmungen und Impulse rühren, und suchen im Zweifelsfall irgendeine Erklärung – oder einen Sündenbock.

Zwei häufige Schnitzer, die ebenfalls zu unserem verzerrten Selbstbild beitragen, finden sich in jedem Lehrbuch der Denkpsychologie: die Verfügbarkeitsheuristik und der Bestätigungsfehler. Erstere besagt, dass uns vertraute Dinge leichter in den Sinn kommen, und wir sie allein deshalb schon wichtiger nehmen. Denn was wir bereits öfter gehört haben, ist im Schnitt auch bedeutsamer. Welche Aktie würden Sie kaufen, die von Mercedes-Benz oder die der SAIC Motor Corporation? Keine Frage. Doch während 2016 gut zwei Millionen Fahrzeuge von Mercedes verkauft wurden, fanden 6,5 Millionen Autos des chinesischen Herstellers einen Besitzer. Vielleicht geht es Ihnen ja ähnlich mit der Annahme, sie seien ein kluger Kopf oder ein sensibler Partner? Weil Sie das schon oft dachten, kommt es Ihnen leichter in den Sinn – und wirkt allein schon dadurch überzeugend.

Laut dem Bestätigungsfehler wiederum beeinflussen unsere eigenen Erwartungen, wie wir die Welt und uns selbst wahrnehmen. Haben wir uns ein Urteil gebildet, gelingt es uns spielend, Beweise für die Richtigkeit desselben zu finden. »Ich habe keine Lust, mich für die Firma abzurackern.« So begründet mancher seine Zurückhaltung, wenn es darum geht, im Job Verantwortung zu übernehmen. Der wahre Grund mag ein Gefühl der Überforderung oder Versagensangst sein; aber das stünde einem schlecht zu Gesicht. Also *will* ich womöglich einfach glauben, übertriebener Ehrgeiz sei nicht mein Ding.

Überhaupt gilt: Wer einmal beschlossen hat, er sei gebildet, aufrichtig, belastbar oder großzügig, der sieht sich ohne Weiteres darin bestätigt. So festigen sich unsere Selbsturteile nach und nach von allein, ob wir ihnen gerecht werden oder nicht. Der Bestätigungsfehler ist ein wichtiger Grund dafür, dass wir uns über die eigenen Wesenszüge meist so sicher sind.

Wie gut kennen Sie sich? Laut Forschern vermutlich schlechter, als Sie meinen. Ich schätze, es geht Ihnen ähnlich wie mir: Ich weiß zwar, dass all diese Irrtümer menschlich sind. Niemand ist eben perfekt. Aber dass ausgerecht ich davon betroffen bin, kann ich mir beim besten Willen nicht vorstellen. Schief gewickelt sind doch bloß die anderen! Und jetzt versuchen Sie einmal, diese Sichtweise um 180 Grad zu wenden. Wenn jemand anderes so einen Satz vom Stapel ließe, was würden Sie über ihn denken? Sehen Sie! Die Anmaßungen unserer Mitmenschen durchschauen wir leicht; nur wir selbst scheinen auf wundersame Weise davon verschont zu sein.

Die Fallen der Introspektion zu kennen, heißt noch lange nicht, sie überwunden zu haben. Wir stellen uns das zwar gern so einfach vor: Ich brauche meine Fehler nur einsehen, dann vermeide ich sie doch! Wissen repariert unser verqueres Denken? Von wegen! Die Mechanismen der Selbsttäuschung wurzeln zu tief in uns, als dass wir sie so einfach abstreifen könnten. Allerdings ist das zum Glück oft gar nicht nötig; denn wie wir noch sehen werden, profitieren wir häufig davon. Beim Blick auf das eigene Ich geht es weniger um Wahrheit als vielmehr darum, frohgemut und handlungsfähig zu bleiben. Zu diesem Zweck messen wir andere an ihren Taten, uns selbst jedoch am guten Willen, und schreiben Erfolge unserer Anstrengung, Niederlagen hingegen den Umständen zu. Da die Einsicht in solche Tricks diese nicht automatisch behebt, dürften Sie nach der Lektüre dieses Buches zwar einiges besser über sich Bescheid wissen. Einen anderen Menschen macht das aus ihnen aber noch nicht.

2 ICH UND SELBST

Ein fundamentaler Unterschied

In Worcester, Massachusetts, einer Kleinstadt bei Boston an der Ostküste der USA, machten Anfang September 1909 fünf Männer Station, die die Neue Welt mit einer Idee erobern wollten. Kopf der Truppe war ein gewisser Doktor Freud aus Wien. Zehn Jahre zuvor war dieser Nervenarzt durch eine neuartige Behandlung hysterischer Damen bekannt geworden, die er in seinem Buch *Die Traumdeutung* vorstellte.[1] Darin präsentierte er zugleich eine revolutionäre Sicht auf die menschliche Psyche. Laut Freud rumort es unter der Oberfläche unseres Bewusstseins gewaltig. Tief verwurzelte Triebe, allen voran die sexuelle Energie oder Libido, werden von den anerzogenen Prinzipien der Moral mühsam in Schach gehalten und suchen sich ein Ventil in Traumfantasien, Versprechern oder Neurosen. Dies seien letztlich Verkleidungen – Sublimierungen, wie Freud es nannte – des Unbewussten.

Die Psychoanalyse umwehte von jeher ein Geruch des Skandalösen. Man stelle sich die Empörung der prüden Finde-siècle-Gesellschaft vor, als Freud Zigarren, Schlangen oder Züge zu Traumsymbolen des Penis, Tunnel und feuchte Höhlen zu solchen der Vagina erklärte! Würde seine Theorie bei den für alles Neue aufgeschlossenen Amerikanern mehr

Anklang finden? Auf Einladung des damals berühmten Granville Stanley Hall (1846–1924) hielt Freud fünf Vorträge an der Clark University in Worcester.[2] Er hoffte, seine Ideen bekämen dort die verdiente akademische Anerkennung. In Europa hatte sich die Psychoanalyse gänzlich außerhalb der Universitäten entwickelt und galt den meisten etablierten Forschern als unwissenschaftlich. Die Resonanz in den USA war wohlwollend, aber verhalten. Freuds elitäres Publikum hörte sich seine Thesen interessiert an, applaudierte freundlich – und glaubte kein Wort davon. So blieb der Psychoanalyse die Adelung als seriöse Wissenschaft erneut versagt.

In jenem September 1909 war der Philosoph William James (1842–1910) von der Harvard University eigens nach Worcester gereist, um Freud zu treffen. An einem Nachmittag unternahmen die beiden einen Spaziergang auf dem Campus. James war fast 70 und gezeichnet von dem schweren Herzleiden, das ihn ein Jahr später das Leben kosten sollte. Das Gespräch mit dem Zigarre schmauchenden Mitfünfziger Freud verlief schleppend; außer ein paar Nettigkeiten hatte man sich offenbar wenig zu sagen. Zum Abschied, so wird kolportiert, habe James den Herren Analytikern, darunter auch der junge Schweizer Arzt Carl Gustav Jung und der spätere Freudbiograf Ernest Jones, Großes verheißen: »Die Zukunft der Psychologie gehört Ihrem Werk«, soll er gesagt haben. Ob dieser Satz tatsächlich fiel (und so gemeint war), ist ungewiss. In Briefen äußerte sich James später zumindest anders über Freud. Der Mann sei »von fixen Ideen besessen«, und sein Symbolismus eine »offensichtlich gefährliche Methode«.[3]

Die Prophezeiung aber wurde wahr. Das Bild vom Menschen als einem von dunklen Seelenmächten Getriebenen, der nicht Herr im eigenen Haus sei, wurde Allgemeingut. Großen Anteil daran hatte Freuds in den 1920er-Jahren entworfenes Seelenmodell: Eingeklemmt zwischen Es und Über-Ich, friste das Ich ein kümmerliches Dasein. In ihm tobe ein ständiger Kampf zwischen den Ansprüchen des Bewusstseins und der Moral auf der einen Seite sowie den geheimen Wünschen und Trieben auf der anderen.

Diese bis heute verbreitete Sichtweise hat nur einen Haken: Bewusstes und Unbewusstes arbeiten meist gar nicht gegeneinander. Sie sind keine Konkurrenten, die um die Vorherrschaft über unsere Psyche ringen. Ja, sie stellen noch nicht einmal klar voneinander abgegrenzte Sphären dar. Vielmehr ziehen beide am selben Strang. Es gibt nur *einen* Geist, in dem bewusste und unbewusste Anteile eng verwoben sind.

Wie sehr sich die Idee vom düsteren Unbewussten in der Populärkultur festgesetzt hat, zeigt der Pixar-Film *Alles steht Kopf.* Hier ist das Unbewusste ein unzugänglicher Raum in der Kontrollzentrale im Kopf. Unrealistischer könnte das Bild kaum sein: Das Unbewusste ist alles andere als eine Kammer, in die wir unerwünschte Gedanken abschieben, oder aus der triebhafte Impulse hervorbrechen. Wir stellen es uns nur gern so vor, weil wir uns wünschen, das bewusste Denken möge allein für unser Tun verantwortlich sein. Nur dann, so scheint es, hätten wir unser Leben im Griff. Doch das Ich besteht vor allem aus jenen automatischen Reaktionen, die der Innenschau verborgen bleiben.

In seinem Lehrbuch *Principles of Psychology*, einem Standardwerk von mehr als 1400 Seiten Umfang, entwarf bereits James ein Gegenmodell zu Freuds Tiefenzauber.[4] Der Philosoph betrachtete das menschliche Bewusstsein als einen kontinuierlichen Fluss von Eindrücken, Erinnerungen und

Assoziationen (tatsächlich geht der Ausdruck *Bewusstseinsstrom* auf James zurück). Nur wie entsteht inmitten dieses Treibens der Eindruck eines stabilen Ichs? Dieser gründe darauf, so James, dass sich unsere Gedanken stets aufeinander beziehen. Einer ergänzt den anderen, kommentiert, widerspricht oder bestätigt das, was uns zuvor durch den Kopf ging. So weben wir ein dichtes Geflecht aus Sinnbezügen mit einem imaginären Zentrum, um das alles zu kreisen scheint. Die Folge: Das Gedachte wird zum *Denkenden.* »Thought is itself the thinker«, schrieb James.[5]

Er unterschied zudem zwei Aspekte, die für unser Thema von grundlegender Bedeutung sind: *I* und *Me.* Ersteres ist jene Instanz, die das individuelle Erleben zusammenhält – der Bezugspunkt all meiner inneren Regungen. Sobald ich ein Gefühl, einen Gedanken oder Wunsch habe, ist unmittelbar klar, dass *ich* es bin, der dieses Gefühl, diesen Gedanken oder Wunsch hat. Das *erlebende Ich* (»I«) ist sozusagen der kleinste gemeinsame Nenner meiner Empfindungen. Das *erlebte Ich* (»Me«) entsteht hingegen erst, wenn dieses Erleben selbst zum Gegenstand des Denkens wird. Jeder von uns besitzt eine Vorstellung davon, wer und wie er ist. Die Summe dieser Annahmen, meine Theorie über mich, ist das *erlebte Ich* – das Selbst.

Überlegen Sie selbst: Was bedeutet es, wenn Sie *ich* sagen? Was genau meinen wir damit? Da ist zunächst ein Gefühl der subjektiven Autorschaft. Alles, was ich fühle, denke oder beabsichtige, erlebe ich als zu mir gehörig, als Teil meiner eigenen Erfahrungswelt. Ich kann mich zu einem gewissen Grad in die Lage anderer versetzen, dennoch bleibt meine Innenperspektive unverwechselbar. Ein zweites Kennzeichen des Ich-Erlebens ist seine Geschlossenheit. Nirgends tun sich

Brüche oder Lücken auf. Mein Ich setzt nicht einfach aus oder pausiert (selbst im Schlaf bin *ich* es, der träumt). Und drittens ist Bewusstsein stets auf etwas gerichtet, wir haben immer etwas darin gegenwärtig, einen Sinneseindruck, einen Wunsch oder ein Gefühl etwa. Dies ist das Kriterium der Intentionalität. Vermutlich besteht die wichtigste Aufgabe des Ichs darin, uns dieses subjektive, geschlossene und stets auf ein Ziel gerichtete Erleben zu vermitteln. Wie ein unsichtbares Band hält es die Bruchstücke der Wahrnehmung und des Denkens zusammen.

Welche dramatischen Folgen es hat, wenn dieses Band zerreißt, zeigt das Phänomen der Depersonalisation. Bei einigen psychischen Störungen oder unter dem Einfluss von Drogen löst sich das Ich auf. Das Erleben der Betroffenen verschmilzt mit der Umwelt. Wer seine Gedanken und Gefühle nicht mehr vom Umgebungsrauschen trennen kann, verwandelt sich in eine Art Medium. Ihm fehlt der innere Fixpunkt, das ordnende Prinzip. Das kann ein Horrortrip sein, aber auch eine rauschhafte Offenbarung. Jedenfalls macht es ein normales Funktionieren unmöglich. Menschen mit Depersonalisationsstörung empfinden sich als unwirklich oder fremdgesteuert, als hätte das Geschehen in ihrem Kopf nichts mit ihnen selbst zu tun; manche glauben sogar, sie seien tot. »Meine Gefühle sind nicht echt« oder »Was ich tue, geschieht wie von selbst, ich habe keine Kontrolle darüber« sind typische Aussagen. Um einen Wahn handelt es sich dabei nicht, denn die Betroffenen sehen durchaus ein, dass ihr Empfinden absurd ist. Das ändert aber nichts daran, dass ihnen das Ich abhandenkommt.

Studien zufolge ist die Depersonalisationsstörung in der westlichen Welt verbreiteter als in anderen Kulturen.[6] In

Asien oder auch in sozialistischen Ländern, wo das Ideal der Selbstverwirklichung und der individuellen Freiheit (noch) keinen so großen Stellenwert hat, ist sie kaum bekannt. Selbst im innerdeutschen Vergleich war dieser Unterschied in einer psychiatrischen Erhebung von 2006 zu beobachten: Von knapp 1300 Befragten schilderten in den neuen Bundesländern nur 0,4 Prozent derartige Symptome; in den alten lag der Anteil fast sechsmal höher.[7] Die Erklärung der Forscher: Wo Menschen sich als ihres Glückes Schmied betrachten, wo Selbstkontrolle und persönliches Vorankommen viel gelten, werden aufkeimende Gefühle der Entfremdung schnell zur Bedrohung. Wenn allein das Ich zählt, darf es auf keinen Fall bröckeln. Steht dagegen das Kollektiv im Fokus, lastet auf dem Einzelnen weniger Verantwortung – und ein fragiles Ich stürzt so rasch niemanden in die Krise. So beeinflusst unsere Sicht auf das Ich auch die Störungen, die es befällt.

Ohne Ich kein kohärentes Welterleben. Was aber, wenn wir kein Selbst hätten? Das wäre etwa so, als säße ich in einem Theater, auf dessen Bühne »mein Leben« spielt, und ich verfolgte gebannt das Schauspiel. Vielleicht nimmt mir eine Säule die Sicht, vielleicht ist mein Blickwinkel schräg, doch auf die Idee aufzustehen und mir einen besseren Platz zu suchen, käme ich nicht. Warum ich mir das alles ansehe, wer die Schauspieler sind oder wie mir die Inszenierung gefällt, auch das würde mich nicht interessieren. Ich wäre außer Stande, mich zu betrachten, wie ich dem Drama (oder ist es eine Komödie?) beiwohnte.

Das führt uns zu einem weiteren wichtigen Merkmal unseres Ichs: seine Transparenz. In dieser Hinsicht ähnelt es der Sprache. Wir denken in ihren Begriffen und Strukturen, ohne deren Eigenarten zu bemerken. *Gemütlich* ist für uns einfach das, was wir damit zu verbinden gelernt haben; unser Herz *hüpft* und der Punkt *springt* und jedes transitive Verb (wie *danken*) erfordert ein Dativobjekt – und all das finden wir gar nicht weiter bemerkenswert. Wir haben genauso wenig Distanz zur sprachlichen Form, in die wir unsere Gedanken kleiden, wie zu dem besonderen Gepräge, welches unser Ich der Welt um uns herum verleiht.

Sich ein Bild seiner selbst zu machen, war ein Quantensprung in der menschlichen Evolution. Es ermöglichte unseren Vorfahren, Gedanken, Gefühle und Absichten nicht bloß *zu haben*, sondern sie zu gewichten und zu steuern. Auch Hunde oder Katzen erleben die Welt auf gewisse Weise, aber sie können sich nicht vom unmittelbaren Erleben lösen. Sie lernen, wann es Futter oder eine Belohnung gibt und wo es behaglich ist, sie können sogar Kommendes antizipieren und die Gefühle von Herrchen oder Frauchen lesen. Ohne Selbstbild aber sind sie unfähig, ihre eigene Wirkung zu kalkulieren und etwa niedlicher den Kopf zu kippen, um eine Leckerei zu bekommen (dass wir *meinen*, sie könnten es, ist ein anderes Thema).

Inzwischen wissen Neurowissenschaftler recht genau, wo Ich und Selbst im Kopf sitzen.[8] Die Hirnaktivität von Probanden, die über persönliche Eigenschaften nachdenken, unterscheidet sich von der beim Vorstellen eigener Handlungen. Dennoch darf man sich Ich und Selbst nicht als getrennte Schubladen vorstellen. Verglichen mit einem Computer arbeitet das menschliche Gehirn extrem langsam, aber hochgradig parallel. Das Geschehen im Kopf ist kein geordnetes Neben- oder Nacheinander, vielmehr beruhen Wahrnehmen, Denken, Fühlen und Handeln auf einem dichten Gewebe eng miteinander verflochtener Stränge. Forscher unterscheiden grob zwei Arten, die der Psychologe und Nobelpreisträger Daniel Kahneman als System 1 und System 2 bezeichnete. Andere sprechen von impliziter und expliziter oder von heißer und kalter Verarbeitung. Ersteres arbeitet schnell und automatisch, letzteres langsam und kontrolliert. Wie reibungslos sie zusammenwirken, kann man sich leicht veranschaulichen. Lesen Sie dazu einfach die folgenden Zeilen: Sie etfniefrzn die fgledneon Wtröer vtllomotisaucah. Ohwbol die Bsabtuehcn dhrcunedaneir gberiwelt snid, heabn Sie kuam Pemlbore, dem brefnfetden Txet Snin awebinzgeunn. Das vnkedaern Sie der vbüfflerneden Atbierswisee Irehs Gneirhs. Was passiert hier? Der Autopilot im Kopf ahnt bereits, welches Wort als nächstes kommt und sortiert die verrutschten Buchstaben um, noch ehe das bewusste Ich sie versteht.

Solche Automatismen haben große Macht über uns. Manche Experten wie der Neurophilosoph Peter Carruthers bezweifeln sogar, dass es bewusstes Denken, Urteilen oder Schlussfolgern überhaupt gibt.[9] Diese Vorgänge blieben unter dem Radar des Bewusstseins, nur ihre *Ergebnisse* würden uns zugänglich. Den Eindruck, wir hätten bewusste Gedanken, verdanken wir laut Carruthers der Tatsache, dass uns der *Akt* des Denkens identisch erscheint mit dem Inhalt des Gedachten. Was wir denken, fühlt sich nicht an »wie gedacht«, sondern wie unmittelbar gegeben. Dieser Eindruck sei eine Illusion. Sie verleite uns zur Annahme, es gäbe einen privilegierten Zugang zum Ich. In Wahrheit wenden wir dieselbe Methode des Gedankenlesens (Mindreading) auf uns selbst wie auch auf andere an: Alles ist Interpretation, kreative Deutung, ob wir versuchen, aus uns selbst schlau zu werden oder aus unseren Nächsten.

Sicher ist: Die allermeisten psychischen Vorgänge laufen unbewusst ab – und die bewussten haben stets eine lange Vorgeschichte von impliziten Verarbeitungsschritten. Wie der Neurophysiologe Benjamin Libet (1916–2007) in seinen berühmten Experimenten zur Willensfreiheit zeigte, bahnt sich der Entschluss, den Finger zu heben, bereits eine halbe Sekunde vor der Aktion im Gehirn an.[10] Libet las das von sogenannten Bereitschaftspotentialen im EEG von Probanden ab. Bereitet die Hirnaktivität unsere Handlungen schon vor, ehe wir uns zur Tat entschließen? Einerseits muss das so sein, sonst fiele unser Handeln ja buchstäblich vom Himmel. Die Idee, der bewusste Willensentschluss müsse zuerst kommen, wirft die Frage auf, woher dieser rühren sollte, wenn er losgelöst wäre von den blitzschnellen, automatischen Abwägungen des Geistes. Andererseits kann unser Tun auch nicht völlig vom Gehirn determiniert sein. Denn dann könnte dieses Bewusstsein nichts bewirken, sondern allenfalls nachträgliche Begründungen liefern. Wenn aber weder das Gehirn noch das bewusste Ich die Zügel in den Händen hält, wer dann? Dieses Dilemma lässt sich nur lösen, wenn man die Trennung zwischen Unbewusstem und Bewusstem aufgibt. Sie stellen kein Entweder-oder dar, sondern ein Sowohl-als-auch.

Unser subjektives Erleben erscheint uns unabhängig von der Maschinerie des Gehirns. Doch das vermeintlich über den Dingen schwebende Bewusstsein fußt auf einer Fülle von impliziten Auswahl-, Entscheidungs- und Bewertungsprozessen. Die mehrgleisige Funktionsweise des Geistes macht sich besonders in unserem Selbstbild bemerkbar. Wie ich mich selbst wahrnehme, welche Überzeugungen und Ansichten ich über mich hege und wie ich mich *mir selbst* gegenüber präsentiere, darüber bestimmt die subtile Automatik des Denkens.

Timothy Wilson von der University of Virginia hält die mangelnde Einsicht ins Ich für den Preis, den wir dafür zahlen, dass uns die Evolution mit einem so hoch effizienten Unbewussten ausgestattet hat.[11] Wie wir die Welt und die Menschen um uns herum wahrnehmen und auf sie reagieren, welche Informationen wir aus der Flut der Eindrücke filtern, wie wir sie bewerten, welche Gewohnheiten wir bilden und welche Ziele wir verfolgen – all das resultiert aus blitzschnellen, unbewussten Mechanismen. Müssten wir erst nachdenken, um uns ein Bild der Lage zu machen und zu entscheiden, was zu tun ist, wären wir verloren.

Viele Vorbehalte dem Unbewussten gegenüber rühren daher, dass es unkontrollierbar erscheint. Wie soll ich etwas steuern, von dem ich gar nicht weiß, wann und wie es mich beeinflusst? Aber das funktioniert. John Bargh von der Yale University vergleicht unseren Geist mit einem Segler.[12] Um sein Boot von A nach B zu steuern, sind bewusste Absichten und Berechnungen wichtig. Doch kein Segler kann allein darauf vertrauen. Er muss auch Unkontrollierbares wie Strömung oder Winde einkalkulieren. Der versierte Seemann bezieht sie in sein Tun ein und nutzt sie, um an sein Ziel zu kommen. Ähnlich sollten wir es mit dem Unbewussten halten, indem wir Gelegenheiten schaffen, die ihm sein Handwerk erleichtern. Der Talisman in der Tasche, das motivierende Mantra oder die Gewohnheit, die Treppe statt den Aufzug zu nehmen, sind einige Beispiele. Mit ihrer Hilfe lenken wir unser bewusstes Denken. Denn bewusst und unbewusst sind keine Gegensätze.

3 ANDERS ALS GEDACHT

Wann wir uns selbst täuschen

Wie das vorherige Kapitel gezeigt hat, sind die bewussten und unbewussten Anteile unserer Psyche untrennbar miteinander verbunden. Sie arbeiten eng zusammen, was uns auf vielfältige Weise prägt. Ein Feld, auf dem dies besonders deutlich wird, ist die Selbsttäuschung.

Nach einer einflussreichen Theorie ist sie ein Nebenprodukt des Versuchs, unsere eigenen Interessen durchzusetzen.[1] Um überzeugend aufzutreten, müssen wir erst selbst überzeugt sein; wir müssen an den Bären, den wir anderen aufbinden, selbst glauben – jedenfalls zu einem gewissen Grad. Dafür spricht etwa die Beobachtung, dass erfolgreiche Manipulatoren oft übermäßig von sich und ihrer Sache eingenommen sind.[2] Gute Verkäufer sprühen vor Begeisterung. Klar, nicht jeder Banker oder Autohändler ist davon beseelt, Ihnen das bestmögliche aller Angebote zu machen. Aber eine Portion eigener Überzeugung hilft durchaus. Je mehr man an das eigene Geflunker glaubt, desto weniger Schauspielerei ist vonnöten, um das Gegenüber für sich zu gewinnen. Umgekehrt haben Zauderer und Zweifler eher schlechte Chancen, andere zu beeindrucken. Einer meiner Freunde hat die lustige Angewohnheit, wann immer er etwas vorschlägt, erst einmal sämtliche Pferdefüße aufzuzählen. »Sollen wir ins Konzert gehen? Ach, die Tickets sind echt teuer, die Halle liegt am A… der Welt und die Band hat ihren Zenit auch längst überschritten.« Ein Wunder, dass er überhaupt einen Begleiter für seine verlockenden Pläne findet.

Ein weiteres Argument dafür, dass sich selbst zu täuschen und andere zu überzeugen zwei Seiten derselben Medaille darstellen, liefern Studien, bei denen Menschen im Labor zu einer übertrieben positiven Selbstsicht verleitet werden – woraufhin die Betreffenden gewinnender auftreten. In einem Experiment bot man Probanden Geld, wenn sie vor einer Art Jury so taten, als hätten sie in einem zuvor absolvierten Intelligenztest brilliert. Je mehr sich die Kandidaten bei ihrer Präsentation ins Zeug legten, desto mehr waren anschließend auch persönlich überzeugt, einen Top-IQ zu besitzen. Wie dieser in Wahrheit ausgefallen war, erschien zweitrangig; war der eigene Score nicht berauschend, hatte man wohl einen schlechten Tag erwischt oder bezweifelte, dass der Test überhaupt aussagekräftig sei. *Eigentlich bin ich doch gescheiter!*

Die Gunst der Täuschung schlägt manchmal unfreiwillig zu. Sie ist zum Beispiel der Grund, warum Anfänger im Pokerspiel oft unangenehme Gegner sind. Sie bluffen eben nicht, sondern glauben ernsthaft, ein gutes Blatt auf der Hand zu haben. Weil sie es nicht besser wissen. Folglich müssen sie sich nicht mühsam verstellen, und das macht sie für die Mitspieler schwer berechenbar.

Doch wie ist es möglich, dass wir uns über uns selbst täuschen? Etwas vor anderen verbergen, d'accord. Aber wie soll ich mir *selbst* ein X für ein U vormachen? Denn täuschen heißt doch, einen Umstand zu kennen, und gleichzeitig damit hinterm Berg zu halten oder ihn als etwas Anderes auszugeben. Wie soll das gehen, wenn Wissender und Getäuschter ein und dieselbe Person sind? Weil er die Idee der Selbsttäuschung für eine logische Unmöglichkeit hielt, lehnte sie der französische Philosoph Jean-Paul Sartre (1905–1980) rundweg ab.[3] Allerdings gibt es auch Formen der Täuschung, bei denen niemand flunkert. Optische Illusionen zum Beispiel. Da sieht man die Welt einfach etwas anders, als sie ist. Könnte die Selbsttäuschung so einen Kurzschluss darstellen statt ein echtes Sich-Belügen?

Dagegen sprechen zunächst zwei Gründe: Erstens erfordert die Konstruktion eines schiefen Selbstbilds komplexere geistige Manöver. Mich selbst etwa für beliebter zu halten, als ich bin, ist gar nicht so trivial. Dafür muss ich das Verhalten der Menschen um mich herum auf bestimmte, für mich schmeichelhafte Weise deuten. Ich muss mich bevorzugt an solche Begegnungen erinnern, bei denen man nett zu mir war oder mich lobte, und jene vernachlässigen, die weniger harmonisch verliefen. Und ich muss Situationen suchen, die meine vermeintliche Beliebtheit untermauern – etwa kleine Gefälligkeiten, die kaum jemand verwehrt. Mit Einladungen oder Vorschlägen für gemeinsame Urlaube und Freizeitaktivitäten sollte ich dagegen vorsichtig sein. Die zu erwartenden Absagen könnten die Vorbehalte meiner Person gegenüber allzu deutlich machen.

Augenscheinlich operieren Selbsttäuschungen auf unterschiedlichen Ebenen. Sie betreffen unter anderem die soziale Wahrnehmung, das Gedächtnis sowie die Zukunftsplanung. Das macht es eher unwahrscheinlich, dass es sich um eine automatische Voreinstellung handelt. Vielmehr speisen sich die meisten Selbsttäuschungen wohl aus dem unbewussten

Drang, eine bedrohliche Einsicht abzuwehren, etwa: »Keiner mag mich.«

Zweitens sind Wahrnehmungsillusionen ziemlich universell. Sie sind uns zwar nicht unbedingt in die Wiege gelegt, wir lernen sie aber sehr früh. Und zwar jeder! So haben wir den Eindruck, weiter entfernte Objekte seien größer, als sie tatsächlich sind. Und ein Blatt Papier sieht für uns immer weiß aus, auch wenn es im Abendlicht knallrot leuchtet. Solche Autokorrekturen sind in unserem Sehsystem verankert; Selbsttäuschungen erweisen sich hingegen als viel flexibler. Wir passen sie je nach Situation an.

Das zeigten Psychologen um Steven Sloman von der Brown University in Providence (USA) in einem Experiment.[4] Ihre Probanden sollten einen Geschicklichkeitstest absolvieren, bei dem man mit dem Mauszeiger möglichst schnell ein Zielobjekt ansteuert. Wurde den Teilnehmern gesagt, gute Leistungen bei dieser Aufgabe seien ein Zeichen für hohe Intelligenz, zeigten sie auf einmal größeren Einsatz und schnitten auch besser ab. Sie selbst glaubten jedoch gar nicht, sich mehr angestrengt zu haben als zuvor. Das werteten die Psychologen als Indiz für erfolgreiche Selbsttäuschung. Machte man den Teilnehmern dagegen glaubhaft, das stupide Herumklicken würden nur Minderbegabte gut meistern, sank die Performance in den Keller.

Die Möglichkeit der aktiven Selbsttäuschung legt einen wichtigen Schluss nahe: Wir können durchaus etwas wissen, ohne uns dessen *bewusst* zu sein! Das gilt vor allem dann, wenn wir Anlass haben, dieses Wissen zu kaschieren. Wissenschaftlich nachweisen lässt sich das etwa so: Spielt man Probanden Tonaufnahmen menschlicher Stimmen vor, darunter auch ihre eigene, und bittet sie anzugeben, ob sie sich selbst heraushören, so sind sie vom eigenen Timbre peinlich berührt. Die ungewohnte Tonlage löst in der Regel Unbehagen aus. »Gott, ich klinge ja schrecklich!«, ist eine häufige Reaktion (dass wir uns beim Sprechen selbst anders wahrnehmen als von Band, liegt daran, dass die Schädelknochen bestimmte Frequenzen leichter ans Innenohr übertragen als die Luft). Je nachdem, wie klar die Aufnahmen und wie laut die Nebengeräusche sind, ist die Selbsterkennungsrate mal höher und mal niedriger. Misst man gleichzeitig per EEG die Hirnströme der Betreffenden, so kann man an typischen Kurvenausschlägen ablesen, ob die eigene Stimme registriert wurde oder nicht.

Ruben Gur und Harold Sackheim machten sich diesen Effekt in einer klassischen Studie zunutze. Sie glichen die Aussagen der Probanden mit deren Hirnaktivität ab.[5] Siehe da: Häufig erschien im EEG ein »Das bin ich!«-Signal, ohne dass die eigene Stimme identifiziert wurde. Bedrohte man zusätzlich das Selbstbild der Betreffenden, indem man ihnen ein angeblich miserables Abschneiden in einem (irrelevanten) Test bescheinigte, so taten sie sich noch schwerer, sich selbst herauszuhören. Ihr Gehirn war gleichwohl bestens im Bilde.

In einer neueren Studie verwendeten Forscher die in den USA beliebten Vorbereitungstests auf Zulassungsprüfungen an Universitäten. Hier geht es darum, in vorgegebener Zeit so viele Aufgaben wie möglich zu lösen. Das Resultat soll helfen, das eigene Leistungsniveau einzuschätzen und mögliche Wissenslücken anschließend zu füllen. Dabei zu mogeln, macht folglich wenig Sinn, denn der Score selbst ist egal; was zählt, ist die ehrliche Bilanz. Ein geschöntes Ergebnis wiegt einen womöglich nur in der falschen Sicherheit, man habe es drauf – und am Ende rauscht man durch den

Zulassungstest. Wer also etwa durch zu lange Bearbeitungszeit täuscht, schneidet sich ins eigene Fleisch.

Dennoch taten viele Freiwillige genau das. Sie wollten gut dastehen, koste es, was es wolle. Das zeigten jene Erklärungen, die die Schummler für ihr überzogenes Zeitbudget vorbrachten: Sie seien abgelenkt gewesen und wollten die eingebüßten Sekunden doch bloß wettmachen. Oder Sie meinten, das frisierte Resultat komme ihrem wahren Vermögen einfach näher. Fast jeder hatte einen guten Grund für seine Mogelei parat.

Offenbar, so die Forscher, verdrehten die Probanden Ursache und Wirkung: Intelligente Menschen schneiden bei Tests im Schnitt besser ab; frisiert man also sein eigenes Resultat, indem man länger knobelt als erlaubt, gehört man *gefühlt* auch eher zu den Schlauen. Das ist etwa so, als würde ich meinen, ein Tattoo mache einen coolen Rockstartypen aus mir oder der Rollkragenpulli verleihe mir Intellektualität (wie wir noch sehen werden, hat der Glaube, es wäre so, tatsächlich eine gewisse Wirkung). Umgekehrt bremste es den Ehrgeiz der Versuchsteilnehmer, als man ihnen erklärte, gutes Abschneiden im Test spreche für ein erhöhtes Risiko, an Schizophrenie zu erkranken. Auffällig ist hier, dass die Selbsttäuscher eine Art Außenperspektive einnehmen: Was sagt mein Score über mich aus? Bei dieser »diagnostischen Selbsttäuschung« manipulieren wir unser Abschneiden, um ein besseres Bild abzugeben oder schmeichelhafte Schlüsse nahezulegen. Auch uns selbst gegenüber.

Davon zu unterscheiden ist die »agentische Selbsttäuschung, bei der es darum geht, was wir warum tun oder lassen. Hierbei erliegen wir häufig dem illusionären Eindruck, mehr zu bewirken, als tatsächlich der Fall ist. Der früh verstorbene Psychologe Daniel Wegner (1948–2013) von der Harvard University zeigte, wie bereitwillig wir uns zum Urheber lediglich beobachteter Ereignisse aufschwingen.[6] Wegner bat Probanden in einem Experiment, den Cursor auf einem Bildschirm durch eine Art Labyrinth zu steuern, vorbei an Tieren, Autos und anderen Gegenständen. Alle paar Sekunden sollten sie dabei kurz anhalten. Tatsächlich aber brachte ein ebenfalls mitspielender Konspirateur der Versuchsleiter den Cursor zum Stehen, und zwar jeweils bei einem Objekt, etwa dem Schwan, das dem Probanden kurz zuvor per Kopfhörer genannt wurde. Allein die Erwähnung des Wortes »Schwan« genügte, um die Teilnehmer in gut 60 Prozent der Fälle davon zu überzeugen, sie hätten den Cursor selbst dorthin gelenkt. Dabei waren sie an der Aktion völlig unbeteiligt.

Unsere Selbsttäuschungen können sogar Wahrnehmungen verfälschen. So demonstrierten Forscher in einem Versuch, dass Menschen in dem doppeldeutigen Zeichen »I3« eher die Ziffer »13« als ein »B« erkennen, wenn das Erscheinen einer Zahl den Genuss eines Glases Orangensaft verhieß, ein Buchstabe dagegen bedeutete, man solle einen schleimigen, grünen Smoothie trinken.[7] Wie Kontrolltests bewiesen, sahen die Betreffenden die Zahl *tatsächlich*, sie gaben es nicht etwa bloß vor, um den üblen Cocktail nicht annehmen zu müssen.

Der Psychologe Timothy Wilson von der University of Pennsylvania zog aus solchen Beobachtungen einen ernüchternden Schluss: Wir wissen nicht, was in uns vorgeht und warum wir so handeln, wie wir es tun. Doch statt es einzusehen, spinnen wir uns einen Kokon aus Begründungen und Argumenten. »Telling more then we can know« – mehr behaupten, als wir wissen können – taufte Wilson diese Strategie zusammen mit seinem Mentor Richard Nisbett.[8] Das wirft spannende Fragen auf: Warum machen wir das? Wieso stehen wir nicht einfach zu unserem Geflunker? Und sollte nicht diese Aufrichtigkeit Ziel aller Selbsterkenntnis sein?

Dass wir so talentierte Selbsttäuscher sind, hat wohl auch etwas für sich. David Dunning von der Cornell University, ein Experte auf dem Gebiet des *self-enhancement bias*, des menschlichen Hanges zur Selbstüberschätzung, zeigte in vielen Arbeiten, dass wir uns meist für besser halten, als wir sind.[9] Solche selbstwertdienlichen Überzeugungen erfüllen eine wichtige Funktion. Sie flößen uns Vertrauen in das eigene Können ein und verleihen uns ein Gefühl persönlicher Integrität. Beides wiederum steigert die Erfolgschancen im Alltag. Ein allzu exaktes, realistisches Selbstbild ist dagegen mit milden Depressionen assoziiert. Mit anderen Worten: Auf dem hohen Ross zu sitzen, ist kein Makel, sondern gesund.

Wie wir uns sehen, hat oft wenig damit zu tun, wie wir agieren. Die Soziologin Cornelia Koppetsch von der TU Darmstadt und ihre Tübinger Kollegin Sarah Speck haben das anhand der Geschlechterrollen in Paarbeziehungen untersucht.[10] Egalitäre Rollenbilder sind inzwischen weithin akzeptiert – acht von zehn Deutschen finden, dass die Geschlechter in Beruf und Familie gleichberechtigt sein sollten. Dennoch erweist sich die traditionelle Arbeitsteilung laut Koppetsch und Speck als »persistent«. In der Praxis heißt das: Haushalt und Kinderpflege bleiben meist Frauensache. Gleichwohl zweifelten die wenigsten der von den Soziologinnen befragten Paare an ihrer egalitären Grundhaltung. Vielmehr wurden Abweichungen vom Ideal gleicher familiärer Pflichten mit den jeweiligen Vorlieben der Partner erklärt. Die Frau habe einfach mehr Spaß am Kochen und erfreue sich daran, die Kinder zu umsorgen; der Mann hingegen verfolge seine Karriere, weil er der Ehrgeizigere von beiden sei. Selbst wenn sie als gutverdienende Akademikerin den Hauptteil zum Familieneinkommen beitrug, lag das Gros der Haushaltsaufgaben weiterhin bei ihr, stellten Koppetsch und Speck fest. Dabei verteidigten viele der doppelt belasteten Frauen den Status quo mit persönlichen Gründen. Das gab beiden Partnern die Möglichkeit, die Illusion einer gleichberechtigten Beziehung aufrechtzuerhalten, obwohl die Realität anders aussah.

Der springende Punkt ist: Wir erliegen solchen Verzerrungen unbemerkt. Wir wollen uns also gar nicht unbedingt als fortschrittlich *präsentieren;* wir tun nicht bloß so, sondern glauben wirklich, wir seien es. Weicht unser Handeln davon ab, spielen wir den Widerspruch herunter oder erklären ihn zu einer leider notwendigen Ausnahme. Gründe, einmal gegen die eigenen Prinzipien zu verstoßen, kann es schließlich immer geben.

Laut Studien fördert es die Neigung zur Selbsttäuschung, wenn wir nicht allzu genau auf uns schauen. Nach dem oben skizzierten Test von Sloman und Kollegen bekamen einige Teilnehmer ein präzises Feedback über ihr Abschneiden; die anderen erfuhren lediglich, dass sie »schnell«, »langsam« oder »mittel« gewesen seien. Den grob Informierten fiel es danach deutlich leichter, sich für besser zu halten, als sie waren. Mit einem vagen Selbstbild gelingt es eher, sich für einen coolen Typ zu halten und seine Mankos nicht so hoch zu hängen.

Eines soll allerdings nicht unerwähnt bleiben: Die meisten von uns hegen zwar übertrieben rosige Ansichten über sich selbst. Wir halten uns zum Beispiel für intelligenter, ehrlicher oder freundlicher, als wir sind. Dennoch gibt es auch den umgekehrten Fall: Menschen, die ihr Licht unter den Scheffel stellen und sich selbst kleinmachen. Bei den einen betrifft das nur einzelne Teile ihres Selbstbilds. Sie halten sich insgesamt für ganz passabel, nur einparken oder vor anderen sprechen – nein, das können sie gar nicht. Andere tünchen ihr ganzes Ich in düsteren Farben. Sie meinen, sie könnten nichts, aus ihnen werde nichts, sie seien einfach nichts wert. Ständige Herabsetzung und Missachtung der eigenen Wünsche in der Kindheit, oft gepaart mit Gewalterfahrungen, können solch eine negative Sichtweise auslösen. Sie ist ein großes Hemmnis im Leben, denn sie führt oft zu Verunsicherung, Misstrauen und bohrenden Selbstzweifeln bis hin zu Suizidgedanken.

Nun sollte man meinen, gerade Leute mit einem düsteren Selbstbild könnten eine künstliche Aufhellung vertragen. Genau das tun Narzissten. Sie erheben sich über ihre Nächsten, weil sie sich sonst »so klein mit Hut« fühlen. Wie eine Arbeitsgruppe um den Psychologen William Swann von der University of Texas in Austin Anfang der 1990er-Jahre herausfand, suchen viele Selbstzweifler im Gegenteil jedoch sogar Bestätigung für ihre fatale Eigenwahrnehmung.

Swann beschrieb das erstmals in einer Studie zur Zufriedenheit von Eheleuten. Der Forscher befragte zufällig ausgewählte Paare per Fragebogen zu drei Themen: Wie beurteilen sich die Partner selbst hinsichtlich ihrer Stärken und Schwächen? Wie sehr fühlten sie sich vom anderen anerkannt und wertgeschätzt? Und wie zufrieden waren sie mit ihrer Ehe? Erwartungsgemäß bewerteten jene, die sich selbst gegenüber positiv eingestellt waren, ihre Partnerschaft umso besser, je mehr Lob und Anerkennung ihnen die bessere Hälfte spendete. Wer jedoch mit sich haderte, fühlte sich in seiner Ehe besser aufgehoben, wenn ihm dieses negative Bild gespiegelt wurde! Vom Wunsch nach Respekt und Bewunderung keine Spur – die Betreffenden wollten genau das hören, was sie selbst dachten: *Du kannst das nicht gut, du bist dafür nicht zu gebrauchen, ich weiß gar nicht, warum ich dich geheiratet habe.*

Auf der Basis solcher Befunde entwickelte Swann seine Theorie der Selbstbestätigung.[11] Demnach wollen wir, dass uns andere ebenso sehen, wie wir uns. Das gehe soweit, so Swann, dass die Betreffenden negative Urteile ihres Umfelds provozieren, sich also aktiv unbeliebt machen, um in der eigenen Abwertung bestätigt zu werden. Dahinter stecke kein Masochismus, sondern der Wunsch nach Kohärenz. Wenn uns andere rückmelden, was wir selbst glauben, erscheint die Welt für uns in Ordnung.

Das kann erklären, warum Menschen, die stark mit sich hadern, oft gerade *nicht* versuchen, trotz allem das Beste aus sich zu machen. Nach Swann arbeiten sie paradoxerweise an ihrem eigenen Versagen, weil sie nur so ihr negatives Selbstbild bestätigen können. Die Betreffenden versäumen etwa wichtige Termine, lassen die Arbeit schleifen und provozieren Kritik von Freunden, weil sie selbst von deren Richtigkeit überzeugt sind. Swanns Ansatz widerspricht zentralen Vorhersagen der self-enhancement theory, mit deren Vertretern wie Dunning er sich hitzige Diskussionen lieferte. Unterm Strich haben vermutlich beide Lager recht: Obwohl die Selbstüberhöhung ein verbreitetes Muster darstellt, gibt es eben auch die (unbewusste) Tendenz, negative Selbsturteile zu zementieren.

So gegensätzlich diese Phänomene erscheinen, sie haben doch einen gemeinsamen Nenner – den Wunsch der Betreffenden, sich gut zu fühlen. Sei es, weil sie sich in ihrer Selbstsicht bestätigt sehen (so verquer diese auch sein mag); sei es, weil sie sich mit falschen Federn schmücken oder andere erfolgreich manipulieren. Zur Selbsttäuschung wird all das dadurch, dass wir beharrlich an die Wahrheit unserer eigenen Geschichten glauben. Denn das fühlt sich einfach besser an.

4 HÖRT DIE SIGNALE!

Was Äußerlichkeiten verraten

Ein Mann öffnet die Tür und betritt das Zimmer. Er setzt sich an einen Tisch, vor ihm liegt ein Blatt Papier. Der Mann liest vor, was darauf steht. Ein Wetterbericht. Als er fertig ist, steht er auf, geht um den Tisch herum und verlässt den Raum. Das Ganze dauert 90 Sekunden, dann wird der Bildschirm schwarz. »Was glauben Sie, wie intelligent die Person ist, die Sie gerade sahen?« Das fragten Forscher um Peter Borkenau von der Universität Halle die Betrachter dieser Videos.[1] Überraschenderweise genügten den Probanden solche Kurzauftritte, um sich ein recht gutes Bild von den geistigen Kapazitäten der Gefilmten zu machen – obwohl sie diesen nie zuvor begegnet waren. Die IQ-Schätzungen waren zwar nicht perfekt. Doch sie bewegten sich etwa im gleichen Bereich wie das Selbsturteil der Wetterfrösche. Die Korrelation zwischen dem wahren IQ und dem von den Ratern geschätzten betrug 0,38 – dagegen lag die Übereinstimmung mit den Werten, welche sich die Gefilmten selbst attestierten, nur bei 0,29.[2] Sprich: Die anderthalbminütige Lesung einiger belangloser Sätze verriet völlig Fremden mehr über die Geistesgaben der Betreffenden, als diese selbst wussten.

Dass flüchtige Momentaufnahmen psychologisch tief blicken lassen, bezeichnet man als *thin slicing*, ein bildhafter Ausdruck, der zu Deutsch so viel heißt wie: »häppchenweise analysieren«. Oft genügen subtile Hinweise, damit wir uns von unseren Nächsten ein recht treffendes Bild machen. Wir müssen sie nicht einmal zu Gesicht bekommen. Schon die Art, wie jemand seine Wohnung dekoriert, welche Bücher er im Regal stehen hat oder welche Musik er mag, lassen gute Rückschlüsse zu. Wer auf Jazz steht, ist im Schnitt aufgeschlossener als Schlagerfans. Wer Liebesromane verschlingt, verträglicher als ein Thrillerfreund. Und wer seinen Kühlschrank mit To-do-Listen pflastert, dürfte zu den gewissenhafteren Naturen zählen. Sam Gosling von der University of Texas in Austin ging der Akkuratesse solcher Blitzurteile in mehreren Studien nach.[3] Seine Probanden sahen etwa Schnappschüsse fremder Wohnungseinrichtungen, scannten CD-Sammlungen oder die Websites von Unbekannten – und siehe da: Ihre Urteile über deren Charakter stimmten in hohem Maß mit den Resultaten einschlägiger Persönlichkeitstests überein.

Der Paarforscher John Gottman von der Washington University filmte frisch verheiratete Paare, während sie miteinander über ihre Beziehung und heikle Themen wie die Arbeitsteilung im Haushalt oder das Gassigehen mit dem Hund sprachen.[4] Jeweils dreiminütige Ausschnitte aus den Unterhaltungen wurden anschließend danach beurteilt, wie viele Anzeichen für positive und negative Emotionen die Partner bei ihrer Interaktion offenbarten. Später machten die Forscher die Teilnehmer erneut ausfindig, um zu sehen, ob die Ehe noch hielt. Wie sich zeigte, gab die Analyse der sechs Jahre alten Kurzfilme darüber recht verlässlich Auskunft: Wenn die Honeymooner einander ausreden ließen, sich lobten oder gemeinsam lachten, waren das sichere Indikatoren für stabiles Partnerglück. Rechthaberei, Dominanz oder Verstummen kündeten dagegen vom baldigen Bröckeln der Beziehung.

Die Forschung zur ersten Eindrucksbildung beweist: Wir haben sensible Spürnasen, wenn es darum geht, andere rasch einzuordnen. Eine Ahnung davon zu haben, wie mein Gegenüber tickt, ist schließlich in vielen Situationen praktisch. Sich flugs ein Bild vom neuen Kollegen oder Nachbarn zu machen, vom Arzt, den man aufsucht, oder vom Finanzbeamten, an den man ein Anliegen richtet, oder einfach vom Nebenmann im Bus, erleichtert es, mit diesen auszukommen. Wonach halten wir dabei Ausschau? Was interessiert uns an anderen am meisten? Vor allem zweierlei: Gemeinsinn und Kompetenz (im Forscherenglisch »communion« und »agency« genannt, weshalb dies auch als das C/A-Modell bekannt ist).[5]

Ersterer beschreibt die soziale Ader und Verträglichkeit der anderen. Von einem verständnisvollen, warmherzigen Menschen haben wir anderes zu erwarten als von einem schroffen, hinterlistigen Gesellen. Auch die zweite Dimension ist wichtig: Kompetente, tatkräftige Menschen braucht schließlich jeder mal. Wer wen kennt, der sich auf Computer, Autos oder Hausbau versteht, kann dessen Knowhow anzapfen. Dominante Leute werden uns umgekehrt leicht gefährlich: Sie verfolgen eigene Interessen geschickt und setzen sie auch gegen Widerstände durch. Solche »Macher« können uns zwar Türen öffnen, wollen uns womöglich aber auch übervorteilen. Ob Könner oder Dilettant, Gutmensch oder linke Bazille – unser Riecher für *communion* und *agency* zielt letztlich auf eine simple Frage: »Wie *vertrauenswürdig* bist du?« Das ist die Peilung, die wir brauchen, um zu entscheiden, ob uns der andere eher guttut oder schadet, und wie wir mit ihm umgehen sollten.

Stellen wir ähnliche Nachforschungen auch über uns selbst an? Der Psychologe Daryl Bem von der Stanford University in Kalifornien vermutete das bereits in den 1960er-Jahren, als er seine Theorie der Selbstwahrnehmung formulierte.[6] Demnach entwickeln wir unsere persönlichen Eigenschaften, Wünsche und Ziele aus dem, was wir an uns beobachten. Bem drehte die übliche Kausalannahme um: Wir haben nicht *erst* eine Überzeugung, die *dann* unser Handeln leitet, sondern wir erschließen unsere Meinungen und Absichten gerade umgekehrt aus unseren Taten. Wir geben dem Freund kein Bier aus, weil wir spendabel sind, sondern wir halten uns für spendabel, weil wir etwas ausgeben. Wir lachen nicht, weil wir uns amüsieren; wir amüsieren uns, weil wir lachen!

Bem gründete seine Überlegungen unter anderem auf Experimente, wie das von Stanley Schachter und Jerome Singer geschilderte. Probanden mit einer Extraportion Stresshormon im Blut lassen sich vom Ärger eines anderen viel leichter anstecken als jene, die nur ein Placebo geschluckt hatten. Das Adrenalin löste eine körperliche Erregung aus, für die die Teilnehmer unbewusst eine Erklärung suchten – und die lieferte eben der Zorn des Kollegen. Studien neueren Datums bestätigten diesen Effekt. Wer beispielweise einen Stift so zwischen den Zähnen balanciert, dass sich die Mundwinkel zu einem Grinsen heben, findet eine Filmkomödie lustiger als Leute, die den Stift zwischen die Lippen pressen (was die Mundwinkel zu einer Trauermiene herunterzieht). Je nachdem, wie man das Gesicht verzieht, kommt die Comedy besser oder schlechter an; banale Muskelspannung bahnt unserer Stimmung den Weg.

Auf solchen Befunden fußt das Zwei-Stufen-Modell der Emotionen. Eine unspezifische, innere Erregung wird je nach Situation verschieden bewertet. Erst kommt die körperliche Anspannung, dann macht die nachfolgende gedankliche Deutung daraus Gefühle wie Wut, Trauer oder Freude. Bem sah einen ähnlichen Trick auch bei der Konstruktion des Selbst am Werk – nach dem Motto: »Ich bin, wie ich bin, weil ich tue, was ich tue.« Wie passt das mit der Introspektionsillusion nach Emily Pronin zusammen? Die besagt ja, dass wir gerade *nicht* auf unser sichtbares Verhalten achten, weil wir so mit unseren Absichten und Gedanken beschäftigt sind. Laut Bem resultieren diese aber erst daraus, dass wir uns beobachten. Wer hat recht?

Die Antwort: beide! Es kommt auf die Perspektive an. Einerseits wird unsere Selbstwahrnehmung durch unsere eigenen Annahmen gefiltert, sodass wir, wie Pronin beschreibt, oft nicht sehen, was wir nicht sehen wollen. Weil ich *glaube*, ich sei offen und ehrlich, fällt mir nicht auf, wie viel ich für mich behalte. Das ist der Top-down-Weg: Denken beeinflusst die Wahrnehmung. Gleichzeitig gewinnen wir per bottom-up aus Erfahrungen abstrakte Konzepte. Das entspricht Bems Modell: Ich bemerke, dass ich mich in Meetings bedeckt halte (*Nur nichts zu früh ausplaudern, was die anderen als eigene Idee verkaufen könnten!*). Und diese Beobachtung kann mich zu der Einsicht führen, ich sei ein Geheimniskrämer.

Es handelt sich letztlich um zwei Seiten derselben Medaille. Wie wir uns wahrnehmen, formt das Selbstbild, und dieses wiederum beeinflusst, wie wir uns wahrnehmen.

Beide Blickrichtungen unterliegen einem *positivity bias*, also dem Hang, sich in ein möglichst gutes Licht zu setzen. Dass ich offen, großzügig oder kollegial sein *will*, nehme ich gern zum Maßstab für mein Selbsturteil; habe ich dagegen Rache im Sinn, blende ich das aus. Ich nehme meine moralischen Taten eher zur Kenntnis als meinen Egoismus!

Ronit Bodner und Drazen Prelec vom MIT in Cambridge (USA) erklärten: Unser eigenes Handeln hat für uns Signalcharakter.[7] Was es über mich aussagt, wofür es steht, kann sogar wichtiger sein als sein augenscheinlicher Zweck. Mancher bleibt einer Diät treu, nur weil er nicht willensschwach erscheinen will; dabei hat er die Hoffnung abzuspecken längst aufgegeben.

Studien zeigten: Wer unsicher ist, ob er eine bestimmte Eigenschaft besitzt oder nicht, neigt eher dazu, sich dieser gemäß zu verhalten.[8] Gibt man Probanden das Gefühl, sie würden sich in dieser oder jener Hinsicht nicht gut kennen, stellen sie den fraglichen Charakterzug umso eher unter Beweis. In Experimenten verwendet man dazu etwa negatives Feedback: »Laut unseren Daten sind sie weniger hilfsbereit als der Durchschnitt.« So was lassen wir nicht gern auf uns sitzen – und füttern die Spendenbox, die »zufällig« im Zimmer steht. So, als wollten wir es uns selbst beweisen.

Umgekehrt bedeutet das: Wer keinen Zweifel daran hegt, dass er großzügig, intelligent oder gesellig ist, bemüht sich auch weniger, so zu agieren. Zu viel Selbstgewissheit macht träge und vertieft die Kluft zwischen Fühlen und Handeln. Wie empathisch ist jemand, der sich zwar so sieht, aber keinen Trost spendet? Wie humorvoll einer, über dessen Witze niemand lacht? Wer glaubt, er kenne sich genau, kennt sich gerade deshalb oft schlecht.

Ähnlich wie Kleidung oder Schmuck hat auch unser Handeln Symbolwert. Schicke Klamotten und das edle Handy sind Insignien der eigenen Wichtigkeit. Genauso versuchen wir mit unserem Auftreten durchblicken zu lassen, wer wir sind. Mancher redet geschwollen daher, um klug zu wirken. Ein anderer schimpft über »die da oben«, um seine soziale Ader zu betonen. Ein Dritter sagt »krass« und »geil«, weil er jugendlich erscheinen will. Das Image zählt, und zwar uns selbst gegenüber genauso wie nach außen.

Wenn Sie wissen wollen, wie Sie sind, fragen Sie am besten andere![9] Allerdings ist offenes und ehrliches Feedback naturgemäß rar. Zu groß ist die Angst, dem anderen mit einer allzu unverblümten Meinung zu nahe zu treten. Wie fänden Sie es zum Beispiel, wenn ihr bester Freund oder ihre beste Freundin zu Ihnen sagen würde: »Du tust immer so souverän, als wäre alles kein Problem, dabei merkt man, wie unsicher du bist« oder »du gehst immer sofort an die Decke, als würdest du mit deiner Empörung nur Schuld von dir weisen wollen – dabei macht dir doch niemand einen Vorwurf«? Nicht gerade schmeichelhaft, oder? Dennoch rennt man mit solchen Statements überraschend häufig offene Türen ein. Insgeheim hat man es selbst längst geahnt; endlich traut sich jemand, es einem ins Gesicht zu sagen. Ehrlichkeit erzeugt oft eine besondere Nähe.

Wäre der eigene Partner nicht prädestiniert für diesen Job? Sollte der andere einem nicht Spiegel und emotionaler Anker zugleich sein? Paare, bei denen mindestens eine Seite das Gefühl hat, der oder die andere würde dicht machen, statt sich mitzuteilen, sind eher unzufrieden.[10] Interessanterweise legen Studien nahe, dass Partner zwar intime Einblicke in die dunklen Seiten der Persönlichkeit des anderen gewinnen, diese aber durch die Brille ihrer Zuneigung geschönt wird.[11] Auch stolze Eltern sehen ihren Nachwuchs oft besonders positiv. Und Freunde scheuen die Disharmonie. Wen also fragen? Am besten Geschwister (so vorhanden)! Diese haben durch die lange gemeinsame Lebenszeit einen guten Einblick, und da sie meist in gewisser Konkurrenz stehen, scheuen sie auch Kritik nicht.

Eine alte Idee besagt: Der Blick nach innen lasse uns am besten erkennen, wer wir sind. Tatsächlich aber ist der Blick *von außen* mindestens ebenso wichtig. Wir brauchen das Urteil von anderen, denn für viele Signale unserer Mimik, Gestik und Körpersprache sind wir nun mal blind. Ob ich vor Groll rot im Gesicht werde oder mit schlaffer Haltung signalisiere, dass ich gerade nicht in Stimmung bin, bemerke ich selbst kaum.

Wie wäre es, sich selbst von außen zu sehen – oder wenigstens zu hören? Der Psychologe Matthias Mehl entwickelte hierfür eine eigene App namens EAR.[12] Das steht für Electronically Activated Recorder und ist ein digitaler Zufallsrecorder, den man sich auf iPhones und Android-Handys downloaden kann. In unregelmäßigen Abständen registriert die App Mitschnitte des echten (akustischen) Lebens des Trägers. Forscher kodieren solche Aufnahmen anschließend genau danach, wann, wie viel und worüber geredet wurde, und was die Person dabei tat. Psychologen wie Mehl wollen so ein möglichst lebensnahes Bild vom Charakter eines Menschen gewinnen.

Im Rahmen einer 2018 erschienenen Studie statteten Simine Vazire und ihre Kollegin Jessie Sun knapp 250 Studierende mit EAR aus.[13] Zugleich bekamen die Teilnehmer über zwei Wochen hinweg mehrmals täglich Textnachrichten aufs

Handy geschickt, in denen man sie bat, ihre aktuelle Gefühlslage und ihr Verhalten einzuschätzen: *Wie angespannt bist du gerade? Wie gesellig? Wie freundlich? Wie traurig?* etc. Die parallel aufgezeichneten Audiotracks (insgesamt mehr als 150 000) wurden von Ratern danach beurteilt, wie gewissenhaft, extrovertiert, verträglich und emotional ausgeglichen die Betreffenden auftraten. Der Abgleich der so entstandenen Profile mit den Selbsteinschätzungen ergab: Vor allem in Sachen Verträglichkeit, also wie freundlich und zugewandt die Teilnehmer sich gaben, klafften die Angaben auseinander. Frei nach Ödön von Horváths Bonmot: »Eigentlich bin ich ganz anders – aber ich komme so selten dazu« waren viele Probanden tatsächlich schroffer und missmutiger, als es ihnen selbst erschien.

Auch ohne ausgefeilte Analyse kann das Anhören solcher Audiotracks aufschlussreich sein. Es hält einem akustisch einen Spiegel vor: *Ich bin ja doch viel stiller / ernster / lauter / lustiger / selbstbewusster …, als ich dachte.* »Wir sehen die Welt und uns selbst immer nur von innen nach außen«, erklärt Mehl. »Zu hören, was man wirklich sagt, oder zu sehen, was man tut, wirkt da häufig heilsam.« In der Therapie mit sozial ängstlichen Menschen haben sich solche Techniken bewährt. Sie führen den Betroffenen vor Augen, dass sie tatsächlich meist gar nicht so sonderbar oder peinlich sind, wie sie selbst oft meinen.

Die Außenperspektive nehmen wir nicht umsonst häufig im Traum ein. Dann sehen wir uns selbst mitunter wie in einem Film. Stellen Sie sich etwa eine Traumszene vor, in der Sie in eine brenzlige Lage geraten. Nehmen wir an, Sie seien ein Westernheld, und eine Gangsterbande lauere ihnen in einem Hinterhalt auf. Gerade weil Ihr Blickwinkel nicht der des Helden ist, können Sie absehen, wo Gefahr droht und was zu tun ist. Würden Sie das Ganze mit den Augen des Protagonisten betrachten (ein Trick, den Filmemacher oft zur Spannungssteigerung einsetzen), wäre alles verworren. Nur als distanzierter Betrachter sind wir den Ereignissen einen Schritt voraus. Sich von außen zu sehen, und sei es nur imaginär, hilft, das Dickicht der Gefühle zu lichten und die Frage »Wie geht es jetzt weiter?« zu beantworten.

5 LOB DER IGNORANZ

Was ich nicht weiß,
macht mich nicht heiß

Letztens stand ich früh auf, und weil ich etwas fröstelte, zog ich mir Socken an. Dann schlurfte ich in die Küche und kochte Kaffee. Als er durchgelaufen war, nahm ich einen kräftigen Schluck und ging zurück ins Schlafzimmer, um mich anzuziehen. Auf einmal kam mir die Idee, ich könnte die quietschgelben Socken anziehen, die ich kürzlich gekauft hatte. Ich suchte nach dem Paar im Schrank, im Wäschekorb und auf dem Ständer mit den tags zuvor gewaschenen Sachen. Doch sie waren wie vom Erdboden verschluckt. Als mein Blick zufällig den Garderobenspiegel streifte, traf mich fast der Schlag: Ich hatte die Socken ja längst an!

Ich staunte – und kam ins Grübeln. Wenn ich etwas so Offensichtliches wie gelbe Socken an meinen Füßen ignorieren konnte, übersah ich dann vielleicht auch ganz anderes? Manchmal bemerkt man, dass man schon eine Weile an etwas Bestimmtes dachte oder etwas suchte, ohne sich dessen bewusst gewesen zu sein. Ich ertappe mich regelmäßig dabei, wie mir alberne Reime oder Sprüche durch den Kopf gehen, während ich zur Arbeit radle – häufig im Rhythmus des Pedalierens (»ich und du, wir machen Muh«). Das bemerke ich jedoch kaum beim Radeln selbst, sondern erst, wenn ich angekommen bin und vom Tagtraum- auf den seriösen Büromodus umschalte. Kann ich mir daher immer sicher sein, ich wüsste, was mich umtreibt?

Mir fiel ein, wie ich im Herbst 2016, als das Rennen um die US-Präsidentschaft zwischen Hilary Clinton und Donald Trump in die heiße Phase ging, gleichgültig zu sein glaubte, wer am Ende gewinnen sollte. Wie die meisten konnte ich mir nicht vorstellen, dass die Amerikaner so dumm sein würden … Na, wie es ausging, wissen Sie! Ich jedenfalls dachte, es wäre mir egal (neben dem deutschen besitze ich auch einen US-Pass, habe aber noch nie an einer Präsidentenwahl teilgenommen). Als Trump siegte, empfand ich eine Mischung aus Unglauben und Entsetzen. Hatte ich doch gehofft, Clinton würde das Rennen machen? Gestand ich mir mein Daumendrücken für sie nur nicht ein, weil das ja bedeutet hätte, Trump reelle Chancen einzuräumen? Etwas zu hoffen, macht schließlich nur dann Sinn, wenn es auch anders kommen kann. War mein vermeintlicher Gleichmut also in Wahrheit verdrängte Furcht? Ohne zu tief im Unbewussten zu stochern, kann man wohl sagen: Es spricht manches dafür.

Nach der Kognitiven Dissonanztheorie, die der Sozialpsychologe Leon Festinger entwickelte, bauen wir innere Anspannung häufig ab, indem wir unliebsame Gedanken wegdrücken. Die meisten Raucher wissen, dass Rauchen das Risiko, an Lungenkrebs zu sterben, stark erhöht. Folglich blenden sie die Gefahren ihres Lasters aus. Oder sie spielen sie herunter. Oder sie reden sich ein, der Krebs werde sie schon verschonen. Oder, oder, oder. Um uns gut zu fühlen, lösen wir den Konflikt zwischen Ist und Soll häufig auf kreative Weise. Mancher glaubt sogar, die eigene Zigarettenmarke sei gesünder, weil »frei von Zusatzstoffen«.

Als Beleg für Festingers Modell wird oft die folgende Beobachtung angeführt: Wer entgegen seiner wahren Überzeugungen argumentieren soll, nähert sich der künstlich auferlegten Meinung häufig an. Sollen Studierende einen Aufruf *pro* Studiengebühren verfassen oder *kontra* die Legalisierung von Haschisch, wandeln sich ihre Ansichten schon allein dadurch. Sie verkehren sich zwar nicht ins Gegenteil, aber meist schwenken sie deutlich in die andere Richtung. Es sei denn, man bietet den Teilnehmern Geld an. Dann, so Festinger, hätten sie einen Grund, ihr Tun *nicht* als Resultat eigener Überzeugung zu werten, sondern als gekauft. Entsprechend passen sie ihre Ansichten auch nicht dem Tun an.

In einem klassischen Experiment demonstrierten Festinger und sein Doktorand James Carlsmith genau das.[1] Eine schier endlose Stunde lang mussten Probanden einen langweiligen Test mitmachen. Er bestand darin, eine Menge Objekte auf einem Tablett zu platzieren, jedes davon dann in eine bestimmte Richtung zu drehen und das Ganze wieder abzuräumen – bevor das nächste Tablett an die Reihe kam. Sinnloser geht es kaum. Sobald sie das hinter sich gebracht hatten, bat sie der Versuchsleiter unter einem Vorwand, der folgenden Kandidatin weiszumachen, der Test sei spannend und lehrreich. Manche Probanden bekamen als Belohnung einen Dollar, andere 20 (damals eine beachtliche Summe). Welche Gruppe beurteilte den Test danach gnädiger? Die Ein-Dollar-Lügner! Sie fanden das Prozedere gar nicht mehr so schlimm und waren eher bereit, es zu wiederholen. Die 20-Dollar-Truppe hingegen blieb bei ihrem vernichtenden Urteil. Wie ist das zu erklären? Sollten nicht jene, die eine große Belohnung erhielten, eher bekehrt sein? Nein, denn der Profit fungierte als Ausrede: Das eigene Geflunker war eben gekauft, warum sollte man davon ein Wort glauben? Die Belohnung versöhnte die Teilnehmer mit dem Märchen, das sie selbst aufgetischt hatten.

Festingers Theorie der kognitiven Dissonanz wurde zu einem der einflussreichsten Erklärungsmodelle der Psychologie. Demnach betrachten wir unser Handeln vor dem Hintergrund unserer Überzeugungen und vollführen manche Kopfstände, um beide unter einen Hut zu bekommen. Meist rechtfertigen wir unser Tun, indem wir das eigene Denken anpassen. Im Prinzip könnten wir uns ebenso gut anders verhalten und zum Beispiel mit dem Rauchen aufhören. Doch der Preis dafür hieße: *Adieu, Kneipentouren! Bonjour, Selbstdisziplin!* Wie viel leichter ist es da, sich etwas vorzumachen, bis das eigene Tun gar nicht mehr so unvernünftig erscheint. Auf diese Weise entstehen teils völlig realitätsfremde Ansichten: *Ich rauche gar nicht viel, und ob das wirklich Krebs macht, ist auch nicht bewiesen. Und selbst wenn ich aufhören wollte, die Tabakindustrie hat mich süchtig gemacht!* Wir verschließen die Augen gekonnt vor der Wahrheit, wenn sich das besser anfühlt.

Doch nicht jede Ignoranz dient dazu, unliebsame Einsichten abzuwehren. Häufig übersehen wir einfach, was zu bemerken gar nicht wehtäte. Gelbe Socken zum Beispiel. Das geschieht mal aus Unachtsamkeit, mal weil wir voreilige Schlüsse ziehen oder etwas Wichtiges vergessen. Solche Malheure offenbaren häufig, wie unser Wahrnehmungs- und Denkapparat funktioniert. Ich suche nach der Sonnenbrille, die mir im Haar steckt, weil die Tastsensoren der Haut nur auf wechselnden Druck reagieren, bei anhaltendem schalten sie ab. Deshalb spüren wir auch unsere Kleider am Körper schon bald nach dem Anziehen nicht mehr (was einen ja sonst wahnsinnig machen würde).

Ignoranz ist also nicht gleich Ignoranz. Mindestens drei Formen lassen sich unterscheiden: Da wäre erstens die Ignoranz für Dinge, die wir nicht wissen *können*. Sie liegt in der Natur der Sache. Wie das Wetter in einem Monat sein wird, wer wir wären, wenn wir andere Eltern gehabt hätten, oder warum es nicht nichts gibt, sondern genau diese schrecklich schöne Welt – das und noch viel mehr liegt weit jenseits unseres Horizonts. Ja, wir wissen meist nicht einmal, *was* wir alles nicht wissen. Also, Schwamm drüber!

Eine weitere Form der Ignoranz ist die aus Unachtsamkeit. Manches haben wir einfach nicht präsent, es entgeht unserer momentanen Aufmerksamkeit. Zwar haben wir das Gefühl, unsere Sinne würden alles, zumindest alles Wesentliche, um uns herum erfassen. Aber das ist eine Täuschung. Sobald wir uns auf etwas konzentrieren, blenden wir das Drumherum nahezu komplett aus.

So kommt es zu dem Phänomen der Veränderungsblindheit. Fragt einen ein Passant nach dem Weg zum Bahnhof und man fängt an zu erklären, kann das Gegenüber plötzlich durch eine ganz andere Person ausgetauscht werden, ohne dass es auffällt. In solchen Feldexperimenten trugen zum Beispiel als Handwerker getarnte Schauspieler eine Tür zwischen den Gesprächspartnern hindurch und tauschten dabei den einen »Touristen« durch den nächsten aus. Die Erklärer erklärten munter weiter, als wäre nichts geschehen. Darauf basieren auch die meisten Zaubertricks: Sobald etwas unser Augenmerk auf sich zieht, entgehen uns selbst eklatante Veränderungen der Umwelt.[2]

Die verblüffendste Form der Ignoranz ist das gewollte Ausblenden. Auch das muss gar nicht bewusst passieren, obwohl es auch das gibt: Ich will lieber nicht wissen, was ich zu Weihnachten geschenkt bekomme, um mir die Überraschung nicht zu verderben. Meistens ignorieren wir bestimmte Dinge jedoch unbewusst.

Freuds Konzept der Verdrängung ist inzwischen fester Bestandteil unseres Alltagsdenkens. Demnach hält unser seelischer Apparat Unliebsames vom Bewusstsein fern, indem es das ins düstere Verließ des Unbewussten abschiebt. Die Psychologen Timothy Wilson und Elisabeth Dunn stellten einmal eine Liste von Kriterien auf, die die freudsche Verdrängung erfüllen muss.[3] Sie erfordert erstens, dass es einen Grund gibt, weshalb wir den betreffenden Inhalt verdrängen – etwa, weil er uns peinlich ist oder weil wir ihn für unmoralisch halten. Zweitens muss die Verdrängung selbst unbemerkt bleiben, der Betreffende ahnt also nichts davon, dass er verdrängt. Dennoch muss der jeweilige Inhalt gewisse Spuren im Gedächtnis hinterlassen und zum Beispiel in Form von Neurosen, Traumsymbolen oder Zwängen zum Vorschein kommen. Und viertens muss die Sache behebbar sein, man muss verdrängte Gedanken bewusst machen können. Genau darin sah Freud die Aufgabe der Psychotherapie: »Wo Es war, soll Ich werden.« Dieser Anforderungskatalog zeigt: Die psychoanalytische Idee der Verdrängung geht von sehr vielen Vorannahmen aus.

Neben den vielen Prämissen, die Freuds Theorie im Gepäck führt, hat sie einen weiteren Haken: Sie impliziert, dass unsere Wünsche oder Gedanken ein geheimes Doppelleben im Untergrund der Seele führen. Das Unbewusste mutiert zu einer Art Requisitenkammer, in der düstere Mr.-Hyde-Versionen meines vornehmen Dr.-Jekyll-Ichs lagern. Statt »Die Frau meines Freundes ist echt sympathisch« steht der Trieb in den Startlöchern: »Die ist so scharf, am liebsten würde ich mit ihr ins Bett gehen«. Ob das Unbewusste wirklich so dezidierte Wünsche hegt, ist allerdings fraglich. Verraten Sie mir doch zum Beispiel mal den Mädchennamen ihrer Mutter! Sicher können Sie ihn problemlos aus dem Gedächtnis reproduzieren. Aber war er deshalb bereits als ausformulierter Gedanke dort vorhanden? Oder haben Sie ihn erst in dem Moment generiert, als ich Sie danach fragte?

Erinnerungen sind keine fertig geschnürten Informationspakete, die auf den endlosen Regalreihen des Gedächtnisses auf Abruf warten. Wir setzen sie vielmehr immer wieder neu aus losen Bruchstücken zusammen. Auch das Unbewusste gleicht keinem Arsenal triebhafter Lüste, sondern eher einer Gerüchteküche.

Was war der peinlichste Moment in Ihrem Leben? Ach, Ihnen fällt keiner ein? Jetzt kommen Sie schon! Sich selbst werden Sie es doch eingestehen. Oder sträubt sich etwas in Ihnen zuzugeben, wie dumm Sie sich angestellt haben? Bei einer Party, auf der ich einmal über drei Ecken gelandet war, sprach ich eine Frau, von der ich nur wusste, dass sie irgendwie zum Gastgeber gehörte, mit den Worten an: »Sie müssen Toms Mutter sein!« Es war leider seine jüngere Schwester! Okay, es geht bestimmt peinlicher. Aber ich will mich hier nicht zum Hansel machen. Wozu auch? Sollte man sich denn die eigene Peinlichkeit bewusst machen?

Erst seit kurzem untersuchen Psychologen den Nutzen des Nichtwissens. Denn es gibt durchaus Gründe, manches nicht (oder *noch* nicht) erfahren zu wollen. Zum Beispiel in Gesundheitsfragen: Will ich wissen, wie viel Lebenszeit mich der tägliche Feierabendstau kostet? Oder wie hoch mein Risiko ist, eines Tages dement zu werden? Sollte man, was ohnehin kaum zu beeinflussen ist, nicht besser dem Schicksal überlassen? Ignoranz beruhigt. Und das scheint in unserer Überinformationsgesellschaft oft geboten. Denn das schlechte Gewissen regiert unser Leben: *Sich ein neues Handy zulegen? Die Mienen im Kongo! Seelachs essen? Die Überfischung der Meere! Geld verprassen für Dinge, die man nicht braucht? Denk doch an die armen Hartz-4-Empfänger!* Das kann einem schon den Spaß verderben.

Genau Bescheid zu wissen und sich umfassend zu informieren, hat einen glänzenden Ruf. Wir glauben, mehr Fakten zu sammeln, sei stets besser, als etwas auszublenden. Der Appell »Mach dich schlau! Denk nach! Sieh genau hin!« ist allgegenwärtig. Auf diese Weise gibt es freilich kaum ein Entkommen vor dem schlechten Gewissen. Denn letztlich erfüllt man dieses Ideal doch ohnehin nie.

Die Psychologen Ralph Hertwig und Christof Engel sichteten die guten Seiten der Ignoranz.[4] Sie kamen auf ein halbes Dutzend mögliche Vorteile. Ignoranz hilft, Reue zu vermeiden, denn wer nicht weiß, was er verpasst, ärgert sich auch nicht. Sie steigert die Freude an Überraschungen, wie etwa Geschenken. Sie beugt der Nervosität vor und erhöht so die Chance, eine Prüfung zu bestehen, weil uns keine Zwischenbilanz aus dem Konzept bringen kann. Sie lässt uns anderen gegenüber fairer agieren, wenn Personaler etwa Bewerbungen ohne Porträtfotos sichten oder Lehrer bei der Notenvergabe nicht von »bildungsfernen« Vornamen beeinflusst werden. Und sie bewahrt uns davor, in der Informationsflut zu ertrinken. Wer nicht weiß, was alles Schlimmes passieren kann, gerät auch nicht so schnell in Panik.

In der Tat kann Wissen nicht nur gefühlsmäßig belasten. Es behindert uns manchmal auch regelrecht beim klaren Denken, weil es vom springenden Punkt ablenkt oder den Blick verstellt. Ein gewisses Maß an Ignoranz fördert umgekehrt oft die Kreativität. Wer nicht genau weiß, wonach er sucht, hält die Augen offen und kommt eher auf ungewöhnliche Lösungen. Wer nicht schon zu wissen meint, wie ein Problem zu knacken sei, denkt mehr um die Ecke.

Obwohl wir Unachtsamkeit und Bedenkenlosigkeit meist gering schätzen, setzen wir sie durchaus strategisch ein, auch uns selbst gegenüber. Sich nicht darum zu kümmern, wie man auf andere wirkt, lässt einen frei von der Leber weg agieren. Menschen, die viel über sich nachdenken, setzen sich selbst stärker in Beziehung zu anderen. Sie fragen sich etwa: *Bin ich normal? Geht es anderen auch so? Wie finden die mich?* Das erschafft eine Art Schere im Kopf und verstärkt die Skrupel, so zu sein, wie es einem kommt.

Auf der anderen Seite bleibt offen, was intensive Selbstbeschau genau bringt. Täuschen sich Leute, die viel über sich nachdenken, etwa weniger? Das ist fraglich, denn wer Erklärungen sucht, klammert sich oft an irgendwelche Theorien: *Wenn meine Schwester nicht immer so bevorzugt worden wäre … Wenn meine Eltern nur nicht so hyperängstlich wären …* Hätte, könnte, wäre! Sicher, Ignoranz ist nicht immer die beste Lösung. Doch ebenso wenig ist hohe Selbstaufmerksamkeit stets von Vorteil. Wo liegt die goldene Mitte? Wann hilft Selbstreflexion und wann eher nicht?

Gregory Hixon und William Swann widmeten dem eine Reihe von Experimenten.[5] Ihre Probanden beantworteten zunächst Fragen zu ihrer Intelligenz, Geselligkeit und ihrer Beliebtheit bei anderen. Dann wurde ihnen jeweils eine fingierte Auswertung vorgelegt, entweder eine eher schmeichelhafte oder eine negative. Die Teilnehmer sollten nun angeben, wie sehr sie sich im jeweiligen Urteil wiedererkannten. Die Bereitschaft, kritisches Feedback anzunehmen, galt hierbei als Maß für die Angemessenheit ihrer Selbstwahrnehmung. Der Clou: Hatten die Testpersonen nur wenige Sekunden Zeit, um das Feedback zu sichten, stimmten sie der positiven Rückmeldung stärker zu. Bei einer Bedenkzeit von knapp einer Minute fanden die kritischen Töne dagegen mehr Gehör. Die Betreffenden wiesen die Vorbehalte gegen ihre Person nun nicht so weit von sich.

In einer Folgestudie verglich man die Selbsturteile der Teilnehmer damit, wie deren gute Freunde sie einschätzten. Wieder gab es zwei Varianten: Die Probanden sollten entweder überlegen, *was* sie persönlich ausmachte, die anderen, *warum* sie so waren, wie sie zu sein meinten. Siehe da: Fragte man die Probanden, was auf sie zutraf oder nicht, kamen sie dem Urteil ihrer Freunde näher. Die Beschäftigung damit, *warum* sie so waren, förderte hingegen die Tendenz, sich selbst zu beschönigen. Offenbar lässt uns die Frage, *was* uns kennzeichnet, klarer sehen; das Warum zu ergründen, bereitet uns dagegen eher Probleme. Schließlich kann man die abenteuerlichsten Gründe dafür finden, weshalb man der wurde, der man ist.

Das gilt nach Hixon und Swann vor allem für solche charakterlichen Eigenarten, die an starken Indizien ablesbar sind. Geselligkeit ist das Paradebeispiel: Da sie sich am konkreten Umgang mit anderen festmacht, kann man sich auf diesem Feld schlechter etwas vormachen als bei verborgenen Eigenschaften wie der inneren Ausgeglichenheit oder Intelligenz. Diese äußern sich zwar auch im Verhalten, man muss sich dafür aber in recht spezielle Situationen begeben und etwa Stress haben oder anspruchsvolle Aufgaben bearbeiten. Wie sozial jemand ist, drängt sich im Alltag geradezu auf, seine geistigen Gaben sind dagegen weniger offensichtlich.

So scheinen vor allem drei Dinge darüber zu bestimmen, ob Selbstbeschäftigung nützlich ist: Die Dauer, der Fokus und die Eigenschaft, die man in den Blick nimmt. Besonders lange nachzudenken, kann laut Hixon und Swann denselben Effekt haben, wie gar keinen Gedanken an sich zu verschwenden: In beiden Fällen tendieren wir dazu, Kritik auszublenden. Hatten die Versuchsteilnehmer drei Minuten Zeit zu überlegen, ob das negative Feedback gerechtfertigt war, wiesen sie es eher von sich. Sie kamen dann wohl zu dem Schluss, der andere mochte das sehen, wie er wollte. Den Stiefel zogen sie sich nicht an, ob aus Trotz oder aufgrund der Einsicht, dass ihnen dessen Urteil herzlich egal sein konnte.

Eine Untersuchung der Psychologen Jürgen Hoyer und Andreas Klein bestätigte allerdings nicht, dass ein mittleres Maß an Selbstreflexion am günstigsten ist.[6] Es fand sich kein Hinweis auf eine »umgekehrt u-förmige« Beziehung. Das könnte daran liegen, dass Menschen im echten Leben beliebig viel über sich nachdenken. Zwischen den drei Minuten Bedenkzeit in Hixons und Swanns Experiment und der gewohnheitsmäßigen Selbstbespiegelung moderner Großstädter liegt ein himmelweiter Unterschied. Wann es »zu viel des Guten« ist, lässt sich also kaum sagen. Immerhin scheint die Beschäftigung mit dem Warum eher hinderlich zu sein. Statt über die Gründe für das eigene Sosein zu spekulieren, sollte man sich auf den Istzustand konzentrieren.

Bei Menschen, die sehr mit sich hadern, ist der Schutzreflex der Selbstbeschönigung erlahmt. Sie leiden oft an chronischer Selbstabwertung und überzogenen Ansprüchen. Um dies zu überwinden, ist eine Bestandsaufnahme der eigenen Stärken und Schwächen durchaus sinnvoll – möglichst therapeutisch begleitet. Immerhin dürfte sie den Betreffenden vor Augen führen, dass doch nicht alles so düster ist, wie es sich für sie anfühlt. Allerdings muss ein Maß an Selbstbeschau, das Menschen mit seelischen Problemen hilft, nicht jedermann guttun. Darauf weisen Befunde von Hoyer und der Psychotherapieforscherin Heike Kunst hin. Sie glichen die Ergebnisse in einem Test zur Selbstaufmerksamkeit mit dem Gefühlshaushalt von mehr als 200 Alkohol- und Reha-Patienten sowie ebenso vielen Nichtpatienten ab. Während die Zustimmung zu Sätzen wie »Ich erforsche gründlich meine Absichten« und »Ich glaube, mich selbst sehr genau zu kennen« bei den Gesunden kaum mit der Lebenszufriedenheit zusammenhing (die Korrelation betrug 0,15), rangierten die Werte bei den in Behandlung Befindlichen um 0,45. Sprich: Menschen in Therapie fühlten sich besser, je genauer sie sich kennenlernten; bei den anderen hob das die Laune jedoch nicht.

Auf halbem Weg zwischen sicherem Wissen und völliger Unkenntnis liegt jenes Feld, auf dem wir uns meistens bewegen. Hier begleitet uns auf Schritt und Tritt die Unsicherheit. Sie wird meist skeptisch beäugt: Wir empfinden sie als Mangel und Quelle des Unbehagens. Doch nicht genau zu wissen, was Sache ist, kann Glücksgefühle fördern! Laut den Psychologen Timothy Wilson und Daniel Gilbert kosten wir positive Erlebnisse länger aus, wenn wir unsicher sind, welchem Umstand wir sie verdanken.[7]

Die beiden Psychologen schenkten Studierenden einen Dollar – zusammen mit einem Zettel, der die Wohltat entweder erklärte oder kryptische Informationen enthielt. Wer nicht recht wusste, wem er den Dollar warum verdankte, freute sich länger darüber. Die Teilnehmer selbst glaubten allerdings, klare Ansagen würden sich für sie besser anfühlen: Vor die Wahl gestellt, ob sie lieber eine eindeutige Erklärung oder eine Andeutung vorzögen, wünschten sie sich so gut wie immer erstere – und bereiteten ihrem Hochgefühl auf diese Weise selbst ein jähes Ende. Wilson und Gilbert sprechen vom Glücksparadox: Wir glauben, es sei schöner, genau Bescheid zu wissen; tatsächlich aber hält unsere Freude oft länger an, wenn die Ursache nicht ganz klar ist.

Die Forscher demonstrierten das Gleiche auch für die romantische Anziehung. Frauen, die die Onlineprofile attraktiver Männer sichteten, fanden die Betreffenden umso reizvoller, wenn man offenließ, ob er seinerseits auch sie attraktiv fand. Erklärten die Forscher aber, der Betreffende sei an der Probandin »sehr interessiert«, verpuffte die Begeisterung rasch. Selbst in der Werbung oder bei der Berufswahl sind solche Effekte zu beobachten: Marketingleute und Personaler machen nicht umsonst oft ein Geheimnis um ihr Angebot (*Was kann das neue iPhone? Bietet der Job wirklich mehr Abwechslung?*), denn das steigert den Reiz der Sache. Damit Unsicherheit Spaß macht, ist allerdings ein Mindestmaß an Orientierung nötig. Völlig Unerklärliches wie ein 100-Euroschein im Briefkasten irritiert eher, als dass wir darüber Freudentränen vergießen. Wir brauchen einen Sinnrahmen, in den sich das Ereignis einfügt.

Heute sind wir auch deshalb auf Ignoranz angewiesen, weil man uns dauernd ein schlechtes Gewissen machen will. Eltern, Schule, Politik, Werbung, Mode – Schuldgefühle zu erzeugen, ist ein höchst bewährtes Mittel, um andere zu manipulieren. Eine Gesellschaft ohne schlechtes Gewissen ist undenkbar, denn gerade darin manifestiert sich, dass der Einzelne Normen anerkennt und zur Richtschnur seines Handelns macht. Der Gewissenlose, der kein Problem damit hat, ob er sich danebenbenimmt, steht außerhalb der Gemeinschaft.

So wohltuend Ignoranz mitunter ist, sie birgt auch Gefahren. In vielen Lebensbereichen haben wir mit unüberlegten Handlungen und dumpfen Vorurteilen zu kämpfen. Nicht zuletzt im Zwischenmenschlichen ist das Unvermögen, sich selbst zu reflektieren, ein großes Hindernis. Angenommen, ich würde Kritik schlecht vertragen. Kaum äußert jemand Bedenken an mir, reagiere ich ungehalten. Deshalb vermeiden es Kollegen, mit mir im Team zu arbeiten, und meine Frau und Freunde gehen Konflikten aus dem Weg. Sollte ich meine Ignoranz nicht besser überwinden? Wäre es nicht gut, jemand hätte den Mut, mir zu sagen, wie sehr es nervt, dass ich immer so schnell an die Decke gehe? Sprich: Sollte ich die Mauer, die ich um mein Ego errichtet habe, nicht einreißen?

Sicherlich kann Selbstbeschäftigung helfen, sich klarer zu sehen und bessere Beziehungen zu pflegen. Jeder von uns kennt Beispiele: Wie man eine tiefe Einsicht gewann, weil man endlich bereit war, über sich nachzudenken. Weil man über den eigenen Schatten sprang und begriff, dass dieser oder jener Plan doch nichts für einen war und man sich eine passendere Aufgabe suchen sollte. Ignoranz ist kein Allheilmittel. Ebenso wenig aber ist intensive Selbstbeschau *immer* förderlich. Erstens strengt sie enorm an. Viel zu mühsam, jedes Mal neu zu überlegen, was man tun soll! Feste Gewohnheiten und auch Vorurteile taugen zumindest solange, wie die mentale Energieersparnis die Kosten der Engstirnigkeit überwiegt. Zweitens führt mehr Nachdenken nicht automatisch zu besseren Resultaten. Und drittens bringt der Versuch, sich seine Eigenarten bewusst zu machen, mitunter noch subtilere Selbsttäuschungen hervor.

Timothy Wilson empfiehlt daher, man solle besser nicht zu tief nach dem eigenen Ich schürfen.[8] Ignoranz reduziert Komplexität. Wohltuend ist das etwa mit Blick auf das Risiko zu versagen. Wer Misserfolge fürchtet, erlebt Herausforderungen eher als bedrohlich und geht ihnen aus dem Weg. Wer es dagegen nicht so tragisch findet, sollte einmal etwas schiefgehen, der hat auch meist mehr Mut. Kein Drama um die Nieten zu machen, die man im Leben zieht, lässt es oft erst gar nicht so weit kommen.

II – SICH FINDEN

6 IDIOTEN SIND IMMER DIE ANDEREN

Warum wir uns für etwas Besseres halten

Ich will nicht übertreiben, aber ganz ehrlich, ich bin schon ein super Typ. Ich bin klug, sehe mehr als passabel aus, kann gut mit Leuten, und ich weiß, was ich will. Wenn Sie mich fragen, habe ich auch noch keine große Dummheit im Leben begangen. Und obwohl ich allen Grund hätte, bin ich überhaupt nicht eingebildet, sondern auf dem Teppich geblieben. Wer etwas anderes sagt, ist doch nur neidisch!

Kommt Ihnen das bekannt vor? Natürlich reden die wenigsten von uns so über sich. Eigenlob stinkt bekanntlich. Aber *denken?* Schon eher. Bestimmt kennen Sie Menschen, denen das obige Statement zuzutrauen wäre, auch wenn diese selbst es weit von sich weisen würden. Haben Sie sich schon einmal gefragt, warum es um Sie herum vor selbstverliebten Einfaltspinseln wimmelt? Der Grund ist, nun ja, vermutlich der gleiche, aus dem Sie sich selbst für nichts dergleichen halten! Beinahe jeder Mensch, wahrscheinlich auch Sie, neigt zur Selbstüberhöhung. Das ist kein vereinzelter, bedauerlicher Defekt, sondern eine Grundkonstante unserer Psyche. Nur empfinden wir die eigene Anmaßung nicht als solche. Ich *bin* intelligent, sympathisch und anständig; die anderen bilden sich das bloß ein. Dass wir uns für besser halten könnten, als wir sind, kommt uns einfach nicht in den Sinn.

Solche Alle-nur-ich-nicht-Gedanken sind Teil unseres seelischen Immunsystems.[1] Sie bewahren uns vor selbstwertgefährdenden Urteilen, indem sie die Bewertungsmaßstäbe flugs verschieben, sobald wir den Blick auf uns richten. Wie weit die Selbsteinschätzung vieler Menschen danebenliegt, lässt sich täglich bestaunen. Da ist der Freund, der von der Managerkarriere träumt, obwohl er weder die nötige Disziplin noch das schauspielerische Talent dafür aufbringt. Oder die Hobbyautorin auf der Suche nach einem Verlag, der ihr Familienepos herausbringt; dabei ist die Story viel zu banal, als dass sie irgendwen interessierte.

Belege für die weitverbreitete Selbstüberschätzung gibt es zuhauf. Man nehme nur den Better-than-average-Effekt.[2] *Better than average* – besser als der Durchschnitt – wähnt sich die große Mehrheit der Menschen. Sieben von zehn Befragten glauben, sie seien überaus geschickte Autofahrer.[3] Eine umfangreiche Untersuchung an gut einer Million US-Collegestudenten ergab, dass sich praktisch jeder für überdurchschnittlich nett und beliebt hielt.[4] Rund 70 Prozent betrachten sich aufgrund ihrer geistigen Fähigkeiten als prädestiniert dafür, einmal eine Führungsposition zu besetzen. Und auch die, die es geschafft haben, blicken mit besonderem Wohlwollen auf ihre Leistungen: In einer vielzitierten Studie fanden 94 Prozent der Uniprofessoren, sie leisteten überdurchschnittlich gute Arbeit.[5]

Solche Befunde haben allerdings einen Haken. So sehr es nach Wunschdenken klingt, wenn sich das Gros der Leute für außergewöhnlich begabt oder begehrt hält, darunter sind eben stets auch welche, die es *wirklich* sind. Rein statistisch gesehen ist nicht einmal ausgeschlossen, dass mehr als 50 Prozent einer Gruppe über dem Mittel etwa der IQ-Werte liegen. Die Schlechten müssen dafür nur richtig schlecht sein. Vor allem aber messen Better-than-average-Studien die Selbsteinschätzung des Einzelnen nicht am wahren Können; sie stellen lediglich fest, dass wir uns meist für besser halten, als wir anderen zugestehen.

Doch es gibt weitere Indizien. Kennen Sie zum Beispiel den Dunning-Kruger-Effekt? Er beschreibt eine tiefe Ironie des Lebens: Je inkompetenter jemand ist, desto weniger ahnt er es. Etwas nicht sehr gut zu beherrschen, ob Logikrätsel knacken, viele Dinge gleichzeitig im Kopf behalten oder einen strategischen Plan verfolgen, erhöht zugleich die Chance, dass man sein eigenes Unvermögen glatt übersieht. Die Namensgeber des Effekts, David Dunning und sein ehemaliger Doktorand Justin Kruger, wurden für ihre Entdeckung im Jahr 2000 mit dem satirischen Ig-Nobelpreis geehrt.[6] »Die Fähigkeit, eine richtige Lösung zu finden«, erklärt Dunning, »ist die gleiche, die man braucht, um eine Lösung als richtig zu erkennen.« Einfacher ausgedrückt: Was klug macht, lässt einen auch die eigene Klugheit bemerken.

Das Forscherduo hatte Probanden Aufgaben aus verschiedenen Intelligenztests gestellt und sie jeweils schätzen lassen, wie gut sie dabei abschnitten. Wie sich zeigte, beurteilten die besten 25 Prozent der Teilnehmer ihre Leistung recht realistisch. Oft *unter*schätzten Sie sich sogar etwas. Das schlechteste Viertel der Getesteten hatte dagegen weit überzogene Vorstellungen vom eigenen Können. Dies betrifft allerdings nur die geistigen Gaben, nicht etwa sportliche oder künstlerische Leistungen. Schnell laufen zu können oder eine spannungsreiche Komposition auf die Leinwand zu bannen, sind andere Talente, als die, die man braucht, um zu erkennen, ob man das Zeug zum Sprinter oder zum Kunstmaler hat.

Der Dunning-Kruger-Effekt machte nicht zuletzt deshalb Schlagzeilen, weil er das Bild von den »Nieten in Nadelstreifen« bestätigt – ebenso unfähigen wie blasierten Entscheidern in Politik und Wirtschaft. Offenbar haben Anmaßung und Dilettantismus durchaus einen gemeinsamen Nenner. Wie die Forscher jedoch betonen, handelt es sich um ein generelles Kennzeichen der Selbstwahrnehmung. So gut wie jeder neigt dazu, die eigenen kognitiven Defizite zu vernachlässigen.

Laut Experimenten wächst der Hang zur Selbstüberschätzung unter zwei Bedingungen rasant: wenn wir abgelenkt sind und wenn wir uns bedroht fühlen. Bei kognitiver Belastung, etwa wenn wir eine anspruchsvolle Aufgabe lösen, halten wir uns eher für kompetent als in entspanntem Zustand. Das liegt teils daran, dass wir für eine gute Selbsteinschätzung geistige Ressourcen brauchen, die in solchen Momenten anderweitig vergeben sind. Sobald wir uns nicht mehr darauf fokussieren können, wie wir sind, schlägt die Grundeinstellung der Selbstüberhöhung durch. Das gleiche gilt, wenn man durch negatives Feedback Menschen in ihrem Selbstwert erschüttert. Ist das Ego in Gefahr, wird es verteidigt. Auch deshalb sind Vorurteile Minderheiten gegenüber oft stärker bei Leuten ausgeprägt, die selbst wenig Anerkennung bekommen oder aus anderen Gründen an sich zweifeln: Kleines Ego, große Klappe. Umgekehrt lassen uns Lob und Respekt, die wir empfangen, anderen bereitwilliger Talente zugestehen. Wer mit sich im Reinen ist, erträgt es leichter, wenn der Nachbar etwas noch besser kann.

Wie Dunning und seine Kollegin Carmen Sanchez in neueren Arbeiten zeigten, stolpern manche Menschen eher über die Fallstricke der Hybris als andere.[7] Prädestiniert dafür sind etwa »informierte Anfänger«: Sie verstehen von einer Sache zwar schon einiges, besitzen aber noch nicht genug Erfahrung, um etwaige Risiken abzusehen. »Bei der Selbsteinschätzung sind erste Lernerfolge gefährlich«, glauben Sanchez und Dunning. Sie hatten Probanden etwa darin geschult, anhand bestimmter Symptome aus Patientenbeschreibungen Krankheiten zu diagnostizieren. Zunächst urteilten die Teilnehmer mangels Knowhows noch abwägend und nahmen es mit ihrem Job sehr genau. Entsprechend hoch war die Trefferquote. Hatten sie zahlreiche Trainingsstunden absolviert, klappte die Fallbeurteilung ebenfalls prima. Dazwischen aber klafften die Diagnosen und die wahren Erkrankungen am weitesten auseinander. Ähnliches ergab die Auswertung von Daten des National Financial Capability Survey, einer Umfrage zum Investmentverhalten unter rund 25 000 US-Amerikanern. Demnach gilt auch für den Handel mit Wertpapieren: Wer sich nach ein paar Bewährungsproben auf dem Börsenparkett für einen angehenden Finanzprofi hält, verzockt sich am ehesten. Bei den ersten Gehversuchen auf neuem Terrain lassen wir Vorsicht walten. Glauben wir dann allmählich, wir hätten den Dreh raus, beginnt eine kritische Phase des Übermuts, bis diese in Routine und Übersicht mündet. Auch Flugzeugpiloten in Ausbildung machen die meisten Fehler nach rund 800 Stunden im Cockpit, wenn die Kapitäne schon eine Menge, aber noch nicht wirklich viel können. Und im OP-Saal unterlaufen die meisten Kunstfehler Chirurgen, die nach 16 bis 20 erfolgreichen Operationen durchaus erfahren, allerdings noch nicht versiert sind.

Woher wissen Forscher überhaupt, wann jemand allzu große Stücke auf sich hält? Wenn ich etwa meine, ich besäße einen Wahnsinnshumor, soll mir erst einmal jemand das Gegenteil beweisen! Psychologen setzen hierbei verschiedene Tricks ein: So gleichen sie die Selbstauskünfte von Menschen mit einer Reihe weiterer Quellen ab. Etwa damit, wie Freunde, Verwandte und Kollegen denjenigen beschreiben. Oder wie er sich im Alltag anstellt: Wie oft lacht er selbst? Bringt er irgendwen anders zum Kichern? Und schließlich geben verdeckte Tests Aufschluss: Man zeige demjenigen eine Komödie oder bringe ihn in eine alberne Situation – mal sehen, wie lustig er das findet. Dunning und Kruger wählten für ihre Studien bewusst ein Gebiet, auf dem sich die reale Begabung ganz gut feststellen lässt: den IQ.

Laut Dunning liegt die statistische Korrelation zwischen gefühlter und wahrer Intelligenz bei durchschnittlich 0,29.[8] Britische Forscher kamen bei einer Untersuchung an knapp 200 Studierenden auf eine Korrelation von sogar nur 0,16.[9] Das ist, gelinde gesagt, mau. Warum haben der Wunsch-IQ und die realen Geistesgaben oft so wenig miteinander zu tun? Hätten wir nicht allen Grund, uns selbst adäquat einzuschätzen? Blieben uns dann nicht viele Niederlagen, ja sogar Gefahren für Leib und Leben erspart? Man denke nur an die Risiken, die Investmentbanker mit ihren undurchschaubaren Finanzprodukten oder allzu selbstgewisse Autofahrer bei riskanten Überholmanövern eingehen. Der Nobelpreisträger Daniel Kahneman erklärte einmal, wenn er Zauberkräfte besäße, würde er als erstes die Selbstüberschätzung abschaffen, denn sie bringe das meiste Unheil über die Menschen.

Doch der gleiche Trick, der uns zur Selbstüberschätzung verleitet, lässt uns auch die damit verbundenen Probleme ausblenden. Der Egomane scheitert nie an sich selbst, sondern an den Umständen, an Missgunst oder einfach am Pech. Außerdem würde eine realistische Selbsteinschätzung häufig bedeuten, sich etwas *nicht* zuzutrauen, das man mit entsprechendem Selbstvertrauen vielleicht doch hinbekäme. Sähen wir uns stets genau so, wie wir sind, würde niemand das schier Unmögliche wagen. Keiner würde über sich hinauswachsen und schaffen, wozu er eigentlich nicht in der Lage sein dürfte. Die Krux an der Selbsteinschätzung lautet: Sie ist immer nur eine *Schätzung!* Wozu ich wirklich fähig bin, weiß ich erst, wenn ich mein Bestes gegeben habe. Und um das Beste aus sich herauszuholen, ist Überschätzung nun einmal Gold wert. So hat ein moderates Maß an positiven Illusionen insgesamt wohl mehr Vor- als Nachteile. Wir erscheinen dann nicht nur kompetenter und vertrauenswürdiger, sondern verfolgen auch unsere Ziele ausdauernder und glauben an uns selbst.[10]

Hirnforscher wissen heute bereits recht genau, wo die Selbstüberschätzung im Gehirn sitzt. Stellen sie Probanden zum Beispiel Testfragen nach dem Muster: »Wissen Sie, was ein Redativ ist?« Oder: »Sagt Ihnen der Begriff Falorum etwas?«, so neigen die Getesteten dazu, sich für schlauer auszugeben, als sie sind. »Klar weiß ich, was das ist. Ich bin ja nicht doof!«[11] Forscher um Julian Keenan nutzten diese Tatsache aus, um Menschen zur Wahrheitsliebe zu erziehen.[12] Das Besondere war ihre Methode: Sie legten nämlich ein starkes Magnetfeld an die Köpfe der Versuchsteilnehmer an! Schaltete man mittels transkranieller Magnetstimulation (TMS) einen Bereich im Vorderhirn vorübergehend aus, bekannten sich die Probanden eher zu ihrem Nichtwissen. Denn die fraglichen Testwörter waren, wie die oben genannten, frei erfunden! Der für das Flunkern zuständige Hirnabschnitt liegt im Stirnlappen und wird als medialer präfrontaler Cortex (MPFC) bezeichnet. Er spielt eine Schlüsselrolle beim Frisieren des Selbstbilds.

Unsere Neigung zur Selbstüberschätzung betrifft nicht nur das eigene Können, sie prägt auch subtile Aspekte des Ichs. So halten wir uns zum Beispiel meist für individueller, als wir sind. Wir können uns kaum vorstellen, dass andere genauso unabhängig und klar urteilen wie wir. So originelle Gedanken haben. So einen guten Geschmack besitzen. So viel Witz und Ironie aufbringen. Am stärksten ausgeprägt ist der Hang zur Selbstüberhöhung jedoch auf moralischem Gebiet. Etwa bei der Frage, wie ehrlich, hilfsbereit oder loyal wir seien. Zwar überschätzen wir gerne auch unser sonstiges Wissen und unsere Fähigkeiten, unsere Tatkraft oder unsere Beliebtheit. Nirgends aber ist der Kontrast zwischen Selbstbild und vermutetem Durchschnitt größer als auf moralischem Gebiet.

Die Psychologen Ben Tappin und Ryan McKay von der University of London attestierten diese »Illusion der moralischen Überlegenheit« in einer Studie buchstäblich jedem ihrer fast 300 Testkandidaten.[13] Frühere Arbeiten, darunter eine Befragung von knapp 200 000 Menschen aus elf europäischen Ländern, hatten ergeben, dass Menschen Attribute wie »treu«, »fair« oder »ehrlich« häufiger zur Selbstbeschreibung heranziehen als zum Beispiel »klug« oder »weise«. Das liegt wohl auch daran, dass moralische Werte ebenso hoch erwünscht wie schwer zu beurteilen sind. Während sich der Dummkopf und der Eigenbrötler rasch durch ihr Verhalten »outen«, ist es meist schwieriger zu beurteilen, ob jemand intrigant oder habgierig ist. Mangels klarer Indizien können wir unsere Moralität also leichter schönfärben als viele andere Charakteristika. Zudem erscheint es gar nicht so unvernünftig, seinen Mitmenschen nicht vorschnell über den Weg zu trauen. Und vor Lug und Trug schützt sich am besten, wer ihnen vorsichtshalber weniger Integrität unterstellt als sich selbst.

Das Paradoxe daran ist, dass wir den Hochmut ja selbst als höchst unmoralisch betrachten.[14] Der Eingebildete setze sich über Anstand und Gesetze hinweg, weil er meine, diese würden für ihn nicht gelten. Scheitert so ein Unsympath, denken wir: *Das geschieht ihm recht!* Wir wünschten, jemand möge den blasierten Politikern, Bankern und Sportfunktionären die Quittung für ihren Hochmut servieren. Dann wäre die gerechte Ordnung wiederhergestellt. Doch dummerweise zieht die Masche der Hochstapler oft – die so innig Verachteten kommen im Leben meist weiter, als uns lieb ist: ob beim Bewerbungsgespräch und beim Flirt, am Stammtisch und im Wahllokal, auf Facebook und in der Talkshow. Was, wenn Selbstüberschätzung zwar *manchmal* nach hinten losgeht, aber längt nicht immer? Wenn sie unter dem Strich hilft, Dinge zu erreichen, die sonst unerreichbar bleiben?

Unsere Verachtung für Großkopferte speist sich aus dem Glauben an eine gerechte Welt. Der Fachausdruck dafür lautet *just world fallacy*. Und wie der Name schon sagt, handelt es sich nach allgemeiner Auffassung um eine Denkfalle. Allerdings eine ungemein tröstliche. Sie versöhnt uns mit der Grausamkeit des Lebens. Trotz allen Unrechts darauf zu beharren, dass es am Ende gerecht zugehe und alles irgendeinen Sinn ergebe, macht es uns viel leichter erträglich. Die Theodizee-Frage – warum lässt Gott so viel Schreckliches zu? – wird bis heute mit dieser Formel gekontert: Gottes Wege seien unergründlich, doch er werde schon seine Gründe haben. Diese Auskunft spottet natürlich jeder Vernunft, aber es geht hier nicht um richtig oder falsch, sondern um das Gefühl, in dieser Welt trotz allem aufgehoben zu sein (was Theologen nicht davon abhielt, stattliche Theorien darum zu errichten; Menschen sind überaus geschickt darin, selbst ihre irrationalsten Bedürfnisse rational erscheinen zu lassen).

Wenn wir die Hochmütigen zum Teufel wünschen und im Grunde unseres Herzens meinen, er werde sie holen, so tun wir das, um uns zu beruhigen. Die Aufschneider können noch so erfolgreich sein, denken wir, irgendwann werden sie es schon büßen. Das ist doppelt ironisch, denn erstens büßen sie meist gar nichts (nicht mehr als andere), und zweitens fallen jene, die sich über den Hochmut der anderen ereifern, ihm selbst zum Opfer.

Was folgt daraus? Sollten wir nicht doch auf dem Teppich bleiben und uns um ein möglichst angemessenes Bild unserer selbst bemühen? Ginge es uns in einer Welt, in der nicht die Übertreibung, sondern nüchterner Realismus die Norm wäre, nicht besser? Diese Frage ist einerseits müßig. Ebenso gut könnte man fragen, ob es besser wäre, wenn der Himmel grün statt blau wäre. Doch andererseits gilt auch: Man darf es mit der Übertreibung nicht übertreiben! Größenwahn tut selten gut. Will man nicht ständig an zu hoch gesteckten Ziele scheitern, seine Mitmenschen vor den Kopf stoßen oder mit waghalsigen Aktionen seine Gesundheit gefährden, sollte das Ego nicht total abheben. Natürlich führt die Selbstanmaßung Nachteile mit sich. Begabte Schüler rasseln durch Klausuren, weil sie meinen, sie könnten ohne zu lernen die Lösungen aus dem Ärmel schütteln. Attraktive Menschen vergraulen potentielle Partner, weil sie sich für unwiderstehlich halten. Auch gesellschaftlich gesehen ist Hybris ein Problem. Die Finanzkrise von 2008 wurde nach einhelliger Meinung von der Hybris jener Banker getrieben, die sich trotz fauler Kredite und undurchschaubarer Derivate in Sicherheit wiegten.

Moderate positive Illusionen sind nichtsdestoweniger eine Säule gesunden Selbstvertrauens. Die knifflige Frage lautet: Was ist zu viel des Guten? Wo beginnt die Selbstüberschätzung gefährlich zu werden? Eine klare Antwort darauf gibt es nicht. Der Philosoph William Hirstein etwa meint, übersteigertes Selbstvertrauen sei vor allem fürs Miteinander ein probates Schmiermittel.[15] Durch selbstbewusstes Auftreten könnten wir andere von uns einnehmen, egal wie die Realität aussehe: Ich kann mich meinen Nächsten (und mir selbst) als begnadeter Autor, toller Vater oder versierter Autofahrer präsentieren – die Gesetze des Buchmarkts, der Pädagogik oder der Physik aushebeln kann ich jedoch nicht. Hirstein erklärt: »Wir sind darauf programmiert, uns zu überschätzen. Vom Standpunkt der Wahrheit mag das schlecht sein, doch dies zeigt nur, dass Wahrheit für uns zweitrangig ist. Idealerweise treten wir vor anderen übertrieben selbstsicher auf, lassen aber jenseits des Sozialen, wo diese Strategie wenig nützt, Vorsicht walten.«[16]

Allerdings gilt es auch hier aufzupassen, denn Arroganz macht schnell unbeliebt. Mit Prahlern und Narzissten will man eher wenig zu tun haben.[17] Daher glauben einige Forscher, im Gegensatz zu Hirstein, Selbstüberschätzung sei zwar Balsam fürs Ego, aber Sand im sozialen Getriebe. Mit Angeberei kann man sich etwa im Bewerbungsgespräch Chancen verbauen, und selbst wenn nicht, ist es oft nur eine Frage der Zeit, bis die »Kollateralkosten« durchschlagen: Anfänglich punktet mancher Blender, doch nach einer Weile machen sich Inkompetenz und Egozentrik unangenehm bemerkbar. Wichtig ist, auf welchem Gebiet sich jemand aufspielt. Überschätzt er den eigenen Status – also etwa seine Beliebtheit bei anderen –, handelt er sich Probleme ein. Leute, die zum Beispiel beim Teamwork Chefallüren zeigen, werden vom Rest der Gruppe geschnitten.[18] So fanden die Psychologin Valerie Kwan und Kollegen in einer Untersuchung zunächst, dass Selbstüberschätzer in puncto Lebenserfolg und Wohlbefinden gut fuhren.[19] Als sie jedoch statistisch kontrollierten, wie sozial integriert die Superegos waren, erschienen diese auf einmal gar nicht mehr so stabil und erfolgreich.

Der Nutzen der Selbstüberschätzung ist nicht zuletzt eine Frage der Dosis.[20] Blinder Übermut verleitet zu waghalsigen Aktionen, und ein übergroßes Ego macht einsam. Doch moderate Schönfärberei – die Neigung, sich eine Spur positiver zu sehen und sich etwas mehr zuzutrauen, als gerechtfertigt wäre – ist in vielen Fällen günstig. Wie Shelley Taylor und Jonathon Brown von der Washington University Ende der 1980er-Jahre feststellten, profitieren unsere Lebenszufriedenheit und die seelische Abwehrkraft von leicht zu positiv gefärbten Ansichten.[21] Diese seien geradezu ein Kennzeichnen robuster Persönlichkeiten, so die Forscher, während Menschen, die die Welt und sich selbst treffend einschätzten, eher zu milden Depressionen neigten. Taylor und Brown unterscheiden drei Säulen der Resilienz: Erstens ein schmeichelhaftes Bild der eigenen Fähigkeiten und Ressourcen, zweitens der Glaube, sein Schicksal selbst in der Hand zu haben, sowie drittens die Erwartung, dass einem in Zukunft Gutes widerfährt. Neben Optimismus und einer starken Kontrollüberzeugung bietet ein gewisses Maß an Selbstüberschätzung die beste Gewähr, unbeschadet durchs Leben zu kommen.

Dass uns positive Illusionen guttun, wird dennoch oft bezweifelt.[22] Wer seine Persönlichkeit und seine Zukunft rosig sieht, so das Argument, wende die gleiche Taktik womöglich auch auf sein Befinden an. Anders gesagt: Vielleicht handelt es sich nur um ein und dieselbe Neigung zum Schönfärben, ohne dass die Täuschung selbst die Lebensqualität hebt. Ein anderer Kritikpunkt besagt, dass sich ein großes Ego zwar kurzfristig auszahle, auf Dauer aber nachteilig sei. Eine starke Kontrollüberzeugung (»das kann ich allein, ich brauche niemanden«) mag eine akute Krise bewältigen helfen; wer so denkt, entwickelt seltener eine posttraumatische Belastungsstörung (PTBS).[23] Langfristig aber mindere diese Haltung die Chance auf soziale Unterstützung. Die Ablehnung, die der selbstgewisse Egomane erfahre, mache die Vorzüge dieser Haltung womöglich zunichte, erklärt Valerie Kwan mit Verweis auf ihre Daten. Allerdings muss man die Binnensicht eines Menschen davon unterscheiden, wie sich derjenige nach außen präsentiert. Man kann sich durchaus selbst überschätzen, ohne es seinen Nächsten auf die Nase zu binden. Ein Grund mehr, weshalb Verstellung ratsam ist: Selbstbeschönigung hilft – vor allem, wenn man damit nicht zu dick aufträgt.

7 SEI DU SELBST!

Authentisch ist, was uns gefällt

Evi ist ganz bei sich. Wenn man sie vor der Eisdiele in unserem Viertel trifft, lässt sie einen umstandslos wissen: »Ich hab Schokoladeneis – hm, lecker!« Kein »Und du?« oder »Willst du probieren?« Sie wartet auch nicht, ob man etwas erwidert, sondern läuft grußlos davon. Überhaupt nimmt sie wenig Rücksicht auf die Gefühle von anderen. »Warum hast du so komische Haare?«, fragte sie meine Frau bei anderer Gelegenheit einmal. Doch das verzeiht man Evi gern. Sie ist schließlich erst vier.

Bei manchen hält sich der kindliche Egozentrismus bis ins Erwachsenenalter. Die Betreffenden gehen völlig in ihren persönlichen Sichtweisen auf und können sich kaum vorstellen, dass man irgendetwas anders sehen könnte als sie. Meine Mutter ist so ein Fall. Sie redet, wie ihr der Schnabel gewachsen ist, und lässt alle Welt an ihren Ansichten teilhaben. Versuche ich, ihr eine alternative Sichtweise nahezubringen (»Mama, schließ doch nicht immer von dir selbst auf andere!«), sieht sie mich ausdruckslos an und fragt: »*Wieso nicht?*«

Kennen Sie auch solche Zeitgenossen? Mit bemerkenswerter Nonchalance erheben sie ihre eigenen Maßstäbe zu denen von jedermann. Der authentische Mensch ist stets bei sich. Er folgt seinen Impulsen, ohne Rücksicht darauf, was opportun ist. Auf diese Weise entzieht er sich häufig fremden Ansprüchen, wie jene WG-Genossin eines meiner Freunde, die auf den Vorschlag, sie könne auch mal den Müll nach unten bringen, erwiderte: Schon, aber im Moment gehe es wirklich nicht, sie müsse erst ihre Chakren öffnen.

Leute, die hemmungslos »ihr Ding« machen und ignorieren, was andere denken, erscheinen uns oft beneidenswert. Doch die Betreffenden zahlen einen hohen Preis: Wer ganz und gar bei sich ist, stößt seine Mitmenschen leicht vor den Kopf. Er kann sich schlecht auf Situationen einstellen, in denen »So tun als ob« gefragt ist. Die eigenen Ansichten und Wünsche ungefiltert auf die Umwelt loszulassen, hat also nur auf den ersten Blick etwas für sich. So konsequent diese Haltung erscheinen mag, sie ist nicht gerade hilfreich, um mit seinen Nächsten gut auszukommen und eigene Ziele zu erreichen.

Vielleicht denken Sie jetzt, das sei doch reichlich überzeichnet. Mit Authentizität verbinden wir meist keine so radikale Ich-Bezogenheit, sondern eine Art naturbelassene Unschuld. Eben zu wissen, was man will – und danach zu handeln, ohne Kompromisse. Authentisch zu sein, hat ein überaus positives Image. »Authentische Menschen sind absolut ehrlich zu sich selbst«, schreibt beispielsweise der britische Psychologe und Coach Stephen Joseph. »Sie fordern sich, sie stellen sich selbst infrage. Sie erforschen, wo sie sich selbst täuschen, und versuchen, die Dinge aus einem anderen Blickwinkel zu sehen. Sie wissen, was sie denken, sind aber auch bereit ihre Meinung zu ändern, wenn sie neue Informationen erhalten. (…) Authentische Menschen kennen sich selbst. Sie sind fähig, auf ihre innere Stimme – ihr

Bauchgefühl – zu hören. Und sie sind sich der Komplexität ihrer Gefühlslage bewusst, weil sie einen guten Zugang zu ihrer tieferen Weisheit besitzen.«[1] Lässt das noch irgendeinen Wunsch offen? Offenbar sind authentische Menschen eine Art Superhelden auf einem fernen Planeten. Nur keine realen Menschen.

Das Ideal der Authentizität lässt uns selbst in der öffentlichen Arena, etwa bei Politikern oder Prominenten, nach dem Echten, Unverstellten suchen. Als wichtigstes Kennzeichen gelten hierbei Emotionen. Ein geschasster Minister, der mit den Tränen ringt, ein Fußballcoach, der eine Wutrede auf seine lahmen Kicker hält, eine Schlagerprinzessin, die bei der Preisverleihung vor Rührung schier zerfließt – sie alle signalisieren, dass sie tief im Innern berührt sind. Wer heult, jubelt oder tobt, muss es doch ehrlich meinen. Allerdings sind solche Ausbrüche oft gespielt. Gerade *weil* wir Authentizität so hochschätzen, neigen wir dazu, Tränen bei der Oscar-Gala oder eine Standpauke vor laufenden Kameras für echt zu halten. Doch wer andere überzeugen will, muss sie nur *glauben* machen, er meine es so. Authentisch zu *tun*, Echtheit zu simulieren, ist ein wichtiges Erfolgsrezept, nicht nur in den Medien, sondern auch im Alltag, etwa im Beruf oder im Freundeskreis – überall dort, wo Menschen miteinander zu tun haben. Wer diese Kunst beherrscht, erzählt Banalitäten mit bebender Stimme und behauptet lächelnd den größten Unfug, ob auf dem Parteitag, in der Talkrunde oder beim Teammeeting. Das funktioniert nicht zuletzt deshalb, weil wir Authentizität so hoch schätzen; wären wir ihr gegenüber skeptischer eingestellt, würden wir mancher Inszenierung wohl nicht so schnell auf den Leim gehen.

Ein Grund für unsere Liebe zur Authentizität lautet: Sich zu verstellen strengt an. Äußere Ansprüche, die uns teils schon als Kindern eingeflößt wurden, prägen unser Denken und Handeln, obwohl sie wenig mit unseren eigenen Wünschen und Bedürfnissen zu tun haben. Bei dem Versuch, ihnen zu genügen, verlieren wir diese folglich leicht aus dem Blick. Dagegen wenden sich jene, die vom authentischen Leben träumen. Bereits im Konzept der Individuation nach Carl Gustav Jung (1875–1961) steckt dieser Gedanke: Es gehe im Leben vor allem darum, sein wahres Ich zu entfalten und zu werden, wer man wirklich ist. Die Idee, es gäbe ein wahres Ich, das es zu entdecken und zu verteidigen gelte, ist attraktiv. Doch wie hat man sich das vorzustellen? Bin ich nicht immer *ich*, solange ich meinem eigenen freien Willen folge?

Sicher, es gibt alle naselang Anlass, seine wahren Gedanken und Gefühle zu verbergen. Wenn ich meinen Mund halte, obwohl es in mir brodelt, oder wenn ich ein Ekelpaket lobe, weil mir derjenige noch nützlich sein kann, dann tue ich das, weil es ein übergeordnetes Ziel gibt, das mir wichtig ist. Jeder flunkert, wenn er sich davon einen Vorteil verspricht. Und dann bedeutet einem dieser Vorteil wohl so viel, dass man die Verstellung in Kauf nimmt. Wäre es nicht *wahrhaft* authentisch, sich das einzugestehen? Wir sind oft falsche Fünfziger – warum fällt es uns nur so schwer, das zu akzeptieren? Ein naheliegender Verdacht: Hinter dem Traum von der Authentizität steckt eine Fluchtfantasie – der Wunsch, auf nichts und niemanden Rücksicht nehmen zu müssen. Einfach herauslassen, was man so denkt und fühlt – das wär's! Wenn doch nur nicht von so vielen Seiten an einem gezerrt würde! Ganz man selbst sein, sich nicht verbiegen müssen, gerät da zum psychischen Druckventil. Es hilft, sich selbst zu regulieren. Denn am Ende brechen wir ja meistens doch nicht aus und widersetzen uns den Ansprüchen der Umwelt; allein die Vorstellung, wir *könnten* es, wirkt schon erleichternd.

Jeder kennt Beispiele dafür, dass unsere spontanen Impulse nicht immer die besten sind, weder für uns selbst noch für andere. Es wäre zwar authentisch, dem Drang nachzugeben, aber nicht *richtig*, nicht das, was wir tun *sollten*. Nehmen wir die junge Mutter, deren Schwangerschaft ein »Unfall« war und die nun ein Baby versorgen muss. Sie würde lieber weiter auf Partys gehen. Aber ist es das, was sie *eigentlich* will? Oder der Handwerksmeister, der Frauen in seinem Metier für fehl am Platz hält und Bewerberinnen um den freien Ausbildungsplatz gar nicht erst in Erwägung ziehen will. Wäre er damit gut beraten? Oder der Rentner, der sich vor Kriminellen fürchtet und seine magere Rente in teure Sicherheitstechnik steckt. Hätte er nicht auch mehr davon, würde er weniger authentisch sein?

Man mag einwenden, solche Impulse seien ja nicht *wirklich* authentisch. Authentisch sei, was unserem inneren Wesen entspreche – und das müsse doch moralisch hochstehend sein. Doch es gibt keinen triftigen Grund, warum alles, was echt und ehrlich ist, auch gut sein soll, auf unsere niederen Instinkte und Vorurteile kann das genauso zutreffen. Und das Gefühl, ganz bei sich zu sein, führt uns auch nicht geradewegs zum Glück. Dies zeigte eine Studie zum problematischen Spielverhalten: Demnach neigen Menschen, die sich beim Wetten auf Ergebnisse von Pferderennen oder Fußballspielen besonders authentisch fühlen, eher dazu, sehr oft und viel zu setzen.[2] Je stärker der Eindruck, »bei sich« zu sein, desto größer die Suchtgefahr.

Dennoch erscheint es vielen Menschen geradezu als der Inbegriff eines erfüllten Lebens, sich genau zu kennen und danach zu handeln.[3] Haben sie den Eindruck, sie seien sich selbst untreu, bereitet ihnen das Sorgen. Wie Forscher zeigten, fühlen sich die Betreffenden oft regelrecht unrein: Probanden, die sich an Momente in ihrem Leben erinnerten, in denen sie ihre wahren Gefühle verbargen oder anderen nach dem Mund redeten, zeigten danach einen größeren Drang sich zu waschen.[4] Bei einem Wortergänzungstest fielen den Betreffenden vermehrt Begriffe wie »Seife« oder »duschen« ein, und sie waren auch eher bereit, ein gutes Werk zu tun, um ihre Unmoral zu kompensieren.

Was genau heißt es, authentisch zu sein? Ein möglicher Ansatz besteht darin, es am Verhältnis bewusster und unbewusster Wünsche festzumachen. Motivationspsychologen unterscheiden die offen geäußerten, expliziten Ziele eines Menschen von seinen impliziten Motiven. Erstere lassen sich per Fragebogen erheben. Die impliziten Motive dagegen sind nicht so leicht abzufragen. Sie offenbaren sich erst, wenn sich die Betreffenden in verdeckten Verfahren Geschichten zu vorgegebenen Bildern ausdenken sollen. Sieht man eine Büroszene, in der ein Mitarbeiter neben einem am Schreibtisch Sitzenden steht, kann man dies unterschiedlich interpretieren: Gibt der eine dem anderen Anweisungen oder überprüft dessen Arbeit? Leistet er Hilfestellung beim Lösen eines Problems? Oder will er sich nur bei dem Kollegen einschmeicheln? Die spontan produzierten Erzählungen werden anschließend auf drei Grundmotive hin analysiert: Leistung, Macht und Anschluss. Ich kann mir beispielsweise das Ziel setzen, im Beruf erfolgreich zu sein, um in einer Führungsposition Verantwortung zu übernehmen. Gleichzeitig drehen sich meine Assoziationen zur besagten Büroszene jedoch vielleicht um das kollegiale Miteinander. In diesem Fall weicht mein explizites Ziel (Karriere machen!) vom ausgeprägten Anschlussmotiv ab. Oder ich finde, wenn man mich fragt, harmonische Beziehungen zu anderen wichtig – hebe in meinen Geschichten jedoch darauf ab, dass man es im Leben zu etwas bringen und sich durchsetzen müsse. Auch dann passen Motiv und Ziel schlecht zusammen.

Oliver Schultheiss von der Universität Erlangen-Nürnberg untersucht seit Jahren, wie beide miteinander zusammenhängen. Laut seinen Befunden nur lose: Die Wünsche, die wir äußern, haben mit den Neigungen, die wir in verdeckten Tests offenbaren, oft wenig zu tun.[5] Sind die impliziten Motive also das *wahre* Ich, explizite Ziele dagegen durch anerzogene, künstliche Wünsche geprägt? Schultheiss hält von solchem Schwarz-Weiß-Denken nichts. »Mein bewusstes Ich ist genauso echt wie meine impliziten Motive«, erklärt er. Nur warum klaffen sie so oft auseinander? Wohl jeder kennt das Gefühl, dass er sich für Dinge abrackert, die ihm innerlich eigentlich wenig bedeuten. *Wozu die ganzen Überstunden und das Geld, wenn so wenig Raum für die Familie oder Hobbys bleibt?* In einem Artikel von 2017 berichten Jan Hofer und Holger Busch, dass Inkongruenz zwischen impliziten Motiven und expliziten Zielen eine häufige Quelle des Unbehagens ist, über die sich die Betreffenden selbst kaum im Klaren sind.[6] Umgekehrt hebt es das Wohlbefinden, wenn wir explizite und implizite Wünsche einander annähern.

Laut Oliver Schultheiss und Joachim Brunstein besteht ein Weg zu dieser Übereinstimmung darin, die Imagination anzuregen.[7] Hierfür vergegenwärtigt man sich ein persönliches Ziel und was damit zusammenhängt möglichst lebhaft vor dem inneren Auge. Wie fühlt es sich an, im Rahmen eines sozialen Dienstes mit Obdachlosen oder Drogenabhängigen zu arbeiten? Wie wäre es, Abteilungsleiter mit prallvollem Terminkalender zu sein? Noch wichtiger: Was empfinde ich dabei, wenn ich mich für andere engagiere? Was dabei, ein Team zu leiten oder dem Vorstand zu berichten? Bei solchen mentalen Trockenübungen gilt es, besonders auf die eigenen Gefühle und körperlichen Reaktionen zu achten: Verspürt man Lust oder Unbehagen, Nervenkitzel oder Panik? Ein guter Sinn fürs Bauchgefühl, den eigenen somatischen Zustand, erhöht laut einer weiteren Untersuchung, die Schultheiss mit seinen amerikanischen Kollegen Andrew Elliot und Todd Thrash durchführte, die Klarheit darüber, was einen innerlich antreibt.[8] Selbstreflexion oder erhöhte Selbstaufmerksamkeit hatten diesen Effekt dagegen nicht, vermutlich weil sie das Ich im Kontext jener sozialen Ansprüche und Erwartungen erscheinen lassen, die von den unbewussten Wünschen eher ablenken. Um einen Zugang zu letzteren zu finden, erspürt man besser, was einem liegt.

Ein anderer bedeutsamer Faktor ist das Verbalisierungsvermögen. Die Idee dahinter: Um verstehen zu können, was man eigentlich will, muss man in der Lage sein, Gefühle und Erfahrungen in Sprache zu übersetzen. Erst das macht sie der bewussten Beschäftigung zugänglich. Schultheiss' Team zeigte, dass auf diesem Gebiet talentiertere Menschen meist auch mehr Ziel-Motiv-Kongruenz aufweisen.[9] Um ein Maß für das Verbalisierungsgeschick zu finden, griffen die Psychologen auf ein aus den 1930er-Jahren stammendes Verfahren zurück: den Stroop-Test. Dabei präsentiert man Personen Farbwörter in unterschiedlichen Farben und die Betreffenden sollen entweder das Wort selbst vorlesen oder dessen Farbe benennen. Bei Rot oder Blau fällt das noch leicht – bei Rot oder Blau ist es schon schwieriger. Vorlesen klappt hier leidlich, wenn auch etwas verzögert. Sobald aber die zu nennende Druckfarbe dem Wortinhalt widerspricht, erfordert es viel Selbstkontrolle, um sich nicht zu verhaspeln – und das verlangsamt die Sache erheblich. Sagen Sie doch einmal die Farben der folgenden Wörter auf (also *nicht* vorlesen, sondern die Farbe angeben!):

> Rot Gelb Blau Grün Rot Rot Blau Grün Blau Gelb Pink Grün Blau Rot Pink Blau Rot Gelb …

Schultheiss' Versuchsteilnehmer sollten ein präsentiertes Wort mal vorlesen, mal jedoch die Hintergrundfarbe benennen – und das so schnell wie möglich. Anhand der Fähigkeit, nonverbale Reize in Worte zu übertragen, extrahierten die Forscher eine Gruppe von Leuten, die sich damit eher schwertaten, sowie eine zweite bestehend aus den Cracks. Dann wurde gemessen, wie stark die expliziten und impliziten Motive der Betreffenden übereinstimmten, inwiefern also die Ziele, die sie in Befragungen kundtaten, zu ihren Assoziationen in impliziten Tests passten. Siehe da: Die Übereinstimmung war umso größer, je leichter den Probanden das Versprachlichen fiel.

Bewusstes und automatisches Wollen aufeinander abzustimmen, geht zudem offenbar mit höherem Wohlbefinden einher.[10] Selbstkongruenz tut gut. Wer dagegen für die Beförderung rackert, obwohl ihm Macht und Einfluss wenig bedeuten, oder wer immer Ja sagt, obwohl er vom selbstbestimmten Leben träumt, der hat ein Problem. Der Versuch, außen und innen zur Deckung zu bringen, kann hier Abhilfe schaffen. Allerdings ist keine der beiden Seiten wahrer oder beständiger als die andere. Genauso wie sich meine unbewussten Wünsche ändern können, kann ich mir äußerliche Pflichten, die mir anfangs fremd erscheinen, zu eigen machen. Die Trennung von echt oder unecht, authentisch oder gespielt, wird der Realität kaum gerecht.

Nach der Theorie der Selbstbestimmung, die Richard Ryan und Edward Deci in den 1980er-Jahren entwickelten, ist Authentizität wichtig für eine gesunde psychische Entwicklung.[11] Ryan und Deci beobachteten, dass man Kindern den Spaß an ihrem Tun häufig nimmt, wenn man sie belohnt. Dieser Korrumpierungseffekt wurde seither vielfach bestätigt: Lob, Süßes oder Geld können zum Ersatz für die intrinsische Motivation werden. Da solcher sekundäre Gewinn jedoch einen schwächeren Anreiz darstellt als der Spaß, den man aus sich heraus verspürt, kann Belohnung kontraproduktiv sein. Ryan und Deci erkannten dahinter ein Grundbedürfnis: Wir wollen selbstbestimmt agieren und anerkannt werden für das, was wir aus uns selbst heraus leisten. Eltern tun folglich gut daran, ihrem Nachwuchs möglichst viel Autonomie zu gewähren. Kleine Erfolge, die auf dem eigenen Mist wachsen, zählen mehr als jede assistierte Großtat. Vor allem bei Hindernissen, die Frust erzeugen, eilen manche Eltern herbei und heben ihren Schatz übers Klettergerüst. Doch Kinder müssen Widerstände erfahren, um ihre Möglichkeiten einschätzen zu lernen. Gutgemeinte, jedoch übertriebene Hilfestellung oder Deals, wie etwa »wenn du noch etwas übst, kriegst du …«, dämpfen Spaß und Ehrgeiz eher, als sie zu fördern. Zuwendung sollte nie an Bedingungen geknüpft werden, denn das steht einer Identitätsfindung ohne Scham und Selbstzweifel im Weg.

Vielleicht streben wir überhaupt weniger nach Authentizität als nach Autonomie. Nicht nur in der Kindheit, auch als Erwachsene wollen wir akzeptiert und anerkannt werden; das stärkt das Selbstwertgefühl, das Zutrauen in die eigenen Fähigkeiten und macht gelassener Stress gegenüber. Kurz: Es ist die Basis für eine stabile Seele.

Allerdings ist es kaum möglich, intrinsische und extrinsische Motive klar voneinander zu trennen. Was »von innen« kommt und was von außen an uns herangetragen wird, geht fließend ineinander über. Von klein auf übernehmen wir Erwartungen, die man an uns stellt: Nicht in die Hose machen, mit Messer und Gabel essen, das Zimmer aufräumen, kein kariertes Hemd zu gestreiften Hosen tragen, etwas aus sich machen … Das ist uns anfangs schnurzpiepegal, doch allmählich integrieren wir es in unser eigenes Wertesystem. Wir verwandeln äußere Anforderungen in persönliche Wünsche. Schon aus diesem Grund kann es keine absolute Authentizität geben. Was wir wollen, schöpfen wir aus dem Miteinander, aus dem, was andere uns vormachen, sowie aus den Ansprüchen, die sie (Familie, Freunde, die Gesellschaft allgemein) an uns stellen. Dies versetzt uns in die Lage, uns als selbstbestimmt zu erleben.

Wie Abigail Mengers von der University of Pennsylvania hervorhebt, bekommen Menschen oft erst durch Identifikation mit einer Gruppe ein Gespür dafür, wer sie sind.[12] So komme es zu dem Paradoxon, dass sich Menschen häufig gerade dann besonders individuell wähnen, wenn sie etwa in Kleidung und Habitus Tausenden anderen gleichen. Die Symbole der jeweiligen Clique werden allmählich zu den eigenen; Authentizität erfordert sozialen Anschluss.

In welchen Situationen fühlen sich Menschen besonders

authentisch? Dies untersuchte Constantine Sedikides von der University of Southampton in mehreren Arbeiten. Demnach spielen andere Menschen hierbei die Hauptrolle: Wir erleben uns vor allem dann als authentisch, wenn wir in der Gemeinschaft aufgehen.[13] Die Psychologen William Fleeson und Joshua Wilt stießen auf ähnliche Befunde.[14] Ihre Probanden gaben zwar an, Authentizität sei die »Übereinstimmung zwischen Handeln und Sein«. Bat man sie jedoch um Beispiele, so fühlten sie sich ihrem Ich meist dann am nächsten, wenn sie Erlebnisse mit anderen teilten oder gemeinsam an einem Ziel arbeiteten. Mit Selbstverwirklichung hatte das eher wenig zu tun. Wer introvertiert war, fand sich also *nicht* authentischer, wenn er für sich allein blieb, und die Ängstlichen lebten ihre Ängstlichkeit nicht aus, indem sie etwa Konflikte mieden. Egal, wie diejenigen eigentlich waren, sie nannten vor allem solche Eigenschaften, die allgemein als authentisch gelten, wie etwa Extraversion, Verträglichkeit und Gewissenhaftigkeit.

Offenbar neigen wir stark dazu, nur das für echt zu halten, was wir auch gutheißen – authentisch ist, was uns gefällt! Angenommen, meine beruflichen Ambitionen wären Ausdruck eines Hungers nach Anerkennung. Ich will im Job etwas erreichen, um mich in der Bewunderung von Kollegen oder Freunden zu sonnen. Nicht sehr authentisch, oder? Sollte ich mir vielleicht ein anderes, intrinsisches Motiv suchen (wenn ich mir das überhaupt aussuchen kann)? Oder sollte ich mir klarmachen, dass ich gar keine Bewunderung zu erheischen brauche? Beides wäre wohl denkbar – aber nicht echter oder authentischer als der Istzustand. Wieso soll ich denn nicht nach Anerkennung schielen, solange ich anderes darüber nicht vernachlässige? »Das Gefühl, authentisch zu leben, hebt unser Wohlbefinden«, erklärt Nina Strohminger. »Wir werten uns selbst damit auf.«[15] *Seht her, ich habe es nicht nötig, mich zu verbiegen, da mache ich nicht mit*. So gerät die vermeintliche Authentizität zur Pose. Wohl auch deshalb ist es unter jungen Leuten angesagt, irgendeine schräge Vorliebe, etwa ein Faible für lustige Tiere wie Pinguine und Schildkröten oder einen vermeintlich ganz eigenen Kleidungsstil zur Schau zu stellen. Solche Insignien der Pseudoauthentizität heißen treffenderweise »random«, zu Deutsch: zufällig, ohne tieferen Grund.

Fazit: Wir profitieren von etwas, das wir zugleich skeptisch beäugen – die Verstellung.[16] Wer sich anders gibt, als er ist, erntet oft Häme oder Groll. Wir verachten das bigotte Getue, das Eigenlob des Dilettanten, die gute Miene zum bösen Spiel und glauben, wir selbst seien davor gefeit. Denn wir wissen schon im Voraus, was es zu beweisen gilt: dass wir zu den Guten gehören. Wir sind in Bezug auf uns selbst mindestens so sehr Anwalt wie Forscher. Letzterer sucht die beste Erklärung für beobachtbare Fakten; ersterer dagegen trägt Argumente zusammen, die dem eigenen Ziel dienen. Das ist etwa so, als würde ein Physiker seine Berechnungen manipulieren, damit das gewünschte Ergebnis herauskommt. Zutiefst irrational! Psychologisch jedoch höchst effektiv.

8 WES GEISTES KIND

Wie selbsterfüllende Prophezeiungen wirken

Magisches Denken ist unvermeidlich. Nein, ich meine nicht Engel, Telepathie oder Kontakt mit dem Jenseits – solche extremen Spielarten des Aberglaubens teilt längst nicht jeder. Worauf hingegen kaum jemand verzichten kann, das sind die kleinen Beruhigungspillen und Mutmacher des Alltags. Der Talisman am Rückspiegel. Die Anti-Stress-Kügelchen in der Handtasche. Die gut verstaute Zigarette für den Notfall. Oder das stumme Mantra »Du schaffst das!« Dies sind überaus nützliche Alltagshelfer.

Die häufigste und zugleich subtilste Form des magischen Denkens dürften selbsterfüllende Überzeugungen sein. Unsere eigenen Glaubenssätze prägen, wie wir uns und die Welt sehen und in ihr agieren. Das gilt im Guten wie im Schlechten: Ob Hilfe oder Hemmnis – das Pendel der impliziten Annahmen kann in beide Richtungen ausschlagen. Vom Besten auszugehen, macht es ein gutes Stück wahrscheinlicher, dass es auch eintritt; und umgekehrt ernten Menschen, die Misstrauen säen, meist selbiges. Traut man sich etwas zu, gelingt es eher; hegt man dagegen Selbstzweifel, scheitert man eher. Oder versucht es erst gar nicht.

Nehmen wir das »baby brain«, auch als Schwangerschaftsdemenz bekannt. Viele Frauen in anderen Umständen glauben, sie litten an Konzentrationsschwäche und Gedächtnislücken, die den hormonellen Veränderungen in ihrem Körper geschuldet seien. Wie Studien nahelegen, sind Schwangere im Schnitt jedoch mental nicht unfitter als andere Frauen, die eine bedeutsame Lebenserfahrung machen.[1] Sie sind etwas angespannt und ablenkbar, doch davon abgesehen ist kein geistiger Abschwung zu verzeichnen. Es sei denn, die Schwangeren glauben selbst daran! Prompt sind sie gefühlt nicht mehr so auf der Höhe. Und weil der Mythos von der Schwangerschaftsdemenz gesellschaftlich verbreitet ist, berichten viele Frauen von Einschränkungen.

Anderes Beispiel: Eine Übersichtsarbeit zum Powerposing-Effekt belegt die Macht der Überzeugungen.[2] Beim Powerposing stellt man sich eine Zeit lang in betont selbstbewusster Körperhaltung hin: breitbeinig, mit geradem Rücken und nach oben gestreckten Armen. Laut Studien stärkt dies das subjektive Machterleben. Zieht man allerdings nur solche Probanden in Betracht, die vom Powerposing noch nie zuvor gehört haben, fällt der Effekt nicht einmal halb so groß aus. Das heißt, allein die Erwartung macht einen Großteil der Wirkung aus.

Woher stammen solche Glaubenssätze? Zum einen beeinflussen Medien und die öffentliche Meinung viele unserer Sichtweisen. Noch grundlegenderen Einfluss haben frühe Prägungen etwa durch Elternhaus und Schule. Je nachdem, welche Erfahrungen Menschen in ihrer Kindheit machten und welche im Gedächtnis haften blieben, bilden sie eine optimistische, positive Grundhaltung, oder sie errichten einen Schutzwall aus Bedenken und Ängsten um sich herum. Emotionale Vernachlässigung, Herabsetzung oder gar Gewalt – solche Erfahrungen projizieren die Betroffenen häufig in die Zukunft. Sie rechnen mit weiteren Enttäuschungen, und um sich davor zu schützen, mauern sie sich ein in Misstrauen und Fatalismus. Häufig führt aber gerade diese Einstellung zu neuen Enttäuschungen. Ein Teufelskreis.

Eine Ausnahme bilden sogenannte defensive Pessimisten. Auch sie widmen dem, was alles schiefgehen könnte, viel Aufmerksamkeit. Allerdings mobilisiert das bei ihnen die nötige Kraft, um es gar nicht erst so weit kommen zu lassen. Das Fokussieren der Schwierigkeiten, in die sie geraten könnten, hilft ihnen im Gegenteil, sich vorzubereiten, um diese Risiken auszuschalten. Insofern ist blinde Zuversicht nicht immer zielführend. Manchen Menschen kann das Vergegenwärtigen des eigenen Scheiterns auch helfen – vorausgesetzt, es blockiert sie nicht, sondern motiviert sie dazu, es besser zu machen. Wie so oft lassen sich hier eben nicht alle Menschen über einen Kamm scheren.

Nun ist im Leben der meisten Menschen weder alles eitel Sonnenschein noch ein einziges Tal der Tränen. Wir ziehen manches Glückslos, aber auch Nieten. Das allein ist jedoch nicht entscheidend, es kommt darauf an, wie wir das Erlebte bewerten. Haben wir gelernt, Niederlagen hinzunehmen und sie nicht zu fürchten, oder rieb man uns das eigene Versagen immer wieder unter die Nase? Ich kann mich gut erinnern, wie ich als Schüler im Kunstunterricht verschämt meine Kritzeleien verbarg, die wirklich nicht besonders kreativ waren. Die Ausrede, das sei abstrakte Kunst, fiel mir damals leider nicht ein. Ich weiß noch, wie beruhigend es war, als mir mein Vater eine Hand auf die Schulter legte und sagte: »Es gibt Schlimmeres, als nicht toll malen zu können.« Dieses »Gibt Schlimmeres« ist für mich zu einer Art Mantra geworden, für das ich ihm bis heute dankbar bin.

Nicht mangelndes Können, sondern die Furcht zu versagen, ist für viele das größte Hindernis. Wenn sie scheitern, dann nicht, weil sie unbegabt wären, sondern aus Angst, es *könnte* so kommen. Laut Psychologen beschleicht uns dieses lähmende Gefühl umso eher, je mehr wir von der Beständigkeit unserer Talente ausgehen. Die Überzeugung, etwas liege einem partout nicht, erzeugt ein Verhalten, das selbst zum Beweis wird: Nervosität, Stottern, Blackouts. *Ich kann das einfach nicht, was soll ich machen?* Wer Bestätigung für solche negativen Glaubenssätze sucht, behindert sich selbst. »Gibt Schlimmeres« hingegen lehrte mich, meinen Schwächen gegenüber tolerant zu sein.

Wir erschaffen unser Ich zu einem Gutteil selbst, Kraft unserer Überzeugungen. Schon die Art, wie wir über geistige Gaben denken, beeinflusst, welche wir an den Tag legen. Wer den IQ eines Menschen für unveränderlich hält, zeigt weniger Ehrgeiz, sich zu verbessern.[3] Wer die Willenskraft als begrenzte Ressource ansieht, gibt schneller auf.[4] Mädchen und Frauen, denen man erklärt, das weibliche Gehirn könne nicht so gut mit Zahlen umgehen, schneiden in Mathematik schlechter ab.[5]

Psychologen der Michigan State University beschrieben das gleiche Phänomen hinsichtlich der Frage, wie Menschen ihre Gefühle beurteilen.[6] Probanden sollten einschätzen, wie fest oder flexibel ihr Hang zur Ängstlichkeit war. Zudem erhoben die Forscher die Art und Anzahl psychischer Probleme und Schicksalsschläge wie Unfälle, Gewalterfahrungen oder Todesfälle im Familien- und Freundeskreis.

Wie sich zeigte, bewältigten Teilnehmer mit dynamischem Selbstkonzept erlittenes Unglück im Schnitt besser. Wer seine Ängstlichkeit hingegen für unabänderlich hielt, erkrankte öfter an Depressionen oder posttraumatischen Beschwerden und konsumierte mehr Drogen. Eine Wachstumsmentalität, so das Fazit, helfe mit Belastungen fertigzuwerden.

Selbsterfüllende Prophezeiungen beschränken sich nicht auf unsere seelische Widerstandskraft, die Resilienz. Auch die körperliche Fitness profitiert davon. Nach einer Studie australischer Mediziner haben Gesundheitsoptimisten im Schnitt weniger Beschwerden und leben länger als realistisch denkende Senioren.[7] So wirkte die Haltung »Ich komme bestimmt wieder auf die Beine!« bei jedem vierten der rund 500 Teilnehmer über 60 Jahren auch dann, wenn die Betreffenden *objektiv* kränker waren. Übertriebener Optimismus heilt! Jedenfalls solange er nicht dazu führt, dass man eine notwendige Behandlung unterlässt.

Ein anderes Wissenschaftlerteam berichtete jüngst, dass allein schon ein positives Bild des Alterns das erbliche Risiko, dement zu werden, um rund 50 Prozent reduziere.[8] Die Forscher um Becca Levy von der Yale University hatten knapp 5000 Menschen jenseits der 60 untersucht, die zu Beginn der Studie alle gesund waren. Ein Genprofil gab für jeden Teilnehmer Auskunft darüber, ob ein bestimmter Typ des APOE-Gens vorlag, welcher seit längerem als wichtiger Erbfaktor für Alzheimer gilt. Wie die Erkrankungshäufigkeit in den folgenden Jahren zeigte, schlug er statistisch jedoch nur dann durch, wenn die Träger des »schlechten Gens« zusätzlich eine düstere Sicht auf das Alter hatten und meinten, außer Verlust und Siechtum habe es nicht viel zu bieten. Umgekehrt waren Senioren, die positiv über den letzten Lebensabschnitt dachten, selbst mit dem Risikogen vor dem geistigen Abbau eher gefeit. Ob Stress, Schlafprobleme oder das Altern: Eine allzu negative, fatalistische Sicht darauf macht ihre Effekte noch gravierender. Stress schlägt dann besonders auf die Gesundheit, wenn man ihn als unabänderliche Last empfindet. Schlaflosigkeit ist nicht per se schlimm, erst unsere Bewertung macht sie dazu. Und altwerden geht vor allem dann mit geistigem und körperlichem Abbau einher, wenn man ein düsteres Bild des letzten Lebensabschnitts im Kopf hat.

Eine ähnliche Wirkung der mentalen Haltung ist laut Psychologen beim Lebenserfolg zu verzeichnen. Was meine ureigenen Talente sind, was ich gut kann und was nicht, ist zum Gutteil das Resultat meiner Überzeugungen. Ich bin, wie ich bin, weil ich *glaube*, so zu sein! Wie uns das unbewusste Selbstkonzept beeinflusst, erforscht Carol Dweck von der Stanford University seit langem.[9] Ihr Befund: Je wandelbarer wir eine Eigenschaft einschätzen, desto mehr arbeiten wir daran – und desto besser schneiden wir ab. Halten wir Intelligenz oder Willenskraft für angeboren, bemühen wir uns weniger, sie zu verbessern. Frei nach dem Motto: Hat sowieso keinen Zweck! Und um kein schlechtes Licht auf uns werfen zu lassen, wollen wir dann Misserfolge unter allen Umständen vermeiden. Und genau das, so Dweck, stehe uns im Weg. Denn wer nur deshalb gut abschneiden wolle, weil er sonst als Loser dastehe, leide stärker unter Versagensangst. Was das Versagen oft selbst erst provoziere.

In Studien an Schülern und Studierenden, Männern und Frauen, Eltern und Lehrern stieß die Motivationsforscherin Dweck immer wieder auf dieses Muster: Menschen mit starrem Selbstkonzept vertragen Niederlagen schlecht.[10] Wer scheitert, weil er es nicht besser kann und womöglich nie können wird, hat eben ein Problem. Hält man seine Fähigkeiten hingegen für ausbaufähig, nimmt man Rückschläge eher zum Anlass, an sich zu arbeiten. Die Psychologin empfiehlt, sich eine solche Wachstumsmentalität zuzulegen. Wer davon ausgehe, dass er stets noch hinzulernen, sich verbessern und verändern kann, auf dem laste weniger Druck. Was heute nicht klappt, kann ja morgen immer noch gelingen. Diese flexible Sichtweise ist ein wesentlicher Erfolgsfaktor.

Es gibt freilich auch Ausnahmen von der Regel – etwa in der Frage, wie sehr einem das Glück hold ist. Hier erweist sich umgekehrt eine stabile Zuschreibung als förderlich: Wer sich für einen geborenen Glückspilz hält, weil es das Schicksal grundsätzlich gut mit ihm meine, arbeitet hartnäckiger an seinen Zielen. Das ergab eine Untersuchung von Forschern um Maja Young von der University of California in Los Angeles.[11] Allerdings zählt »ein Glückspilz sein« eher nicht zu den Eigenschaften, die wir zum Kern unserer Persönlichkeit rechnen würden.

Warum sehen wir unseren Charakter überhaupt als so feste Größe an? Das liegt zum einen daran, dass Erklärungen Sicherheit versprechen. Zum anderen hilft es, fremde Ansprüche abzuwehren, die an uns gestellt werden. Wenn etwas nicht zu mir passt, mir nicht entspricht, kann ich es aus gutem Grund ablehnen. Oder darüber klagen, wenn man mich doch dazu nötigt. *Wer seiner inneren Uhr nach Eule und nicht Lerche ist, kann einfach nicht früh aufstehen. Wer keine Sportskanone ist, darf das Turnen schwänzen.* Wir benutzen unser vermeintlich festes Ich gern als wohlfeile Ausrede.

So unmöglich es ist, sich *kein* Bild von den eigenen Talenten und Potentialen zu machen; man kann es damit durchaus auch übertreiben. Legt man sich zu sehr auf diese oder jene Eigenheiten fest, beraubt man sich womöglich der Chance, ungeahnte Fähigkeiten zu entwickeln. *So bin ich eben, da kann man nichts machen* ist ein attraktiver Gedanke; denn wo sich ohnehin nichts ändern lässt, muss man sich auch nicht anstrengen. Diese bequeme Sichtweise kann allerdings hinderlich sein.

Viele Zeitgenossen sind davon beseelt, ihre Talente und Bedürfnisse exakt vermessen zu wollen. Jede Lebensentscheidung hänge schließlich davon ab, was das eigene Profil ausspucke. Doch wir wachsen Schritt um Schritt in unsere Entscheidungen hinein; was wir wählen und tun, verändert uns – und wir verändern es. Wir gestalten unseren Job und unsere Beziehungen aktiv, füllen sie auf eigene Weise aus. Versuch und Irrtum, so mühsam sie manchmal auch sind, gehören dazu. Selbsttests geben keine definitive Antwort auf die Frage, was man aus sich machen kann oder mit wem man sich einlassen sollte. Das lässt sich nicht errechnen, denn unser wichtigster Kompass dafür sind Emotionen. Noch ehe wir wissen, *warum* uns etwas befriedigt, wissen wir, *dass* es so ist. Weil Persönlichkeitsprofile immer nur subjektiv gefärbte Momentaufnahmen liefern und ein enges Korsett aus Zuschreibungen uns häufig Chancen verbaut, werden auf dem florierenden Markt der Selbsttests viele übertriebene Hoffnungen geweckt. Tatsächlich brauchen wir das Vermögen, uns einer Sache ohne Scheuklappen hinzugeben, um etwas Besonderes aus uns zu machen. Bildhaft gesprochen: Der Mensch ist kein Tonklumpen, der in der Backform seiner Gene durch das Feuer der Erfahrungen hart gebrannt wird. Er ist eher eine Knetfigur, die ihre Form immer wieder verändern kann. An manchen Stellen mag die Knete fester oder nicht so leicht erreichbar sein, doch selbst die dicksten Stränge bleiben biegsam. Dafür sorgen nicht zuletzt unsere eigenen Überzeugungen.

9 MOTIVIERTES DENKEN

Weshalb wir glauben, was wir wollen

Im Herbst 1869 begann einer der größten Finanzskandale der Geschichte.[1] Ausgerechnet in der Au, einem Armenviertel an der Isar in München. Eines Nachmittags im Oktober kommt hier die verarmte Schauspielerin Adele Spitzeder mit einer Zimmermannsfrau ins Gespräch. Man beklagt die harten Zeiten und wie schwer es geworden sei, das mühsam Ersparte beisammen zu halten oder zu mehren. Am Ende macht Spitzeder der Dame ein Angebot: Wenn sie ihr 100 Gulden leihe, erhalte sie in drei Monaten 130 zurück. Garantiert! Zum Beweis, dass sie es ehrlich meine, offeriert Spitzeder 20 der 30 Prozent Rendite sofort und in bar. Gesagt, getan – von den 100 Gulden, die ihr die Zimmermannsfrau anvertraut, zahlt sie 20 zurück. Die restlichen 110 würden bei Ablauf der vereinbarten Frist folgen. Und tatsächlich hält Spitzeder Wort. Sie zahlt der Zimmermannsfrau das Geld samt Rendite aus einer anderen, mit dem gleichen Versprechen angezapften Quelle zurück. Die Kunde von der wundersamen Geldvermehrung macht schnell die Runde. Bald schon klopfen Kunden aus ganz Bayern bei Spitzeder an.

30 Prozent Zinsen ohne jede Geschäftsidee – das kann auf Dauer nicht gutgehen. Es funktioniert nur solange, wie

genug Geld nachfließt. Doch je rascher Spitzeders Ruhm und das ihr anvertraute Kapital wuchsen, desto schwieriger wurde es für sie, den Verpflichtungen nachzukommen. Über kurz oder lang musste die Blase platzen. Doch davon wollten Spitzeders Kunden nichts wissen. Der Grund: »Habsucht gepaart mit Unverstand«, wie ein Gericht später konstatierte. Tausende, zumeist »kleine« Leute legten teils ihr gesamtes Vermögen in die Hände der Adele Spitzeder – und verloren alles.

Die Schauspielerin war eine frühe Vorläuferin jener global operierenden Investmentbetrüger vom Schlag eines Bernie Madoff. Der strich mit einem ähnlichen Schneeballsystem sage und schreibe 50 Milliarden Dollar ein. Spitzeder erschlich sich binnen drei Jahren, bis zu ihrer Verhaftung im November 1872, eine Summe von rund 38 Millionen Gulden. Heute wären das gut 400 Millionen Euro. Wobei *erschleichen* eigentlich das falsche Wort ist. Die Anleger warfen ihr das Geld regelrecht hinterher. Sie *wollten* glauben, dass sie es vermehrte, egal wie.

Bei solchen schier unglaublichen Geschichten liegt es nahe zu denken: Das könnte mir nie passieren! Jeden Morgen steht ein Dummer auf, und ein Schlauer, der ihn übers Ohr haut – schon klar. *Aber ich, nein, ich falle auf solche Tricks doch nicht herein. Warum bin ich mir da eigentlich so sicher?* Wir besitzen ein erstaunliches Talent zu glauben, was wir glauben *wollen*. Und zwar nicht nur halbherzig, aus pragmatischen Gründen oder aus Opportunismus, sondern weil wir *wirklich* überzeugt davon sind, egal wie viel dagegenspricht. Der Wunsch ist der Vater des Gedankens – und seine Mutter das Unbewusste. Denn von unserer eigenen Verblendung bemerken wir so gut wie nichts. Dass ich selbst längst nicht so leichtgläubig, eitel oder manipulierbar bin wie die meisten anderen, versteht sich von selbst.

Eigenschaften, die wir an uns zu erkennen meinen, wie Entschlossenheit oder Durchsetzungskraft, halten wir für vorteilhaft; sind wir auf einem Feld dagegen keine große Leuchte, erscheint es uns weniger wichtig.[2] Probanden bei einem (fingierten) Speicheltest, der Auskunft über eine vermeintliche Schilddrüsenfehlfunktion liefern sollte, zeigten einen ebensolchen Hang zum motivierten Unglauben.[3] Hatte sich der Teststreifen so verfärbt, dass die Störung wahrscheinlich zu sein schien, warteten die Teilnehmer minutenlang, ob sich am Resultat noch etwas änderte, oder sie verlangten eine Wiederholung. Bei der Entwarnung signalisierenden Färbung waren sie hingegen binnen Sekunden überzeugt.

Wir blenden oft aus, was uns nicht ins Konzept passt. Davor sind selbst Wissenschaftler nicht gefeit. Als der Behaviorismus zur dominierenden Denkschule der Psychologie aufstieg, war dies eindrucksvoll zu beobachten. Mangels Methoden, um Bewusstsein objektiv zu messen und unter kontrollierten Laborbedingungen zu manipulieren, erklärte man es kurzerhand für irrelevant! Überzeugte Behavioristen nahmen nicht bloß notgedrungen an, dass sich zwischen einem Reiz und der nachfolgenden Reaktion kein bedeutsames Denken abspiele – sie glaubten es tatsächlich oder hielten dieses Denken, wenn es das denn gäbe, für nebensächlich. So absurd das klingt, für die Forscher war es nur folgerichtig: Was nicht untersucht werden kann, *darf* keine Rolle spielen. Also betrieb man Psychologie ohne Bewusstsein. Ein Gründervater des Behaviorismus, der Amerikaner John B. Watson (1878–1958), glaubte ernsthaft, man könne jeden Menschen beliebig formen, denn alles hänge von erlernten Reiz-Reaktions-Schemata ab.

Als in den 1960er-Jahren das Pendel in die Gegenrichtung ausschlug und man die Rolle mentaler Schemata und Bewertungen entdeckte (was später »kognitive Wende« genannt wurde), gossen viele das Kind mit dem Bad aus. Sie hielten nun *alles* für Information, die vom Gehirn nach festen Rechenschritten wie in einem Computer analysiert und in Verhaltensbefehle übersetzt wurde. Die Geschichte der Psychologie ist voller Beispiele dafür, wie leicht sich Menschen mit ihren Theorien den Blick für die naheliegendsten Tatsachen verstellen. Dass uns das nur rückblickend auffällt, ist Teil dieses Scheuklappeneffekts. Wir betrachten die Realität stets durch die Brille unserer Wünsche. Das mag oft dumm sein, manchmal regelrecht gefährlich. Doch es gibt Gründe dafür, warum wir so denken. Der wohl wichtigste lautet: Es macht uns unter dem Strich erfolgreicher. Denn es hilft uns dabei, etwas in der Welt zu bewirken. Dabei übersehen wir, dass unsere Urteile stets zielgebunden sind. Die »Illusion der Objektivität« wiegt uns in dem Glauben, wir würden um der Sache willen so denken, wie wir es tun. Tatsächlich aber spielen unsere eigenen Interessen die Hauptrolle. Denken ist Mittel zum Zweck; wir gebrauchen es, um Ziele zu erreichen, und sei es nur das Unbehagen abzubauen oder mit anderen gut auszukommen.

Nach Sichtung vieler einschlägiger Studien zog Ziva Kunda von der Princeton University das Fazit: »Ziele machen solche Erinnerungen, Überzeugungen und Regeln leichter zugänglich, die zu der gewünschten Schlussfolgerung passen.«[4] So werden unsere Motive erst durch die Auswahl und Konstruktion von Wissen, das ihnen entspricht, wirksam. Wer zum Beispiel glaubt, Geflüchtete aus islamischen Ländern passen nicht in unser Land, zieht eher solche Erfahrungen und Überlegungen in Betracht, die seine Sicht bestätigen. Ähnliches gilt für unser Ich. Je nachdem, wie ich mich sehe, wähle ich dazu passende Erinnerungen und kaschiere alles Widersprechende.

Einen Beleg hierfür lieferte eine Untersuchung an Studienanfängern, die zu ihren Schulnoten in Mathematik, Geschichte, Fremdsprachen und Naturwissenschaften befragt wurden.[5] Egal, ob es sich um die Zeugnisse des vergangenen Jahres oder um länger zurückliegende Benotungen drehte – die Übereinstimmung der angegebenen mit den realen Noten (die die Forscher aus den Schularchiven kramten) war konstant hoch. Ebenso durchgängig erinnerten sich die Befragten jedoch am besten an Einsen, nämlich mit 89-prozentiger Wahrscheinlichkeit, gefolgt von Zweiern (64 Prozent) und Dreiern (51 Prozent). Dagegen war nicht einmal jede dritte erzielte Vier im Gedächtnis der jungen Leute hängen geblieben. Die Zeit heilte diese Wunden offenbar effektiv.

Es gibt noch eine zweite Ebene, auf der unsere Selbsturteile und Überzeugungen wirksam sind: Wenn wir uns fragen, was das über uns selbst aussagt. *Wenn ich AfD-Leuten ein offenes Ohr schenke, bin ich dann selber schon rechts? Wenn ich weiter die alte Dreckschleuder von einem Diesel fahre, bin ich dann ein Umweltsünder?* Der symbolische Wert meiner Denkweisen und Handlungen kann wichtiger sein als ihr eigentlicher Gegenstand. Aus diesem Grund unterlassen wir oft, was wir eigentlich ganz gerne täten – aus Furcht, es könnte ein falsches Licht auf uns werfen. Wir denken oft nicht, was wir für *richtig*, sondern was wir für passend, sozial angemessen oder einfach schick halten. Ebendas, was wir brauchen, um als aufrechter, engagierter und verantwortungsvoller Mensch zu erscheinen. Also trägt mancher T-Shirts aus Biobaumwolle und bringt die Flaschen zum Glascontainer, obwohl er seinem Naturell nach überhaupt nicht so verantwortungsbewusst ist. So wird das eigene Handeln zum Vehikel der Verstellung: Wir zeichnen damit oft ein Bild unserer selbst, das eher Wunsch als Wirklichkeit ist. Doch dadurch, *dass* wir es zeichnen, wird es gewissermaßen Realität.

Unsere Überzeugungen warten nicht als fertig ausformulierte Glaubenssätze in einem Winkel des Gehirns auf Abruf. Sie entstehen immer wieder neu aus den Versatzstücken, die wir kreativ arrangieren – je nachdem, was gerade angeraten scheint. Fragt man mich auf der Straße, ob Rauchen die Gesundheit schädige, sage ich: »Ja, klar!« Stecke ich mir aber gerade eine Zigarette an, um mit der attraktiven Raucherin vor der Bar ins Gespräch zu kommen, ordne ich mein Wissen dem momentanen Ziel unter. Wir unterschätzen, wie sehr situative Faktoren unser Denken und Handeln prägen. Und wie flexibel das, was wir für unsere feste Meinung halten, in Wahrheit ist. Wir glauben selbst groben Unfug, wenn wir Grund dazu haben!

Dass die Erderwärmung messbar und vom Menschen verursacht ist, wird heute von keinem Klimaexperten mehr bestritten. Doch weil diese Erkenntnis einen raschen, tiefgreifenden Wandel unseres Lebensstils erfordert, haben viele Zeitgenossen beschlossen, sie nicht zu akzeptieren. Der Klimawandel sei wissenschaftlich nicht bewiesen, erklären sie. Daraus machte Donald Trump ein Erfolgsrezept. Der Immobilientycoon erzählte den Leuten mit bislang ungekannter Dreistigkeit, was sie hören wollten. Und gab ihnen damit eine Art moralischen Freifahrtschein: *Wenn so einer Präsident wird, kann ich auch meinen, was ich will, und getrost meine Vorurteile pflegen.*

Oder nehmen wir den Sport. Ein Fußballer kommt im gegnerischen Strafraum zu Fall – Elfmeter oder nicht? Der Spieler windet sich am Boden, das Stadion bebt. War er über seine eigenen Beine gestolpert? Wurde er umgestoßen? Oder hat er sich fallenlassen, um einen Elfer zu schinden? Ein und dieselben Bilder interpretieren die Zuschauer völlig verschieden, je nachdem, zu welchem Team sie halten.[6] Und selbst wenn sie keines besonders favorisieren, was sie sehen, fällt stets auf den Boden ihres Vorwissens: Ist der Stürmer als Schwalbenkönig bekannt, war da bestimmt nichts!

Oft halten wir sogar an Fehlurteilen fest, *obwohl* wir wissen oder jedenfalls ahnen, dass sie verzerrt sind. Und nicht selten werden sie durch Gegenrede noch gefestigt. Forscher beobachteten das etwa bei Impfskeptikern.[7] Rund 1000 US-Bürger, von denen gut jeder vierte glaubte, eine Grippeimpfung könne einen Infekt auslösen, wurden über die Natur der Schutzimpfung aufgeklärt. Da hier inaktive Antigene verabreicht werden, ist eine Ansteckung durch die Impfung ausgeschlossen. Doch allen Argumenten zum Trotz: Nach der Aufklärung wollten sich noch weniger Teilnehmer impfen lassen.

Die Doppelbödigkeit unbewusster und bewusster Prozesse führt einerseits dazu, dass unsere bewussten An- und Absichten im Verborgenen wurzeln. Sie hat andererseits auch zur Folge, dass das Denken umgekehrt unsere automatischen Reaktionen beeinflusst. Am besten untersucht sind solche Top-down-Prozesse am Phänomen des Placeboeffekts. Wirkstofflose Präparate entfalten allein aufgrund der positiven Erwartungen, die man an sie knüpft, an verschiedenen Stellen des Nervensystems erstaunliche Wirkung.[8] So unterdrücken spezielle Botenstoffe Schmerzreize, schon bevor diese an den Nervenendigungen im Gewebe zur Reise Richtung Großhirn umgeschaltet werden. Wenn Testpersonen vor einer Hitzebestrahlung eine vermeintlich lindernde Hautcreme erhalten, dämpfen köpereigene Opioide die Reizweiterleitung. Verantwortlich dafür sind Nervenbahnen, die vom präfrontalen Cortex im Stirnhirn ins Rückenmark hinabziehen. Umgekehrt bringen Placebos Teile des neuronalen Belohnungssystems in Wallung. Das hebt die Stimmung, und zugleich gelangen Schmerzreize schlechter in die für sie zuständigen Hirnregionen. Ob Schmerz, Depressionen oder neurologische Erkrankungen: Die Überzeugungen der Patienten haben oft weitreichende Folgen für die Beschwerden sowie für die Heilungschancen. Lindernd wirkt vor allem die *Hoffnung*, einem werde geholfen. Vermutlich lässt diese Aussicht die Gedanken vermehrt darum kreisen, und diese Beschäftigung beeinflusst Prozesse bis in die Körperzellen hinab.

Dass uns allein schon der Wunsch, Gutes zu tun, nachsichtig auf uns blicken lässt, ist einer der Gründe dafür, weshalb wir unser Verhalten bei der Selbsteinschätzung häufig vernachlässigen. Ein Beispiel: Unsere Tochter Mira imitiert, wie jedes Kleinkind, mit Feuereifer ihre Eltern. Kaum ein Jahr alt, hob sie den Zeigefinger und begann in ihrem Brabbeln zu schimpfen, in exakt dem Ton, mit dem wir sie ermahnten, sie solle nicht mit Essen werfen. Meine Frau wusste sofort: »Das hat sie von dir! Ich habe sowas noch nie gemacht.« Das Bild der Zeigefinger hebenden Mutti bekam sie nicht mit sich vereinbart – und bestritt, die Geste im Repertoire zu haben. Und zwar selbst dann, als ich sie auf frischer Tat ertappte: »Hey, du hast gerade den Finger gehoben.« »Hab ich nicht!« Ich blickte sie ungläubig an, ob sie das ernst meinte. Ja, sie meinte es ernst.

Subtile Mechanismen sorgen dafür, dass wir oft nur das sehen, was wir sehen wollen, uns nur an das erinnern, was uns ins Konzept passt, und nur das für möglich halten, was wir erwarten. Zu denken, was wir denken *wollen,* und nicht, was vernünftig ist, muss etwas für sich haben, sonst hätte uns die Evolution nicht so viel Talent dafür geschenkt. Und da uns dies kaum jemals bewusst wird, muss es auf einer frühen Stufe der Informationsverarbeitung stattfinden. Darauf deutet auch die Arbeitsweise unseres Gehirns hin: Es macht rationale Abwägungen quasi nie ohne Beteiligung limbischer Strukturen, die für Emotionen und Motive zuständig sind.

Dahinter steckt ein tief in uns verwurzeltes Bedürfnis: Wir wollen uns gut fühlen. Also wenden wir allerlei Tricks an, die dabei helfen, dass wir uns selbst mächtig und unangreifbar erscheinen. Sollte man nicht umso mehr versuchen, bei der Wahrheit zu bleiben? Wir brauchen sicherlich beides: Realitätssinn *und* die Kunst, uns schön zu denken. Doch während ersterer gelobt wird, haben wir für letztere meist nur Hohn übrig. Zu Unrecht!

III – SICH VERTRAUEN

10 DU SCHAFFST DAS!

Kontrolle, Selbstwert und gefühlte Sicherheit

Vor einiger Zeit kam ich ins Krankenhaus, weil sich eine größere Menge Flüssigkeit in meinem Brustraum angesammelt hatte. Knapp drei Liter Pleuraerguss, wie es im Medizinerjargon heißt, sind kein Klacks. Ein Thoraxspezialist erklärte mir mit ernster Miene, man müsse der Ursache auf den Grund gehen. Denkbar sei eine innere Verletzung, eine Entzündung – oder ein Tumor.

Eine handkoffergroße Drainage pumpte meinen Brustraum leer und legte mich komplett lahm. Von einem Tag auf den anderen wurde ich aus meinem gewohnten Leben gerissen. Ich kam ins Grübeln: *Job, Familie, abends der Sport und früh morgens sowie wochenends am Buch schreiben … Hatte ich mir zu viel zugemutet?*

Ich verausgabe mich gern. Ich mag das Gefühl, meine Kräfte auszureizen, und die wohlige Erschöpfung danach. Zollte ich dem nun Tribut? Was ich für selbstverständlich hielt, wurde plötzlich erschüttert: Das Vertrauen in meinen Körper und in mein Gespür dafür, wie es mir geht. Der Erguss verschwand zum Glück so schnell wieder, wie er gekommen war. Die Ursache wurde nicht entdeckt. »Sie sind gesund, gehen Sie nach Hause«, hieß es bei meiner Entlassung lapidar. Was blieb, war die Verunsicherung.

Wenn sich das vermeintlich Sichere als Illusion entpuppt, erschaudern wir. Auch deshalb ist echte Selbsterkenntnis selten: Wir lassen uns einfach ungern erschüttern. Und die Einsicht, wie wir jenseits unserer Wunschbilder wirklich sind, wäre oft genau das: erschütternd. Also nehmen wir es damit nicht allzu genau. Denn dringender als Wahrheit brauchen wir Vertrauen. In andere und in uns selbst. Vertrauen darin, dass es das Schicksal gut mit uns meint und dass wir unser Leben im Griff haben. Nüchtern betrachtet ist das Meiste doch reiner Zufall. In welche Verhältnisse wir hineingeboren werden, welche Menschen wir treffen, welche Ideen uns kommen, welche Leiden uns befallen – das alles geschieht, ob wir wollen oder nicht. Natürlich kann man etwas für seine Gesundheit tun, man kann sich gut ernähren, bewegen und auf sich achten. Doch eine Garantie gibt es nicht. Ob wir uns einen Schnupfen einfangen oder Krebs bekommen, haben wir kaum in der Hand. Dennoch bilden wir uns ein, wir hätten es! Wir *wollen* glauben, wir seien unseres Schicksals Schmied.

Psychologen bezeichnen diese Überzeugung als Selbstwirksamkeit. Dahinter steckt die Erwartung, dass man aus eigener Kraft Dinge leisten und Probleme meistern kann. Dass einem grundsätzlich Gutes widerfährt und man das Schlechte überwindet oder daraus lernt. Dass man so, wie man ist, angenommen wird. Selbstwirksamkeit ist ein wichtiger Baustein für Glück und Erfolg. Denn das Gegenteil von Angst ist nicht etwa Sicherheit, sondern Vertrauen. *Gefühlte* Sicherheit. Eben der Glaube: *Mir passiert schon nichts – und wenn, weiß ich mir zu helfen.*

Dieses Fundament einer stabilen Psyche entsteht früh im Leben. Nur wenn man Kindern Vertrauen spendet, entwickeln sie selbst welches. Man muss ihnen zeigen, dass man an ihre Fähigkeiten glaubt, und sie darin bestärken, auf eigenen Beinen zu stehen. Eltern, die überall nur Gefahren wittern und meinen, ihren Nachwuchs vor allem Unheil beschützen zu müssen, sind dabei eher hinderlich. Sie übertragen die eigenen Befürchtungen auf ihre Kinder und hemmen deren Drang, die Welt zu erobern. Fehlen in jungen Jahren eine verlässliche Umwelt und menschliche Zuwendung, so sind seelische Nöte fast vorprogrammiert. Die Betroffenen können im späteren Leben meist nur schwer Beziehungen knüpfen und aufrechterhalten, sie werden von Misstrauen beherrscht und zeigen ein geringes Selbstwertgefühl.

Einen Erklärungsansatz hierfür liefert die von dem britischen Psychoanalytiker John Bowlby (1907–1990) und seiner Mitarbeiterin Mary Ainsworth (1913–1999) entwickelte Bindungstheorie.[1] Sie beschreibt den scheinbar paradoxen Effekt, dass eine enge Bindung zur Mutter (oder einer anderen Bezugsperson) den Nachwuchs eher selbstständig werden lässt. Kinder, die sicher gebunden sind, explorieren ihre Umwelt stärker. Das klassische Untersuchungsparadigma ist der Fremde-Person-Test, bei dem sich die Mutter nach einigen Minuten gemeinsamen Spielens entfernt und ihr Kind bei einer Unbekannten zurücklässt. Je nachdem, wie das Kind auf das Verschwinden (und die Rückkehr) der Mutter reagiert, unterschied Ainsworth drei Bindungsmuster: ein sicheres, ein unsicher-vermeidendes sowie ein unsicher-ambivalentes. Die letzteren zeichnen sich durch ungerührtes Desinteresse am Verhalten der Mutter beziehungsweise durch extremes Klammern und Klagen aus.

Bereits in den 1950er-Jahren erforschten Bowlby und Ainsworth an der Tavistock Clinic im Londoner Stadtteil Bloomsbury die Folgen emotionaler und körperlicher Vernachlässigung. Mit ihren Studien zu den Folgen mangelnder Fürsorge wandten sie sich gegen die von Psychoanalytikern betriebene Sexualisierung der Kindesentwicklung.[2] Mit Ödipuskomplex oder Penisneid könne man das erwachende Ich nicht beschreiben. Vielmehr bilde jene sichere Gefühlsbasis, die eine intakte Bindung lege, das Sprungbrett zur persönlichen Reifung. Wer zu vertrauen gelernt hat, erkundet die Welt mutiger, hat weniger Angst zu versagen und zweifelt seltener daran, dass er etwas wert ist und von anderen gemocht wird. Kurz: Er ist mit einem gesunden Selbstbewusstsein ausgestattet.

Während viele Laien glauben, davon könne man nie genug haben, ist unter Persönlichkeitsforschern umstritten, wie viel Selbstachtung uns guttut. So sehr wir Leute mit großem Ego oft beneiden – zu viel davon macht auch nicht glücklich. Narzissten zum Beispiel ecken an und vergraulen Freude und Partner, verlieren schneller den Job als andere Menschen und werden häufiger krank. Außerdem scheitern sie oft an ihren zu hoch gesteckten Ansprüchen. Überhaupt ist ein entscheidender Grund, weshalb wir nicht alle mit weit übersteigerten Egos durchs Leben laufen, dass dies Misserfolge wahrscheinlicher machen würde. Wer sich für wahnsinnig kompetent, ja unfehlbar hält, achtet wenig darauf, was wirklich erreichbare Ziele für ihn wären. Zudem klaffen die nach außen demonstrierte, explizite Selbstachtung und die in impliziten Tests offenbarte Sicherheit oft auseinander. Wobei das äußerliche Bild meist strahlender ausfällt als das insgeheim gehegte. Eine solch fragile, zur Schau gestellte

Eigenliebe macht Studien zufolge anfälliger für Depressionen, Nervosität und andere Störungen.[3]

Der Psychologe Ulrich Orth hat erforscht, wie das Selbstwertgefühl von Menschen entsteht und welche Rolle es spielt.[4] Während das Selbstkonzept einer Person eher auf gedanklichen Urteilen und Erinnerungen fußt, ist der Selbstwert im Wesentlichen Gefühlssache. Er beschreibt, wie wohl uns in der eigenen Haut ist. Dies hat vielfältige Auswirkungen. Wer sich mag und alles in allem stolz ist auf das, was er kann oder erreicht hat, der ist zumeist auch positiver gestimmt, lebt gesünder und führt stabilere Beziehungen. Ein niedriger Selbstwert lässt uns hingegen Konflikte und Krisen schwerer bewältigen oder provoziert sie sogar. Menschen mit nagenden Selbstzweifeln gefährden ihre Partnerschaft, indem sie notorisch eifersüchtig sind oder den anderen für ihr Wohl oder Weh verantwortlich machen. Statt Probleme offen und konstruktiv anzusprechen, sind sie schnell beleidigt oder ziehen sich zurück. Läuft etwas nicht wie gewünscht, schieben sie die Schuld dem Partner zu, weil ihr angeknackstes Ego keinen weiteren Dämpfer verträgt. Menschen mit schwachem Selbstwertgefühl glauben im Grunde nicht, die Liebe anderer zu verdienen oder sie dürsten fortwährend nach Bestätigung. Einer harmonischen Beziehung ist das kaum förderlich.

Wir verfügen über ein reiches Arsenal an Werkzeugen, um den eigenen Selbstwert zu verteidigen. Abraham Tesser von der Ohio State University unterscheidet allein 25 verschiedene Techniken.[5] Darunter die Projektion (»was die kann, kann ich auch«), die Wahl eines niedrigen Maßstabs (»verglichen mit Couchpotato Fred bin ich topfit«), die Abwertung anderer (»der ist zwar reich, aber ein eitler Gockel«), das Klischee (»so kreative Menschen wie ich brauchen das Chaos«), die Kompensation (»ich bin zwar kein Genie in Mathe, aber dafür kann ich toll singen«), die mildernden Umstände (»obwohl ich nie geübt hab, klappt das prima«) oder das platte Abstreiten eigenen Unvermögens (»ich kann das sehr wohl!«). Unser Wunsch, kompetent zu erscheinen und alles abzuwehren, was dieses Bild gefährden könnte, kann paradoxerweise sogar das eigene Versagen fördern. Geht ein Prüfling am Abend vor dem Examen auf Kneipentour, liefert ihm das die willkommene Ausrede für sein dürftiges Abschneiden: *Eigentlich* beherrscht er den Lehrstoff, aber mit so einem Brummschädel … Dieses Phänomen heißt *self-handicapping*. Mancher steht sich selbst im Weg, weil ihm das eine billige Ausflucht bietet.

Bei alldem geht es weniger um die Abwehr einer realen Bedrohung unseres Selbstbilds als um die *gefühlte*. Wer Angst hat zu versagen oder aufgrund erlernter Vorurteile (»Mädchen können so was nicht …«) an sich zweifelt, greift tendenziell schneller in die Trickkiste der Selbstaufwertung.

Laut zahlreichen Forschern dient dies vor allem dazu, Niederlagen nicht persönlich zu nehmen und an sich abperlen zu lassen. Es ist eine wirksame Anti-Krisen-Prophylaxe. Zwei Dinge sind dabei auffällig: Erstens besitzen Menschen mit hohem Selbstwert oft gar keine Supermannvision ihrer selbst, so wie Leute mit schwach ausgeprägtem Selbstwertgefühl umgekehrt meist kein durch und durch negatives Selbstbild zeigen. Letztere sehen sich selbst nur *nicht ganz* so positiv, wie sich andere selbst wahrnehmen, oder sie halten sich auf nicht ganz so vielen Gebieten für kompetent. Was sie von den Egoboostern unterscheidet, ist vielmehr, dass sie leichter zu verunsichern sind. *Habe ich das wirklich gut gemacht?*

Sehe ich in diesem Outfit okay aus? Solche Fragen stellen sich Menschen mit hohem Selbstwert kaum. Sie halten also nicht übertrieben viel auf sich, sondern sind nicht so leicht aus der Bahn zu werfen.

Jonathon Brown und Kevin Dutton haben untersucht, welche Denkweisen dahinterstecken.[6] Demnach machen die Erklärungen, die Menschen für ihr Versagen finden, den Unterschied: Die Forscher baten Probanden, die in einem Fragebogen entweder schwache oder ausgesprochen starke Selbstwertgefühle offenbart hatten, anspruchsvolle Knobelaufgaben zu lösen. Diese waren so gewählt, dass die Teilnehmer oft gar nicht auf die Lösung kamen – was ihnen prompt unzweideutig zurückgemeldet wurde. Während die Personen mit hohem Selbstwert davon in ihrem Wohlbefinden kaum beeinträchtigt waren, zeigten die anderen starke Selbstzweifel und fühlten sich schlecht. Als man genauer nachbohrte, wie sie die eigene Intelligenz, ihre sozialen Fähigkeiten und andere Kompetenzen einschätzten, zeigte sich: Hinsichtlich des für die Aufgabe erforderlichen Könnens sahen selbst die Teilnehmer mit hohem Selbstwert bei sich deutliche Defizite. Sie übertrugen dieses Manko allerdings nicht auf ihre allgemeine Intelligenz oder Umgänglichkeit. Probanden mit niedrigem Selbstwert dagegen bewerteten sich in jeglicher Hinsicht nun kritischer als zuvor.

Offenbar neigen Menschen mit hohem Selbstwertgefühl dazu, ihre Niederlagen eher als umgrenztes Defizit oder als momentanes Formtief zu werten. Sie nehmen schulterzuckend zur Kenntnis, dass sie auf dem jeweiligen Gebiet oder am jeweiligen Tag keine großen Leuchten waren. Wer hingegen über einen geringeren Selbstwert verfügt, fühlt sich durch das eigene Scheitern auf ganzer Linie gekränkt. Dass

Fähigkeiten unterschiedlich verteilt und veränderbar sind, kommt denjenigen kaum in den Sinn. Man hat versagt, weil man ein Versager ist.

Der zweite überraschende Befund lautet, dass Erfolge im Leben eher wenig Einfluss auf den Selbstwert haben. Die Höhe des Einkommens oder der sozioökonomische Status spielen keine große Rolle. Anders als wir meist annehmen, sind gutverdienende Erfolgsmenschen im Schnitt also nicht selbstverliebter als andere. Zwar sind positive Erfahrungen in der Kindheit und Jugend wichtig, um ein stabiles Gefühl der Selbstwirksamkeit aufzubauen. Hat sich das Selbstbild jedoch etabliert, sind Prestige und Anerkennung eher zweitrangig. Im Gegenteil: Zu einer Minderheit zu zählen, ist häufig mit besonderem Stolz verbunden, wie Studien an Afroamerikanern oder Homosexuellen belegen. Anders zu sein oder sich benachteiligt zu fühlen, hebt mitunter den Selbstwert.[7]

11 EIN ROTER FADEN

Wie wir uns an die Zukunft erinnern

Sie sind längst nicht mehr die Person, die Sie einmal waren. Fast alles an Ihnen wandelt sich. Ihre Haut- und Knochenzellen erneuern sich alle paar Jahre. Die Blutkörperchen in ihren Adern haben eine Haltbarkeit von rund vier Monaten, und die Zellen ihrer Darmschleimhaut werden sogar alle paar Wochen ausgetauscht. Dank der Neuroplastizität, des fortwährenden Umbaus der Nervenverbindungen in Ihrem Kopf, besteht selbst Ihr Gehirn heute teils aus anderem Biomaterial als zu Ihrer Kindheit oder Jugend. Nicht weniger haben sich auch Ihr Wissen, Ihre Einstellungen, Denkweisen und Vorlieben gewandelt. Sie sind einfach nicht mehr jener Cola schlürfende Trotzkopf von einst oder die schüchterne Pferdenärrin, die Sie einmal waren! Wieso glauben Sie eigentlich, Sie seien immer noch dieselbe Person wie damals?

Die Frage, worauf unsere persönliche Identität gründet, ist philosophisch höchst knifflig.[1] Wenn ich mich körperlich und seelisch laufend verändere, wie kann ich dann von einem beständigen Ich sprechen? Das erinnert an das klassische Paradoxon vom Schiff des Theseus, welches Planke für Planke erneuert wird und doch genau das Schiff bleibt, das einst in See stach. Obwohl nichts mehr daran original ist, lebt die *Idee* von Theseus' Schiff fort.

Laut einer Theorie gründet unser Ich auf Erinnerungen, genauer gesagt, auf dem autobiografischen Gedächtnis. Die Summe all der Ereignisse und Fakten, die wir auf uns selbst beziehen, verleiht uns Kontinuität. Der englische Philosoph und Empirist John Locke (1632–1704) war ein prominenter Anhänger dieser Idee.[2] Doch bin ich wirklich das, woran ich mich erinnere? Dagegen spricht zum einen, dass wir an viele einschneidende Erfahrungen gar keine bewusste Erinnerung haben. Früh vernachlässigte Kinder etwa sind oft emotional tief verunsichert, ohne dass sie die genauen Auslöser dafür kennen. Auch später im Leben können uns unheilvolle Dinge oder Traumata zustoßen, die wir erfolgreich verdrängen. Jene Erinnerungen, auf die ich bewusst und willentlich zugreifen kann, bilden offenbar nur einen Teil dessen, was mich prägte.

Zum anderen strotzt unser Gedächtnis vor Ereignissen, die so niemals stattgefunden haben. Der Schriftsteller Mark Twain (1835–1910) formulierte es einmal so: »Als junger Mann konnte ich mich an alles erinnern – an das, was geschehen war, und auch daran, was nicht geschehen war. Jetzt bin ich alt, und ich entsinne mich nur noch der Dinge, die nie passiert sind.«[3] Die moderne Gedächtnisforschung bestätigt: Erinnerungen sind keine Eins-zu-eins-Abbilder dessen, was wir erlebt haben. Es sind Konstruktionen. Bunt ausgeschmückte, vielfältig verzerrte, selektierte oder schlichtweg erfundene Geschichten, die unserem Leben Sinn und Struktur verleihen.

Ich habe ein überaus detailreiches Bild davon im Kopf, wie meine Mutter an einem Sonntagmorgen im Herbst 1971 hochschwanger und stöhnend auf der Rückbank eines Taxis lag. Es fühlt sich für mich wie eine echte Erinnerung an, allerdings war ich damals gar nicht zugegen – zumindest nicht so, dass ich es hätte mitansehen können. Das Baby im Bauch meiner Mutter war nämlich ich! Doch ich habe die Geschichte, wie ich um ein Haar auf der Fahrt ins Krankenhaus zur Welt gekommen wäre, so oft gehört, dass daraus nach und nach eine sehr realistisch anmutende Quasierinnerung entstand. Wie hier vermischen sich Erlebtes, Erzähltes und Hinzuerfundenes in unseren Köpfen häufig auf wundersame Weise. Das macht zum Beispiel Zeugenaussagen vor Gericht oft wenig verlässlich. Sie enthalten nicht selten Details eines Tathergangs, der sich so gar nicht zugetragen haben kann. Auch mancher Verdacht auf sexuellen Missbrauch in der Kindheit gründet auf ähnlichen Effekten.

Die Gedächtnisforscherin Elisabeth Loftus hat zahlreiche solcher Befunde gesichtet.[4] In einem Experiment legte man Probanden Fotos aus dem eigenen Kinderalbum vor und bat sie zu erzählen, was darauf zu sehen war. Nur ein Bild war manipuliert worden: Es zeigte ein Kind beim Start eines Heißluftballons. Anfangs fiel den Probanden zu dem untergejubelten Schnappschuss nur wenig ein. Doch bereits nach der dritten Präsentation meinte jeder Zweite, sich lebhaft zu erinnern: Der Ballon sei vor ihrer Schule abgehoben und ja, sie wüssten noch genau, wie ihr Vater die Kamera gezückt habe, um das Ereignis festzuhalten.

Wenn also auf meine Erinnerungen so wenig Verlass ist, und ich weder physisch noch geistig der bin, der ich einmal war, was gibt dann meinem Ich Festigkeit? Schließlich gehen wir doch ganz selbstverständlich davon aus. Einem anderen großen Philosophen zufolge, dem Schotten David Hume

(1711–1776), ist unsere Identität nichts weiter als das, was unsere Eindrücke, Assoziationen und sonstigen mentalen Zustände miteinander verbindet.[5] Wie ein Strauß Blumen werden die unterschiedlichsten Inhalte durch ein unsichtbares Band zusammengehalten, das selbst nicht »dinghaft« in Erscheinung tritt. Hume betonte zwar, anders als Locke, den mosaikhaften, flüchtigen Charakter des Selbst. Allerdings beantwortete auch er nicht wirklich, worin jenes verbindende Element, das uns Identität verleiht, genau besteht.

Ist es nicht doch mein Körper, die Hardware aus Fleisch und Blut, die mir trotz aller Veränderungs- und Altersprozesse Kontinuität verleiht? Angenommen, es gäbe eine Maschine, die eine exakte Kopie von Ihnen herstellt. Jede Zelle und jedes Atom, aus denen Sie bestehen, jede synaptische Verbindung in Ihrem Gehirn und folglich auch all Ihr Wissen und Ihre Erinnerungen würde dieser Apparat in exakt gleicher Anordnung reproduzieren und, sagen wir, auf den Mars beamen. Wäre dieser neu entstandene Marsianer dann ebenfalls Sie? Würden Sie etwa Ihren eigenen Tod in Kauf nehmen, wenn Ihr Parallel-Ich dort weiterlebte? Wohl kaum. Was sich in uns gegen diese Vorstellung sträubt, ist die intuitive Annahme, es müsse so etwas wie einen nicht kopierfähigen, unkörperlichen Wesenskern geben.

Dieses Gedankenexperiment ersann der Oxforder Philosoph Derek Parfit (1942–2017),[6] um zu demonstrieren, wie unplausibel die Annahme einer physischen Grundlage der Identität erscheint. Laut Parfit ist es vielmehr das Gefühl der Verbundenheit, welches unsere Kontinuität stiftet. Wir mögen nicht völlig identisch sein mit unserem Alter Ego von einst, dennoch gibt es einen roten Faden. *Etwas* von meinem früheren Ich ist noch in mir. Eine hilfreiche Analogie, so Parfit, sei die Nation. Auch sie besitze einen Körper (das Territorium) und eine sich wandelnde Menge an Konstituenten (Einwohner, Institutionen und so weiter). Was eine Nation freilich ausmache, gehe darüber hinaus – es sei eine Idee. Das Gleiche gilt laut Parfit für das Selbst. Auf Basis unserer Erfahrungen erschaffen wir eine Art Stellvertreter, der mehr ist als die Summe unserer physischen und psychischen Bestandteile.

Diese »Ich-Idee« speist sich maßgeblich aus dem Gedächtnis. Deshalb ist die Frage so spannend, was wir wann und warum über uns erinnern beziehungsweise vergessen. Der US-amerikanische Psychologe Michael Conway widmete diesem Thema seine wissenschaftliche Karriere. Laut Conway gruppiert das Gedächtnis unsere autobiografischen Erinnerungen zu größeren Einheiten, den Phasen unseres Lebens. *Damals, als ich mit meiner ersten großen Liebe liiert war. Die Zeit in der Studenten-WG. Als Azubi im Buchladen. Die Anfangsjahre im Verlag.* Solche Cluster bilden wiederum die Grundlage für höhere, abstrakte Konzepte, die wir mit uns selbst verbinden. *Der verklemmte Oberschüler. Der gewissenhafte Student. Der engagierte Jungredakteur.* Unter solchen übergeordneten Kategorien können die zugrunde liegenden Ereignisse leicht verblassen. Ich erinnere mich, wenn ich ehrlich bin, nicht mehr so genau an dieses Mädchen aus meiner Klasse, für das ich damals schwärmte, und die Details des WG-Lebens sind mir entfallen. Nur ein *Gefühl* von damals, durchsetzt mit der einen oder anderen Momentaufnahme, blieb zurück.

Dass das Gehirn autobiografische Erinnerungen und das daraus geronnene Selbst getrennt voneinander abspeichert, legen Untersuchungen an Demenzpatienten nahe.[7] Diese verlieren nach und nach jede Erinnerung an ihr Leben und an die Menschen, die sie kannten. Dennoch wissen sie oft verblüffend lange und gut, was sie als Person ausmachte. Ihre Selbstbeschreibungen decken sich damit, wie Angehörige sie charakterisieren. Ist das Selbst einmal etabliert, macht es sich vom Gedächtnis unabhängig.

Umgekehrt wirkt die Art, wie wir uns sehen, auch darauf zurück, an was und wie wir uns erinnern. Bin ich davon überzeugt, dass mich so schnell nichts aus der Ruhe bringt, nehme ich meine Aufgeregtheit vor einem Auftritt lange nicht so intensiv wahr und verbinde anschließend weniger negative Erinnerungen mit dem Ereignis. Folglich erscheint mir die Situation weniger belastend als eine, in der ich mich selbst für unsicher halte. So entsteht ein subtiles Wechselspiel zwischen dem, was wir erleben, und wie wir es deuten.

Nicht alle Erinnerungen sind gleich bedeutsam. Ich habe viele Momentaufnahmen im Kopf, die kaum etwas zu meinem Selbstbild betrugen. Andererseits gibt es eine Menge scheinbar trivialer Ereignisse, die dennoch eine Menge über mich verraten. Wie ich als Abiturient im Park von einem Zeugen Jehovas angesprochen wurde und mit ihm über Gott und die Welt diskutierte. Wie ich im Hochbett der Ferienwohnung in Österreich lag und mit meinem Bruder das Halbfinale der Fußball-WM 1986, Deutschland gegen Frankreich, im Fernsehen verfolgte. Oder die »Rostlaube«, das Hauptgebäude der Freien Universität in Berlin-Dahlem, in das ich mich am ersten Unitag kaum hineintraute.

Als *reminisence bump*, Erinnerungshügel, bezeichnen Gedächtnisforscher jenen Lebensabschnitt, in dem wir die mit Abstand meisten selbst-definierenden Erinnerungen sammeln: zwischen dem 15. und 25. Lebensjahr. Hier spielen insbesondere negative Erlebnisse eine tragende Rolle – Momente persönlichen Versagens, Verluste und Enttäuschungen, alles was mit Trauer, Angst oder Scham behaftet ist. Im Jugend- und frühen Erwachsenenalter sind diese oft dominant, wofür der Psychoanalytiker Erik Erikson (1902–1994) bereits in den 1960er-Jahren den Begriff »Identitätskrise« prägte. Wie Studien bestätigen, macht es eine gesunde psychische Entwicklung aus, dass wir solche Erfahrungen mit der Zeit milder beurteilen. Das Schlimme verblasst, man kann sich oder anderen vieles verzeihen und damit abschließen, ja man wächst daran, zieht seine Lehren daraus. Das allmähliche Aufhellen des erinnerten Lebens ist ein Grund dafür, warum die Lebenszufriedenheit nach einem Tal im frühen Erwachsenenalter meist kontinuierlich steigt.[8]

Aufbauend auf den Arbeiten des Psychoanalytikers Erikson, definierte James Marcia vier Formen der Identitätsfindung: eine aktiv erarbeitete, eine übernommene und eine diffuse sowie eine Art Experimentierstadium, das Moratorium.[9] Marcia konnte diese Typen in Studien an Jugendlichen empirisch untermauern. Das Moratorium beschreibt dabei eine Phase des Ausprobierens, in der man eine Festlegung auf bestimmte Rollen vermeidet und nur Möglichkeiten auslotet, die teils rasch wechseln: ehrgeiziger Schüler, Sportcrack, sozial Engagierter, Partylöwe … Wird die innere Verpflichtung lange aufgeschoben, geht dies in einen Zustand diffuser Identität über, bei der der Betreffende kein klares Bild seiner selbst gewinnt. Demgegenüber steht die übernommene Identität, bei der man vorgegebene Muster der Eltern oder Geschwister auf sich überträgt, beziehungsweise die erarbeitete Identität.

Das autobiografische Gedächtnis trägt eine Menge dazu bei, dass wir ein positives Selbstbild gewinnen. Wie Arnaud D'Argembeau und Michael Van der Linden von der Universität Lüttich zeigten, erinnern wir uns im Schnitt leichter und lebhafter an schöne Ereignisse als an negative.[10] Das liegt anscheinend daran, dass sich um Erfolgserlebnisse, die von Stolz und Genugtuung geprägt sind, meist ein ganzer Hofstaat an weiteren Assoziationen schart. Was uns gut gelang und Freude machte, strahlt in viele andere Lebensbereiche aus; die Bedeutung von Niederlagen bleibt dagegen eher auf die jeweilige Situation beschränkt.

Laut verschiedenen Experimenten benutzen wir Erinnerungen ganz aktiv dazu, um uns selbst aufzurichten. Sollen Probanden beispielsweise daran zurückdenken, wie sie selbst einmal gelogen haben, undankbar oder verletzend waren, fallen ihnen nicht nur weniger Beispiele ein, als wenn sie sich die Gemeinheiten anderer ins Gedächtnis rufen.[11] Sie finden die eigenen Fehltritte auch meist verzeihlicher als die fremden. Mehr noch: Bittet man Menschen sich vorzustellen, ob sie noch dieselbe Person wären, wenn sich diese oder jene ihrer Eigenarten änderten, so sind es vor allem die moralischen Werte, die ihnen subjektiv Konstanz verleihen. Ben Tappin und Ryan McKay sprechen in einer Studie von 2017 von der »Illusion der moralischen Überlegenheit«.[12] Buchstäblich jeder ihrer 270 Probanden hielt sich für überdurchschnittlich integer und fair, womit das Überlegenheitsgefühl auf moralischem Gebiet das in Sachen persönlicher Kompetenz oder Beliebtheit bei weitem überstieg. Dieser Effekt kommt laut den Forschern dadurch zustande, dass wir bei anderen auf die realen Taten blicken, bei uns selbst hingegen spielen die eigenen Absichten eine größere Rolle. Und da wir (meist) guten Willens sind, stimmt uns das mit uns selbst besonders gnädig. Ob wir dem eigenen Ideal tatsächlich gerecht werden, fällt hierbei kaum ins Gewicht.

Neben unserem unterschiedlichen Umgang mit positiven und negativen Erinnerungen, taucht in der Forschung zum autobiografischen Gedächtnis immer wieder ein Begriff auf: Kohärenz. Gemeint sind die innere Plausibilität und Schlüssigkeit unserer Lebensgeschichten. In unseren Köpfen gibt es keine isolierten Einzelfakten. Erinnerungen sind stets in einem Netzwerk miteinander verknüpft und stehen in einem Kontext. Wir erinnern uns insofern an keine Tatsachen, sondern stets an die Mosaiksteine eines größeren Ganzen. Störende Details oder Widersprüche fallen dabei leicht unter den Tisch, umgekehrt füllen wir etwaige Lücken höchst kreativ auf.

Ein Paradebeispiel dafür ist die frühkindliche Erinnerung. Was sich in unserem Leben vor dem Alter von etwa zwei bis drei Jahren zutrug, kennen wir nur aus den Geschichten von anderen. Denn die für das Langzeitgedächtnis zuständigen Hirnareale reifen erst danach. Mir zum Beispiel wurde immer wieder erzählt, wie ich einem als Nikolaus verkleideten Onkel die Zunge entgegenstreckte: »Du bis ga nit de Weinac-maan!« Das war an Heiligabend 1972, da war ich gerade ein Jahr alt. Dennoch kommt mir diese Erinnerung überaus lebhaft und real vor – und damit bin ich keineswegs allein. Unter rund 6000 Briten, die Forscher der University of London über ihre ersten Lebensjahre befragten, meinten sich rund 40 Prozent an Begebenheiten aus der Zeit vor ihrem zweiten Geburtstag zu erinnern.[13] Skeptisch stimmte die Psychologen um Shazia Akhtar dabei, dass sich vor allem Meilensteine der Entwicklung wie das erste gesprochene Wort oder die ersten Gehversuche ins Gedächtnis eingebrannt haben sollen, kaum jedoch triviale Alltagsereignisse oder Bilder. Hier vermengen sich offenbar spätere Familienanekdoten oder das gemeinsame Durchblättern des Fotoalbums mit dem Gefühl, etwas tatsächlich erlebt zu haben. Bei meiner Nikolausepisode handelt es sich um genau so eine Pseudoerinnerung.

Nicht was wirklich geschah, formt unsere Autobiografie, sondern wie wir uns das (vermeintlich) Geschehene erklären, wie die Ereignisse zusammenhängen, auf eine gemeinsame Ursache hindeuten oder sich eines aus dem anderen ergibt. Sprich: wie wir das »Erinnerte« miteinander verweben. *Woher habe ich das? Wie kam es dazu? Welche Folgen hatte es für mein Leben?* Von solchen kausalen Bezügen hängt ab, ob selbst-definierende Erinnerungen entstehen.

Forscher um Stephanie Chen ließen Probanden darüber nachsinnen, welche ihrer Eigenarten und Werte für sie selbst prägend gewesen waren.[14] Was beeinflusste zum Beispiel ihren Musikgeschmack – Intelligenz oder Offenheit für Neues? Hing ihr ästhetisches Empfinden eher mit Ehrlichkeit zusammen oder mit mathematischem Wissen? Dann sollten die Teilnehmer schätzen, wie sehr ein Wandel dieser oder jener Faktoren sie zu einer anderen Person machen würde. Siehe da: Je mehr kausale Verbindungen eine Eigenschaft zu anderen aufwies, desto mehr fühlten sich die Betreffenden durch einen Wandel derselben verändert. Was wir als ursächlich für unsere Sichtweisen ansehen, bildet den Kern der Persönlichkeit. Fallbeschreibungen anderer Menschen erschienen den Teilnehmern ebenfalls umso schlüssiger, je stabiler jene Eigenarten waren, die viele kausale Verknüpfungen aufwiesen.

Dieses Netz unserer Erinnerungen kommt besonders dann zum Tragen, wenn es die Tief- und Wendepunkte des Lebens zu verarbeiten gilt. Jeder Mensch macht Krisen und Schicksalsschläge durch, doch nicht jedem gelingt es, sie zumindest auf längere Sicht als wichtige Erfahrung zu verbuchen. *Wäre ich damals nicht sitzengeblieben, hätte ich meine spätere Frau nie getroffen.* Oder: *Es war schrecklich, als mein Kind starb, aber heute bin ich ein reiferer Mensch als damals.* Seine Lektion zu lernen und die Chancen zu erkennen, die einem Verluste und Niederlagen eröffnen, kennzeichnen eine gesunde Psyche. Das kann bis hin zum Glauben an eine Vorsehung reichen (»wir waren füreinander bestimmt«).

Wie wichtig solche Zuschreibungen sind, zeigt auch ein anderes Beispiel: Isolierte, unzusammenhängende Erinnerungssplitter wirken meist bedrohlich. So zeichnet es gerade traumatische Erfahrungen aus, dass sie unverbunden erscheinen und als Flashbacks über die Betroffenen hereinbrechen. Das fühlt sich für sie an, als hätten ihre schlimmen Erlebnisse nichts mit ihnen zu tun, als seien diese von der eigenen Person abgespalten. Sobald die Bruchstücke, etwa im Zuge einer Therapie, in einen Kontext gestellt und erklärbar werden, verlieren sie viel von ihrer Bedrohlichkeit. Enttäuschungen und Unglücksfälle sind interpretationsbedürftig, und erfolgreiche Psychotherapie besteht nicht zuletzt darin, dass Schlimme »weg zu erklären«, es durch überzeugende Deutungsmuster versteh- und akzeptierbar zu machen. Ob die Antworten, die man dabei findet, und die Lebensgeschichte, die man entwirft, stichhaltig sind, ist zweitrangig. Hauptsache, sie funktionieren.[15]

Das unterscheidet unser Gedächtnis grundlegend von einer Computerfestplatte. Es speichert keine für sich stehenden Informationspakete, die bei Bedarf eins zu eins abgerufen werden können. Das menschliche Gedächtnis ist vielmehr ein kreatives Netzwerk, das sich ständig wandelt. Und es erfüllt dabei eine überlebenswichtige Funktion: Es hilft abzuschätzen, was die Zukunft bringt. Nur deshalb besitzen wir überhaupt ein so gut funktionierendes Erinnerungsvermögen; es hält nicht fest, was war, sondern bereitet uns auf das vor, was kommt.

Zu diesem Zweck schwirren uns permanent Pläne durch den Kopf, die wir vor dem Hintergrund früherer Erfahrungen verwerfen oder weiterverfolgen. Das Gehirn wartet nicht, bis etwas passiert, und sieht dann, wie es damit umgeht. Säße ein so passiver Klotz unter unserer Schädeldecke, wäre der *Homo sapiens* längst ausgestorben. Der Mensch hat es nur deshalb weit gebracht, weil er den Lauf der Dinge, so gut es geht, voraussieht. Weil er laufend Muster und Handlungsoptionen generiert und abwägt. Für diese Automatik des Erinnerns fand der Computerwissenschaftler David Gelernter ein schönes Bild: Wie eine OP-Schwester dem Chirurgen bei der Arbeit im gleißenden Scheinwerferlicht aus dem Dunkeln die Instrumente reicht, stattet das Gedächtnis unser Bewusstsein mit Erinnerungen aus, die gerade relevant sind.[16] Was unwichtig oder hinderlich erscheint, wird dagegen nicht in Betracht gezogen oder aktiv unterdrückt. Und das passiert vollautomatisch, ohne bewusstes Nachdenken. Denn erst mühsam danach zu kramen, würde viel zu lang dauern.

Der Blick zurück ist immer auch ein Blick nach vorn. Ausgehend von dieser Idee, haben Forscher um Arnaud D'Argembeau von der Universität in Lüttich untersucht, inwiefern die Zukunftsplanung und autobiografische Erinnerungen zusammenhängen.[17] Sie baten hierfür Probanden im Labor, sich persönlich bedeutsame Ereignisse in der Zukunft vorzustellen. Dabei zeigte sich: Wer in der Lage war, Vergangenes zu sich in Beziehung zu setzen und ihm Relevanz beizumessen, imaginierte auch vermehrt Geschehnisse, die sich für die eigene Entwicklung als bedeutsam erweisen würden. Die Fähigkeit, sich zu erinnern, strahle gewissermaßen in die persönliche Zukunftsplanung aus: Wem das Gestern viel bedeutet, dem gelingt es eher, das Morgen zu gestalten. Die Forscher um D'Argembeau sprechen von selbst-definierenden Projektionen.

Zwei Dinge macht die Erforschung des autobiografischen Gedächtnisses besonders deutlich: Erstens formen wir aus den Erinnerungen an das eigene Leben übergeordnete Muster, mit denen wir uns für die Zukunft wappnen. Und zweitens gehen wir dabei überaus schöpferisch zu Werk. Unser Gedächtnis reimt sich das Geschehene immer wieder zusammen, und mit jedem Abruf verändern sich unsere Erinnerungen und werden, leicht abgewandelt, neu abgespeichert.[18] Das ist etwa so, als würden wir mit uns selbst *Stille Post* spielen. Aus den Bruchstücken des Erlebten formen wir eine stimmige Geschichte, in die neben Realem auch bloß Plausibles, Erwünschtes oder Erfundenes einfließt. Nicht selten fügen wir dabei Details oder Umstände hinzu, um als fähige, verlässliche, integre Personen zu erscheinen. So verleiht uns das Gedächtnis jene Sicherheit, die wir so dringend brauchen.

12 DAS WAHRE ICH

Ein moralisches Angebot

Die Psychologie ist eine wundersame Wissenschaft. Denn fast alles, was sie untersucht, gibt es nur in unseren Köpfen. Niemand hat je einen Gedanken, ein Gefühl oder eine Absicht gesehen. Wer sein Kinn grübelnd auf die Hand stützt, mit hochrotem Kopf am Rednerpult steht oder schmachtend ein Stück Sahnetorte beäugt, dem schreiben wir derlei mentale Zustände natürlich bereitwillig zu. Aber gibt es sie wirklich? Dass Psychologen jenseits des beobachtbaren Verhaltens rein geistigen Erscheinungen nachjagen, hat eine kuriose Folge: Viele ihrer Forschungsobjekte gibt es nur, weil Menschen sie für real *halten*. Ob Stress, Verdrängung oder Willensfreiheit – solche Konzepte werden in unserem Leben wirksam, indem wir an sie glauben.

Für die Fakten schaffende Macht unserer Überzeugungen gibt es zahllose Beispiele. Sie manifestiert sich auch in der Idee, es gäbe so etwas wie einen festen Wesenskern des Menschen, ein wahres Ich. Den Glauben an eine solche innere Essenz der Person bezeichnen Philosophen als Essentialismus. Er ist ein Relikt des inzwischen aus der Mode gekommenen Konzepts der Seele, jenes unsterblichen Lebensgeistes, der sich nach traditioneller Vorstellung immer neue körperliche Hüllen sucht. Die Seele (lateinisch: »anima«) galt jahrhundertelang als das uns belebende, »animierende« Fluidum und zugleich als Träger des individuellen Charakters eines Menschen. Ganz so sphärisch sehen es die meisten von uns heute zwar nicht mehr. Dennoch betrachten wir den Kern des Ichs, unser wahres Wesen, als kaum wandelbar. Geschmacksurteile, Fähigkeiten und Vorlieben mögen sich ändern, das wahre Ich aber bleibe gleich. Mehr noch: Was eine Person im Innersten ausmache und antreibe, gründet unserer Intuition nach vor allem in ihrer Moral und in ihren Werten. Laut *true-self*-Forschern halten wir diesen inneren Kern, die Essenz eines Menschen, zunächst einmal für grundsätzlich gut – bei uns sowieso, aber auch bei anderen. Der Mensch sei demnach *von Natur aus* ehrlich, mitfühlend und fair; wenn ihn etwas korrumpiere und zu bösen Taten anstifte, dann seien es eher die Umstände, unkontrollierte Gefühle oder erlittene Demütigungen.

Ein Team um Rebecca Schlegel und Joshua Hicks von der Texas A&M University bat Probanden, über ihren Alltag eine Weile lang exakt Tagebuch zu führen.[1] Wie sich zeigte, fühlten sich die Teilnehmer immer dann von sich entfremdet, wenn sie moralisch Fragwürdiges getan hatten. Hatten sie jemanden belogen oder egoistisch gehandelt, verunsicherte sie dies in ihrem Selbstbild weit mehr als sonstige Rückschläge oder verpasste Chancen.

Diese enge Verbindung zwischen Ich und Moral ließ sich auch experimentell belegen: Erinnerte man Probanden im Labor an ihr eigenes früheres Fehlverhalten (indem man sie zum Beispiel bat, an ein persönliches Vergehen zurückzudenken), so litt darunter prompt die Selbstsicherheit der Betreffenden.

Wie kommt das? Zu wissen, wer man ist und wie man tickt, scheint doch zunächst wenig damit zu tun zu haben, ob man in moralischer Hinsicht ein Vorbild abgibt oder nicht. Tatsächlich aber scheint »sich gut kennen« für uns in gewisser Weise gleichbedeutend zu sein mit »zu den Guten gehören«. George Newman und Joshua Knobe von der Yale University gingen dem in einer Reihe von Studien auf den Grund.[2] Sie bestätigten zunächst, dass wir allgemein dazu neigen, andere im Grunde ihres Herzens als moralisch gut zu betrachten. Die Großzügigkeit oder Hilfsbereitschaft eines Fremden werten wir bevorzugt als Ausdruck seines wahren Wesens, Betrug oder Vorurteile hingegen eher als »Kollateralschäden«. Newman und Knobe legten Personen unter anderem kurze Fallbeschreibungen vor, in denen Lügner, Gewalttäter oder Rassisten die Hauptrollen spielten. Derlei Vergehen schrieben die Probanden meist mangelnder Reflexion und Willenskraft oder der schwierigen Kindheit der Übeltäter zu – im Kern seien sie hingegen sicher anders. Selbst Darth Vader, der Bösewicht aus *Star Wars*, dürstet doch eigentlich nur nach Liebe und Anerkennung. Und ein bisschen Darth Vader steckt wohl in jedem.

Ein anderes Fallbeispiel von Newman und Knobe ist Mark, ein gläubiger Christ, der sich zum eigenen Geschlecht hingezogen fühlt. Die Forscher wollten wissen, wie die Probanden Marks Zwickmühle beurteilten. Siehe da: Für die Konservativen war Marks *wahres* Ich nicht homosexuell; er solle den Verlockungen seiner Umwelt folglich widerstehen, empfahlen sie. Liberal Gesinnte fanden dagegen, Mark solle zu seiner Homosexualität stehen, die nun mal zu seinem Wesen gehöre. Dann änderten Newman und Knobe das Szenario: Nun wurde Mark als Freigeist geschildert, der jedoch gegen gleichgeschlechtliche Paare Vorbehalte hegte. Prompt identifizierten Konservative diese Abneigung mit Marks innerem Wesen, Liberale sahen darin vielmehr einen Ausdruck mangelnden Wissens. Solche Gedankenspiele zeigen: Die eigenen Werte sind uns im Zweifel näher als das, was andere für sich als Richtlinie ihres Handelns beanspruchen mögen. So beurteilen wir unsere Nächsten gern gemäß den eigenen Maßstäben.

Laut der Hypothese vom moralischen Selbst ist unser Ich-Konzept weit weniger Privatsache, als wir meinen.[3] Es wird nicht nur durch andere geformt und mittels sozialer Vergleiche im Lot gehalten. Es gründet auch wesentlich darauf, welche gemeinschaftlichen Werte und Prinzipien wir hochhalten. Mein Wesen offenbart sich demnach etwa darin, wie hilfsbereit oder dankbar ich bin, wie fair und gerecht und wie anständig. Kurz: Das wahre Ich ist eine moralische Kategorie. Aus diesem Grund beurteilen wir Fehltritte, die aus innerer Überzeugung geschehen, auch meist gnädiger als solche, die der Profitgier geschuldet sind.

Den Vorrang der Moral fanden Nina Strohminger und Shaun Nichols in einer Studie an Demenzpatienten bestätigt.[4] Sie befragten Angehörige, wie sehr sie in ihrem erkrankten Partner oder Elternteil noch die Person erkannten, die der Betreffende einmal gewesen sei. Der Verlust von Gedächtnis und Sprachfähigkeit war dabei eher zweitrangig; dies mochte den Kranken zwar beeinträchtigen, dennoch sei er dieselbe Person geblieben. Anders bei moralischen Defiziten: Wer auf einmal log, grundlos in Wut ausbrach oder seine Impulse nicht im Griff hatte, erschien den Angehörigen nun fremd. Dies war bei Patienten mit fronto-temporaler Demenz öfter der Fall als bei solchen mit Alzheimer, denn erstere schädigt insbesondere das Stirnhirn, das für die Handlungskontrolle wichtig ist. Daher können sich die Kranken häufig schlecht kontrollieren, sind aufbrausend oder auch sexuell enthemmt.

Dass wir die Persönlichkeit von anderen so sehr an ihrer Moral messen, heißt freilich nicht unbedingt, dass wir diesen Maßstab auch an uns selbst anlegen. Doch wie Studien an Gesunden nahelegen, geht es bei der Selbstbetrachtung ebenfalls meist um moralische Kategorien. Sarah Molouki und Daniel Bartels von der University of Chicago erforschten, wie gut Menschen persönliche Veränderungen in ihr Selbstbild integrieren.[5] Wenn jemand plötzlich nicht mehr Vollmilch-, sondern Zartbitterschokolade mag, ist er dann noch derselbe? Klar! Wenn er eine Fremdsprache oder ein Instrument erlernt? Sicher. Doch was, wenn jemand heute erzkonservativ ist, obwohl er einst den Sozialismus verteidigte? Oder wenn er, statt brav seine Steuern zu zahlen, neuerdings meint, man dürfe das Finanzamt ruhig hintergehen? Dann hat sich die Person wohl grundlegend verändert, ist kaum wiederzuerkennen.

Das Ich besitzt für uns also nur dann Kontinuität, wenn sich zwar Geschmäcker und Vorlieben ändern, moralische Werte und Überzeugungen jedoch Bestand haben. Zudem können wir positive Veränderungen leichter mit dem Selbst vereinbaren als Einbußen. Dass ich dem Hunger in der Welt heute gleichgültiger gegenüberstehe als mit 18, macht mich gefühlt zu einem anderen Menschen; umgekehrt aber empfinde ich meine größere Gelassenheit und das gewachsene Selbstvertrauen als Fortsetzung meines einstigen Ichs. Wenn schon verändern, dann bitte schön zum Guten.

Mitunter setzen wir diese Denkweise sogar unbewusst ein, um uns selbst aufzuwerten. So wie wir die Menschen um uns herum meist für weniger verlässlich und integer halten als uns selbst, neigen wir auch dazu, unserem früheren Ich manches Defizit anzuhängen.[6] Denn das lässt uns im Hier und Heute besser dastehen. Anne Wilson und Michael Ross von der University of Waterloo in Kanada beschrieben solche Effekte in mehreren Arbeiten.[7] Demnach zeichnen Menschen ihr Alter Ego von einst oft in düsteren Tönen. *Als Jugendlicher war ich unausstehlich, verklemmt und neurotisch. Doch heute ist das ganz anders!* Je weiter wir uns vor dem geistigen Auge in die Vergangenheit rücken, desto negativer fällt die Bilanz aus. Denn wer einst doof war, kann sich jetzt umso mehr auf die Schulter klopfen.

Wie passt diese Metamorphose zu unserem vermeintlich stabilen Wesenskern? Nun ja, mit Logik darf man uns hier kaum kommen. Wir können beide Sichtweisen erstaunlich gut miteinander vereinbaren: Wir meinen einerseits, wir seien heute bessere Menschen als früher, und glauben zugleich an ein wahres Ich, welches die Zeit überdauere.

Essentialismus ist Balsam für die Seele. Von einem wahren Ich auszugehen, reduziert die Komplexität der Welt und hilft uns, inmitten des ständigen Wandels den Überblick zu behalten. Die Menschen um uns herum spielen viele verschiedene Rollen, agieren mal so und mal so und entwickeln sich immer weiter. Da wirkt der Gedanke, dass Torsten und Tine auch morgen noch genau der Torsten und die Tine sein würden, die wir kennen, und dass sie tief im Inneren gute Menschen seien, sehr beruhigend.

Könnten wir auch ohne den Glauben an ein wahres Ich auskommen? Und wie würde sich das anfühlen? Dieser Frage gingen Forscher im interkulturellen Vergleich nach. In den meisten Teilen der Welt ist das essentialistische Denken weitverbreitet. Eine der wenigen Ausnahmen bildet der tibetanische Buddhismus, der die Nichtexistenz eines stabilen Selbst postuliert. Angehende buddhistische Mönche werden darin unterwiesen, den illusionären Charakter des Ichs zu durchschauen, denn es sei nichts weiter als eine Abfolge von Momentaufnahmen, stets im Fluss und vollkommen wandelbar.

Nina Strohminger und ihre Kollegen wollten wissen, wie diese Sichtweise das Wohlbefinden und die Urteile von Menschen beeinflusst.[8] Sie legten rund 200 Tibetern aus Nordindien und Bhutan sowie 60 angehenden Mönchen aus zwei buddhistischen Klöstern eine Reihe von Fragebögen und Szenarien vor. Die Ergebnisse verglichen sie mit denen von christlichen sowie nichtreligiösen US-Bürgern und hinduistischen Indern (Hindus glauben ähnlich wie Christen, dass ein Seelenkern – *atman* – dem Menschen Identität verleihe und den Tod überdauere).

Allgemein gelten Buddhisten als gleichmütige, selbstlose Zeitgenossen. Die Befragung jedoch ergab: Je weniger sie an ein stabiles inneres Wesen glaubten, desto mehr fürchteten sie sich vor dem Tod. Außerdem verhielten sie sich deutlich egoistischer bei Szenarien, bei denen man durch den Verzicht auf ein Medikament das Leben eines anderen verlängern konnte. Drei von vier Mönchen schlossen diese Option aus, viel mehr als unter den Amerikanern und Indern. Egoistische, todesfürchtige Mönche? Vielleicht löse sich das Selbst nach Tausenden von Meditationsstunden in Rauch auf, so die Forscher. Bis dahin sei der Verlust an Selbstgewissheit aber schmerzhaft. Das wahre Ich, diese »Hoffnung spendende Illusion«, sei nicht leicht abzuschütteln.

Essentialismus hat freilich auch Nachteile. Wie überall,

wo man Komplexität reduziert, gehen Nuancen verloren. Und Vorurteile nehmen zu. Diese gelten zwar als unschön, allerdings sind wir auf solche Abkürzungen des Denkens angewiesen. Vorurteile werden dem Einzelfall natürlich kaum gerecht, aber das sollen sie ja gar nicht. Dieser Anspruch geht an der Sache vorbei! Nehmen wir ein Beispiel: Es gibt sicher viele Männer, die sensibel, empathisch und geduldig genug sind, um Kleinkinder hervorragend betreuen zu können. Dennoch schreiben wir solche Qualitäten allgemein eher Frauen zu. Und die Statistik gibt uns recht: Männliche Erzieher in Krippen und Kitas sind immer noch selten. Mit dem Vorurteil, Männer seien für den Job einfach nicht gemacht, liegen wir zwar vielfach sicherlich falsch. Die Skepsis einem Tagesvater gegenüber ist also womöglich fehl am Platz. Aber Vorurteile sollen die Welt eben nicht objektiv beschreiben oder den Einzelfall berücksichtigen; sie sollen uns helfen, bei einem überschaubaren Verlust an Genauigkeit, mit Unsicherheit klarzukommen. Also gibt man den eigenen Nachwuchs lieber zu einer Tagesmutter, auch wenn das der Gleichberechtigung hohnspricht.

Das Problem: Teilen viele Menschen die gleichen Vorurteile, erzeugt das genau jene Verhältnisse, die dem Stereotyp entsprechen. Dominiert also die Meinung, Frauen könnten »von Natur aus« besser mit Kindern umgehen, bekommen Männer keine Chance, ihr Talent zu beweisen. Jungs wachsen dann im Denken auf, es sei unmännlich, Windeln zu wechseln, zu füttern und zu spielen, und sie kommen kaum auf die Idee, sie könnten das beruflich machen. Das ist die Kehrseite der Medaille: Stereotype bestätigen sich selbst. So gut es sich anfühlt, wenn wir das Wesen eines Menschen oder einer Gruppe zu kennen glauben, so sehr schränken wir uns selbst und andere damit oft ein.

Die Soziologin Paula-Irene Villa beobachtet heute einen wachsenden Trend zur Re-Essentialisierung.[9] So sei es in den vergangenen Jahren wieder salonfähig geworden, Männer und Frauen als grundlegend verschieden anzusehen. Villa kritisiert, solche Zuschreibungen würden jene Realität erschaffen, die sie als gegeben voraussetzen. Ohne das Klischee von der behütenden Frau und dem karriereorientierten Mann würde die Rollenverteilung in Berufsleben und bei Kinderbetreuung sicherlich anders aussehen. Das kann und sollte vielleicht ein politisches Ziel sein. Auf der anderen Seite müssen wir aber anerkennen, dass niemand frei von Vorurteilen leben kann. Und selbst wenn, bliebe offen, ob es nicht doch noch andere, etwa biologisch begründete Geschlechterdifferenzen gibt. Dass Vorurteile Ungleichheit fördern, bedeutet ja nicht umgekehrt, dass jede Ungleichheit auf Vorurteilen beruht. Zudem wird der Versuch, sie unbedingt zu vermeiden, oft selbst zum Vorurteil – etwa, wenn man vor lauter *political correctness* alle Geschlechterunterschiede für ausschließlich sozial konstruiert erklärt und nicht bemerkt, wie einem die eigene Theorie Scheuklappen aufsetzt.

Moralische Intuitionen sind ein wichtiger Kompass. Allerdings legen wir bei anderen Menschen meist engere Maßstäbe an als bei uns selbst. So kommt es, dass wir uns von zweifelhaften Gestalten umzingelt wähnen, ohne je auf die Idee zu kommen, wir könnten selbst dazu zählen. Ich denke zum Beispiel jedes Mal, wenn ich im Keller unseres Mehrfamilienhauses verstreuten Müll finde: *Können die Nachbarn nicht mal ihren Dreck wegräumen?!* Ich grummele so vor mich hin, bis ich darüber stutze, dass diese Verpackung oder jener alte Fahrradschlauch wohl von mir selbst stammt! Und schon erscheint mir das Ganze eher lässlich: *Na, das kann ja mal passieren!* Die eigene Unmoral in den Blick zu nehmen, hilft dabei durchaus, es beim nächsten Mal besser machen zu wollen. In einer Studie manipulierten Forscher die Schuldgefühle von Probanden, indem sie ihnen verschiedene Szenarien vorlegten.[10] Darin ging es um kleine Alltagsvergehen, wie den Müll nicht zu trennen, eine gefundene Geldbörse einzustecken oder einem Freund nicht beim Umzug zu helfen. Dann sollten die Teilnehmer sich an vergleichbare Handlungen aus ihrer eigenen Vergangenheit erinnern. Wer sich auf eigene statt auf fremde Fehltritte konzentrierte, hatte nicht nur ein lebendigeres Bild von der Sache vor Augen, er wollte sich danach auch stärker bemühen, solche Malheure in Zukunft zu vermeiden. Zudem galt: Wer selbst den Umweltsünder oder Egoisten gab, erinnerte sich daran längst nicht so genau wie an vergleichbare Vergehen von anderen. Vor dem Gesetz und den guten Sitten sind alle gleich – nur ich bin gleicher.

IV – SICH ERFINDEN

13 DIE MACHT DER ANDEREN

Von der Bindung zum Ich-Bewusstsein

Unsere zweijährige Tochter Mira liebt Spiegel. Morgens springt sie begeistert in den Fahrstuhl unseres Hauses und wackelt vor der komplett verspiegelten Rückfront hin und her, so als wollte sie mit ihrer Doppelgängerin tanzen. Fragt man, wer das da im Spiegel sei, erklärt sie: »Mi-ka« (das R geht ihr noch nicht recht über die Lippen). Obwohl »ich« und vor allem »mein« schon lange zu Miras aktivem Wortschatz zählen, ist von dem Persönchen im Spiegel meist in der dritten Person die Rede. Bohrt man nach, ob »Mika« vielleicht ein Hase sei, schüttelt sie den Kopf. »Nein, Mika kein Hase!« Ein Mädchen? »NEIN!!!«, schimpft sie. Erst wenn das Zauberwort »Maus« fällt, grinst Mira und nickt: »Jaaa, Mi-ka Maus!«

Mit zwei Jahren besitzen wir noch kein klares Selbstkonzept. Die Pronomen, mit denen sich Kinder in diesem Alter beschreiben, gehen oft wild durcheinander, ebenso wie die Kategorien von Mensch und Tier, lebendig und unbelebt. Mira begrüßt nach dem Aufstehen zum Beispiel gerne die Wolken: »Halu Woolkn, hapt ihr kuuht geslafn?« Sie verfügt auch noch über kein ausgereiftes Bewusstseinsradar. Ihr fehlt, was Forscher als Metakognition bezeichnen: Das

Vermögen, die eigenen mentalen Zustände als solche zu betrachten. Mira nimmt sich selbst nicht von außen wahr, sie ist, kurz gesagt, noch ganz bei sich. Hantiert sie etwa mit einem Spielzeug, versinkt sie binnen kurzem völlig in ihr Tun. Man kann sie dann ansprechen, kitzeln oder knuffen – keine Reaktion. Erst wenn man ziemlich ruppig wird, blickt sie auf: *Huch, was war da?*

Bewusstsein, Metakognition, geteilte Aufmerksamkeit – kommt alles noch, keine Frage. Die Art und Weise, wie diese Fähigkeiten bei kleinen Kindern erwachen, gibt Forschern Aufschluss über die Natur unseres Geistes. Dabei zeigt sich, dass wir viele Gaben, die wir für naturgegeben halten, tatsächlich dem sozialen Miteinander verdanken. Nicht umsonst besitzen schon die Kleinsten erstaunlich feine Antennen für die Signale von anderen. Kurz nach der Geburt imitieren sie Gesichtsausdrücke wie Lächeln oder das Herausstrecken der Zunge.[1] Sie achten bevorzugt auf die Klänge ihrer Muttersprache, die sie schon vor der Geburt aufschnappen.[2] Und sie erkennen, wie bedeutsam die jeweilige Stimmlage ist, mit der man sie anspricht.[3] Sie verstehen zwar noch nicht, *was* man zu ihnen sagt, doch eine Art innerer Kompass signalisiert ihnen, worauf es sich besonders zu achten lohnt. Diese Sensibilität fürs Zwischenmenschliche hat einen guten Grund: Von anderen lernen, heißt überleben lernen.

Der Mensch kommt als hilfloses Würmchen auf die Welt, angewiesen darauf, dass man es ernährt und pflegt, ihm Wärme und Aufmerksamkeit schenkt. Andernfalls haben die Betreffenden oft Probleme, zu lebenstüchtigen Persönlichkeiten heranzuwachsen. Warum ist das so? Weshalb spielen unsere Nächsten eine so eminent wichtige Rolle bei der Reifung des Ichs?

Eine der wichtigsten Entdeckungen der Entwicklungspsychologie lautet: Kinder schreiben erst *anderen* Gefühle, Gedanken und Absichten zu, ehe sie diese bei sich entdecken. Die Menschen um uns herum liefern uns die Blaupausen zur Konstruktion des eigenen Selbst. Wer etwa Ein- bis Zweijährige beim Spielen beobachtet, bemerkt rasch, wie sich die Kleinen suchend umsehen, sobald sie sich irgendwo stoßen oder etwas Unerwartetes passiert ist. Eltern interpretieren dies zumeist als Wunsch nach Trost oder Schutz, doch es geht oft einfach darum, an der Reaktion der Großen abzulesen, wie die Situation zu beurteilen ist: War das lustig oder schlimm? Lappalie oder Kamikaze? Auch andere Kinder, die weinen oder sich wehgetan haben, werden meist intensiv beäugt. Schmerz in allen Facetten, ob erlitten oder nur beobachtet, fasziniert Kinder, denn für sie ist noch nicht selbstverständlich, wie man damit umgeht.

Mira und ich hatten bis vor Kurzem ein gemeinsames Spiel: Ich baute aus Holzklötzen einen Turm, und sie warf ihn um. Je höher der Turm aufragte, desto größer wurden ihre Augen. Und desto lauter kreischte sie, wenn er einstürzte. Dann passierte, wovor mich meine Frau lange gewarnt hatte (sie war zum Glück gerade nicht anwesend). Als der gut ein Dutzend Klötze hohe Turm zusammenkrachte, begrub er Mira unter sich. Kaum war das Scheppern verklungen, sah sie mich ausdruckslos an. Für ein paar Augenblicke herrschte Stille. Mira musterte mein Gesicht, als frage sie: »Soll ich jetzt weinen – oder lachen?« Kaum streckte ich die Arme nach ihr aus und fragte besorgt: »Du Arme, alles okay?«, da kullerten auch schon die Tränen. Ich habe dieses Experiment nicht wiederholt. Doch ich bin sicher, Mira machte ihre Reaktion in diesem Moment *von meiner* abhängig. Der Aufprall musste wehgetan haben, doch hätte ich munter weitergespielt, ich wette, sie hätte das Gleiche getan.

Laut Forschern können Kinder bis zum Alter von etwa drei Jahren noch nicht genau einordnen, was sie fühlen. Die Mimik, Gestik und Stimme der Eltern helfen ihnen, es zu beurteilen. Was uns so selbstverständlich erscheint, wie etwa unser Sinn für Schmerzen, Hunger, Angst oder Freude, ist tatsächlich das Resultat längerer Lernprozesse. Und die soziale Umwelt hat daran entscheidenden Anteil.

Laut der Philosophin Kristina Musholt erwächst Subjektivität aus Intersubjektivität.[4] Bereits im Alter von sechs bis zwölf Monaten entwickeln Kinder eine Idee davon, was im Kopf der Menschen um sie herum vor sich geht. Im zweiten Schritt übertragen sie dieses mentale Modell auf sich. Der Psychologe Wolfgang Prinz vom Max-Planck-Institut für Kognitions- und Neurowissenschaft in Leipzig nennt das die Import-Theorie von Bewusstsein.[5] Im Lauf der Entwicklung übertragen Kinder Vorstellungen, die sie sich über das Innenleben anderer machen, auf sich selbst. Das Verstehen fremder Subjekte ist kein Nebenprodukt der geistigen Innenschau; es bahnt dem Ich-Bewusstsein vielmehr selbst den Weg. Wir schreiben uns mentale Inhalte zu, weil wir unsere Mitmenschen als damit begabt begreifen. Aus dem Verstehen des anderen entsteht das Selbst.

Zwei Prozesse spielen dabei die Hauptrollen: Imitation und Assimilation. Kleinkinder imitieren die Menschen in ihrer Umgebung anfangs schier wahllos. Eltern können nichts sagen oder tun, ohne dass der Nachwuchs sie flugs nachmacht. Dies ist ein wichtiges Mittel, um die Perspektive zu wechseln und zu begreifen, dass hinter dem Tun der anderen Gedanken, Ziele und Absichten stecken. Bald geht dem

Kind auf, dass andere nicht nur über Wissen und Wünsche verfügen, sondern dass es selbst häufig deren Gegenstand ist. Ob Mama, Papa, die Geschwister, die Erzieherin, der Nachbar oder die Verkehrspolizistin, alle haben Erwartungen und Ansprüche. So gelingt es den Kleinen allmählich, sich aus dem Blickwinkel der anderen zu betrachten. Dank dieser Selbst-Objektivierung beginnen sie fremde Gedanken nicht nur zu lesen, sondern sie auch vorwegzunehmen und zu manipulieren. *Ich weiß, du willst nicht, dass ich so viel Süßes esse – also verberge ich die stibitzte Kekspackung vor dir.* Dass Krümel am Mund bei diesem Vorhaben eher hinderlich sind, erfordert schon eine große Portion Weitsicht.

Unsere Tochter war etwa ein Jahr alt, als sie die Macht des Gedankenlesens entdeckte. Forderte ihre Puppe Mimi, von Mamas Hand geführt, auch einmal mit der Stoffmaus spielen zu dürfen, verfinsterte sich der Blick der Kleinen. Prompt verbarg sie die Maus mit einer Hand hinter dem Rücken, während sie die andere mit der Innenfläche nach oben drehte, als wollte sie sagen: »Weg!« Oder sie reckte den Hals, als hätte sie weit hinten etwas Spannendes entdeckt; kaum blickte Mimi dorthin, krabbelte Mira samt Stoffmaus davon. Für jeden sozial Versierten sind solche Manöver leicht zu durchschauen. Bis zum Erwachsenenalter sind wir freilich so geschult darin, unsere Wirkung auf andere einzukalkulieren, dass wir es selbst kaum noch bemerken. Für eine derart listige Pseudoauthentizität bedarf es der Theory of Mind. So bezeichnen Forscher unsere Annahmen darüber, was in den Köpfen von anderen vor sich geht.

Bereits zweijährige Kinder sind einer Untersuchung von Entwicklungspsychologen zufolge darum bemüht, ihren guten Ruf zu waren. Die Forscher Sara Botto und Philippe

Rochat ließen Kleinkinder mit einem Roboter spielen und kommentierten die Verwendung einer Fernbedienung dabei mal mit einem bestärkenden »Ja, wow!« oder mal mit einem entsetzten »Ups, oh nein!«.[6] Prompt spielten die Kleinen danach vermehrt mit der von Lob begleiteten Fernbedienung – allerdings nur, wenn sie beobachtet wurden. Andernfalls war das vermeintlich »doofe«, da mit Tadel belegte Pendant für sie ebenso interessant.

Das Soziale ist ein wichtiges Experimentierfeld und zugleich Motor für die geistige Entwicklung. Im Umgang miteinander erwerben wir jene mentalen Werkzeuge, die es uns erlauben, eine Theory of Mind aufzustellen und unser Handeln daran auszurichten. Ein entscheidender Schritt ist dabei, den fremden Blick, die Sicht von außen auf einen selbst, zu verinnerlichen. Der amerikanische Soziologe George Herbert Mead (1863–1931) formulierte das einmal so: »Kommunikation stellt uns ein Repertoire an Verhaltensweisen bereit, wodurch das Individuum selbst zum Objekt der eigenen Betrachtung wird.«[7] Für Mead besteht der Clou der Ich-Entwicklung darin, sich mit den Augen anderer zu betrachten. Nehmen wir an, ein Dreijähriger greift zum Filzstift und beginnt, die Wand seines Kinderzimmers anzumalen. Sobald es denkt: *Wie werden Mama und Papa es finden, dass ich hier an die Wand krakle?*, nimmt er die Perspektive der Eltern ein. Anfangs gelingt ihm dies nur, wenn die Eltern real anwesend sind oder fragen: »Was machst du denn da?« Später braucht das Kind die Anwesenheit der anderen nicht mehr, es hat die Zuschauer in den eigenen Kopf hereingeholt.

Warum stecken wir in einem Geschäft auch dann nicht die Auslage ein, wenn kein Verkäufer zugegen ist? Weil wir die Regel »Man stiehlt nicht« verinnerlicht haben. In einer Studie beklebten Forscher die Spendenbox in der Teeküche eines Labors mit einem Augenpaar.[8] Mit diesem subtilen Wink à la »Big Brother is watching you!« wurde deutlich mehr Geld eingeworfen als ohne die Verzierung, die den inneren Zuschauer im Kopf der Mitarbeiter aktivierte.

Auf dem Mechanismus der Sozialisation fußt die sozialkonstruktivistische Theorie des Selbst. Auf vielen verschiedenen Ebenen – von der Eltern-Kind-Bindung bis zu den kulturellen Prägungen, die unser Denken und Fühlen beeinflussen – stellt das Soziale jene Deutungsmuster bereit, durch die wir erst zu stabilen, handlungsfähigen Personen werden. Indem wir äußere Erwartungen und Ansprüche verinnerlichen, entsteht ein Monitor im Kopf, auf dem wir uns selbst betrachten. Wir werden zu unserem eigenen Publikum, um unsere Impulse zu steuern und unser Verhalten den Erfordernissen anzupassen. Das Miteinander definiert Standards, an denen wir messen, was sich gehört und was nicht, was gut ist und was schlecht, was richtig und was falsch.

Die Kultur, in der wir aufwachsen, pflanzt sich über die Sozialisation von einer Generation zur nächsten fort. So manches, was wir für das Resultat persönlicher Überlegungen halten, ist in Wahrheit ein tradiertes Muster. Die Idee zum Beispiel, man müsse seine Potentiale entfalten und zum Erfolg führen, ist eine sehr westliche Denkweise. Anderswo ist Menschen diese Pflicht, alles aus sich »herausholen«, fremd. Auch die Begründungen, die wir für unser Handeln und Wünschen finden, sind häufig kulturgebunden. Fragt man jemanden, weshalb er seinen Partner oder seine Partnerin liebe, fallen ihm meist Dinge ein wie »weil er/sie Humor hat, weil er/sie aufrichtig, sensibel oder klug ist«. Dabei machen womöglich andere, weniger platonische Dinge den wahren Reiz aus – körperliche Anziehung etwa oder einfach die Art, wie der andere sich den Kopf hält oder watschelt. Es gibt kulturell erworbene Vorstellungen, worauf Liebe zu gründen habe, nämlich vor allem auf den inneren Werten. Dass man aufeinander scharf ist oder alberne Details am anderen mag, gehört dagegen kaum dazu.

Nach einem Modell des Persönlichkeitsforschers Dan McAdams entfaltet sich das Ich-Bewusstsein in drei großen Schritten.[9] Im Alter von etwa drei Jahren begreifen Kinder sich erst einmal als Objekt fremder Ansprüche und Erwartungen. Sie erkennen, dass man bestimmte Dinge von ihnen will (gesittet am Tisch zu essen, zu antworten, wenn man sie ruft, mit anderen zu teilen etc.). Zudem bekommen die Kleinen eine Idee davon, dass sie je nach Situation unterschiedliche Rollen einnehmen – in der Kita geht es anders zu als zu Hause, beim Abendessen anders als beim Planschen in der Badewanne. Mit etwa fünf bis sieben Jahren kommt eine entscheidende Komponente hinzu: Bewertungen. Auf einmal geht es nicht nur darum zu tun, was von einem erwartet wird, sondern auch gut zu sein bei dem, was man tut. Zuvor sind der Egozentrismus und das Selbstvertrauen von Kindern schier grenzenlos. Zwischen fünf und sieben aber (nicht zufällig mit Beginn der Schulfähigkeit) wird der Selbstwert plötzlich ein Thema: Jungen und Mädchen realisieren nun, dass sie einiges besser oder schlechter können als andere und dass sie sich anstrengen und auf manche direkte Belohnung verzichten müssen, um größere Ziele zu erreichen. In der Adoleszenz schließlich, also ab einem Alter von etwa 14 oder 15 Jahren, tritt das narrative Element hinzu. Nun entwerfen wir eine Lebensgeschichte, ordnen Erfahrungen nach wichtig und unwichtig und bilden ein klares Konzept davon, wie wir sind, warum wir so sind – und wie wir gerne wären. Hoch- und Tiefpunkte, Erfolgserlebnisse und Niederlagen, die erste Liebelei, moralische Fehltritte oder verpasste Chancen ergeben eine Hierarchie selbst-definierender Erinnerungen. Sie sind meist besonders lebhaft, emotional gefärbt und eng vernetzt. Was wir erinnern, erhält seine Bedeutung schließlich erst dadurch, dass wir es in einen Kontext stellen, es durch Bezüge zu anderen Ereignissen und Erfahrungen zu einer plausiblen Geschichte verweben.

McAdams nennt diese drei Stufen *actor*, *agent* und *author*: Schauspieler, Macher und Erzähler. Sie bleiben ständig im Fluss, denn in jedem Alter kommen neue soziale Rollen hinzu (als Abc-Schütze, Azubi, Erstsemester, als Freund, Partner, Job-Aspirant, als Elternteil, Vereinsmitglied, Hausbesitzer und so weiter). In jeder Rolle leiten etwas andere Motive und Ansprüche unser Handeln; wir verinnerlichen also jeweils neue soziale Standards und versuchen, ihnen zu genügen und dafür anerkannt zu werden. Larissa Heiphetz vom Boston College erklärt folgerichtig, dass sich Menschen, die ihr Augenmerk auf sich selbst lenken, eigentlich auf die Verbundenheit mit anderen konzentrieren.[10]

Zu wissen, dass die Menschen um uns herum eigene Gedanken und Gefühle haben, und diese im eigenen Handeln zu berücksichtigen, die Theory of Mind also, ist nicht zu verwechseln mit Empathie. Diese erlaubt uns zwar, fremde Gefühle intuitiv nachzuvollziehen. Doch um zu begreifen, dass andere Dinge wissen oder wollen, die mit meinem Wissen und Wollen nicht unbedingt übereinstimmen, muss ich nicht mitempfinden. Der Perspektivwechsel erfordert kein empathisches Mitfühlen. Beide Leistungen sind auch im Gehirn weitgehend getrennt zu verorten. Während der gedankliche

Rollentausch vor allem den präfrontalen Cortex (PFC) sowie Hirnareale am Übergang vom Schläfen- zum Scheitellappen beansprucht, sind beim empathischen Mitfühlen vor allem die Inselrinde sowie das vordere Zingulum aktiv.[11]

Der geistige Perspektivwechsel lässt sich trainieren – durch Geschichten. Vorlesen und Erzählen sind uralte Kulturtechniken, die Kinder in fremde Erfahrungswelten eintauchen lassen. Auch das Rekapitulieren eigener Erlebnisse, etwa wenn man beim Abendessen den Tag Revue passieren lässt, dient diesem Zweck: Berichten und Erklären schärfen die Antennen dafür, was andere fühlen und wollen. Kinder begreifen die Moral einer Geschichte deshalb am besten, wenn es darin um menschliche Protagonisten statt um Tiere oder Gegenstände geht.[12]

Lesen verbessert die Theory of Mind übrigens auch im Erwachsenenalter.[13] Wissenschaftler an der New School for Social Research in New York gaben gut 700 Freiwilligen Auszüge aus anspruchsvollen Romanen sowie aus populären Bestsellern und Sachbüchern zu lesen. Danach sollten die Probanden Gesichter mit emotionalem Ausdruck, die auf einem Bildschirm erschienen, möglichst rasch einordnen, oder aus spärlichen Hinweisen auf die Gedanken anderer schließen. Wer zuvor eine Portion Hochkultur genossen hatte, schnitt dabei besser ab. Kein Wunder – stecken literarische Texte doch voller Figuren, deren Motive und Zustände schwer zu entschlüsseln sind. Sich darin zu vertiefen, sensibilisiert uns für fremde Gefühle und Gedanken. Dagegen nimmt Unterhaltungsliteratur dem Leser viel Interpretationsarbeit ab, sodass die Theory of Mind kaum profitiert.

14 ERZÄHL DIR WAS!

Eine gute Geschichte zählt mehr als Fakten

Andauernd erzählen sich Menschen gegenseitig etwas. Wie der Tag im Büro war, was man gehört, gesehen oder gemacht hat, mit wem man sprach, was in den Nachrichten kam und so fort. Unsere Geschichten sind dabei nicht nur auf den jeweiligen Zuhörer zugeschnitten (dem Nachbarn erzählt man ganz anderes als etwa der besten Freundin), sie bewirken auch, dass wir aus dem Strom der Ereignisse um uns herum Sinn schöpfen.

Was genau ist eine Erzählung? Ein sprachlicher Bericht, der eine Chronologie von Ereignissen wiedergibt – klar. Anders als bei der bloßen *Auf*zählung, sind die Ereignisse in einer Erzählung jedoch auf bestimmte Weise miteinander verwoben. Eine Geschichte lebt weniger davon, *was*, als vielmehr, *wie* berichtet wird, in welchem Verhältnis die Einzelelemente wie Geschehnisse, Meinungen, Fakten und so weiter zueinanderstehen. Das gilt auch für unsere persönliche Lebensgeschichte. Innere Stimmigkeit und Bezüge sind wichtiger als Details.

Zu meinen prägenden Erinnerungen gehört jene Episode, wie ich als kleiner Döps einmal stundenlang verschwunden war, bis man mich schlafend im Kleiderschrank fand. Oder wie ich bei der Einschulungsfeier stur sitzenblieb, als man »Steve-Joe« aufrief – meinen zweiten Vornamen hatte ich bis dahin noch nie gehört. Wie oft hat man mir erzählt, was für ein Entdecker oder Dickkopf ich damals schon gewesen sei. Denke ich heute an mich, aktiviere ich unwillkürlich solche Deutungen. Sie wurden durch Erzählungen zu einem Teil meines Selbstbilds.

Familiäre Erzählungen formen das Gedächtnis, indem sie Erlebtes in einen Zusammenhang stellen und mit Bedeutung aufladen. Gedächtniskünstler, die beliebige Informationen zu Geschichten verweben, können sich so problemlos Bände voller Daten merken. Würden wir aus den Ereignissen unseres Lebens nicht so einprägsame Sinn-Girlanden knüpfen, würden wir rückblickend oft einfach ins Leere starren. Mehr noch: Der Akt des Erzählens sorgt häufig erst dafür, dass wir das Erlebte einordnen und verstehen können. Denn dies ist die Voraussetzung dafür, um anderen davon zu berichten. Laut Forschern trägt unser Selbstbild stets narrative Züge. Wir schwelgen in Geschichten, die wir auf uns projizieren, bis sie selbst zur Realität werden. Geschichten machen uns zu den Helden im eigenen Film.

In Erzählungen können wir zudem hervorragend versinken. Das Phänomen der Immersion, des Eintauchens in Fiktionen, besitzt große Macht. Ob Film, Fernsehen oder Literatur, jede künstlerische Darstellungsform entführt uns in eine Parallelwelt. Wir denken und fühlen, leiden und hoffen mit den Protagonisten. Nur wenn die Spannung unerträglich wird, steigen wir aus: *Ach, war ja alles nur erfunden!* Dass Imaginationen derart von uns Besitz ergreifen, zeigt, wie sehr wir sie brauchen, um uns in der Welt zurechtzufinden.

Positive Erfahrungen bleiben uns meist lebhafter in Erinnerung als Tiefpunkte. Allerdings sind Verluste und Niederlagen deshalb nicht etwa unwichtig. Im Gegenteil: Wie wir mit den Schattenseiten des Lebens umgehen, prägt unsere Persönlichkeit besonders. Ein wichtiges Mittel, um daran zu wachsen, ist das Erzählen. Nöte und Sorgen besprechen wir meist mit vertrauten Menschen. Wie diese reagieren und darauf eingehen, ob sie zum Beispiel Anteil nehmen oder uns bestärken, beeinflusst, wie wir ein Ereignis selbst bewerten. Relativieren sie es oder zeigen sie uns alternative Sichtweisen auf, messen wir der Sache oft weniger Brisanz bei oder finden Wege, damit umzugehen. So formt die Interaktion mit anderen unser Selbstbild. Das geschieht nicht von einem Tag auf den anderen, sondern über längere Zeiträume in teils jahrelang eingeschliffenen Gewohnheiten und Mustern. Wie gingen die eigenen Eltern mit Problemen um? Wurden Ängste und Sorgen ignoriert, gar totgeschwiegen, oder sprach man darüber und suchte gemeinsam nach Lösungen? Ging es ernst zu oder konnte man über vieles lachen? Fand man bei Nachbarn, Mitschülern, bei Oma Lisbeth oder Onkel Claus ein offenes Ohr?

Die Psychologin Robyn Fivush von der Emory University in Atlanta ergründete, wie die Familie das Selbstbild junger Menschen formt. Ihr zufolge prägen Erzählungen, die teils von einer Generation zur nächsten weitergegeben werden, in erheblichem Maß, wie wir über uns selbst nachdenken, uns verschiedene Eigenarten oder Verhaltensneigungen erklären und zu einer stimmigen Lebensgeschichte finden. Eine Studie von Fivush ergab beispielsweise, dass junge Leute, die einschneidende Ereignisse wie den Tod eines Angehörigen oder die Scheidung der Eltern besonders kohärent wiedergaben, im Schnitt mehr Wohlbefinden zeigten.[1] Je geordneter und geschlossener ihre Erzählung ausfiel, desto stärker war bei den Betreffenden ausgeprägt, was die Forscherin als »Sinn und Ziele im Leben« charakterisiert. Mit anderen Worten: Wer seine persönlichen Erfahrungen in eine strukturierte Form zu bringen vermag, dem geht es besser.

Ähnliches berichtete der Frankfurter Psychologe Tilmann Habermas von einer Langzeituntersuchung namens MAINLIFE, an der ab 2003 knapp 200 Personen teilnahmen.[2] Die Probanden waren anfangs zwischen acht und 69 Jahre alt und wurden regelmäßig alle vier Jahre ins Labor eingeladen, um von ihrem Leben zu erzählen. Die so gesammelten Berichte analysierten die Forscher hinsichtlich ihrer zeitlichen, kausalen und thematischen Kohärenz – das heißt, sie beurteilten systematisch, ob sie eine klare Chronologie enthielten, ob die berichteten Erfahrungen zu anderen Erlebnissen und zur Persönlichkeit des Betreffenden in Beziehung gesetzt wurden und ob sich darin typische Muster, Motive und Erklärungen fanden. Abermals zeigte sich: Je stringenter die Lebenserzählungen ausfielen und je mehr autobiografische Bezüge darin auftauchten, desto besser ging es den Betreffenden mit dem Erlebten. Das galt insbesondere für Krisen: Mit Schicksalsschlägen oder Niederlagen emotional abzuschließen und sie als prägend für die eigene Identität zu begreifen, gelang umso eher, je besser die Kümmernisse »kontextualisiert« und damit erklärt wurden.

Die Zeit, als ich arbeitslos war, lehrte mich, besser mit Geld umzugehen. Oder: *Wäre meine Ehe nicht zu Bruch gegangen, hätte ich niemals den Mut gehabt, neu anzufangen.* Damit Selbst-Narrative unserem Leben Sinn geben, sind laut Dan McAdams vor allem zwei Dinge maßgebend: Generativität und Wiedergutmachung.[3] Ersteres meint die Kunst, den persönlichen Tiefpunkten auf lange Sicht etwas Gutes abzugewinnen. Dazu gehört meist, den blinden Zufall als irgendwie folgerichtig oder wenigstens nachvollziehbar anzusehen. *Es musste so kommen, weil … mich jemand prüfen wollte, / weil Gut und Böse sich im Leben die Waage halten, / weil ich mein Glück herausforderte.* So irrational das klingen mag, es hilft doch sehr, am Erlebten – und Erlittenen – zu wachsen. Als Generativität bezeichnet McAdams zudem eine über die eigene Existenz hinausweisende Perspektive wie der Wunsch, der Nachwelt, dem Nachwuchs oder auch der Gemeinde etwas zu hinterlassen. Die Sorge um die nächste Generation ist für viele Menschen eine Quelle des Lebensmuts.

Dass für die Erklärungen, die wir uns dabei zurechtlegen, Wahrheit nicht das ausschlagende Kriterium ist, beweist auch ein anderer Forschungszweig: die Neuropsychologie. Der Hirnforscher Michael Gazzaniga machte mit Untersuchungen an Split-Brain-Patienten von sich reden.[4] Bis in die 1970er-Jahre hinein kappten Mediziner bei Patienten mit schwerer Epilepsie, denen keine andere Behandlung half, die Verbindung zwischen den beiden Hirnhälften. Dabei handelt es sich um einen dicken Nervenfaserstrang namens Balken oder Corpus callosum. Dieser Eingriff (die »Kallosotomie«) linderte die Anfälle bei denjenigen, bei denen elektrische Entladungsgewitter von einer Hemisphäre auf die andere übergriffen. Besondere Einschränkungen hatten die Betroffenen auf den ersten Blick nicht. Gazzaniga präsentierte solchen Split-Brain-Patienten in seinen einfallsreichen Experimenten jedoch Wörter, Bilder und andere Reize derart, dass nur eine der Hirnhälften sie empfing. Aufgrund der besonderen Verschaltung der Sehbahn gelangen Stimuli von der einen Seite des Gesichtsfelds stets in die gegenüberliegende (kontralaterale) Hirnhälfte. Alles, was rechts liegt, kommt also zunächst links im Kopf an, und umgekehrt. Außerdem verarbeitet meist nur die linke Hemisphäre Sprache. Da die Hemisphären bei den operierten Epileptikern fortan aber getrennt funktionierten, war ein Austausch zwischen beiden Seiten nicht mehr möglich (oder nur noch sehr eingeschränkt über verbliebene Geheimpfade).

Blendete Gazzaniga auf der linken Seite eines Bildschirms nun das Wort »geh« (»walk«) ein, wurde der Split-Brain-Proband unruhig oder stand auf. Auf die Frage, was los sei, antwortet er: »Ich will mir etwas zu trinken holen, ich habe Durst!« Dass sein Verhalten von der Einblendung ausgelöst worden war, wusste der Betreffende augenscheinlich nicht. Er dachte sich offenbar nur einen Grund für sein Handeln aus. Solche Arbeiten wie auch Studien an Gesunden, die sich durch unterschwellige Reize beeinflussen lassen und häufig Pseudoerklärungen für ihr Verhalten aus dem Hut zaubern, führten Gazzaniga und andere zu dem Schluss: Wir konfabulieren (von Lateinisch »fabula«, deutsch: Märchen) mehr, als wir ahnen. Im Kopf sitzt ein Geschichtenerzähler, ein Interpret, der unserem Tun Sinn verleiht, indem er plausible Begründungen dafür findet. Das verschafft uns den Eindruck, wir wüssten jederzeit genau, was wir wollen, meinen oder tun.

In einem Experiment legte man gesunden Probanden jeweils zwei Porträts fremder Personen vor und fragte, welche der beiden attraktiver sei.[5] Dann wurden die Bilder kurz zur Seite gelegt. Durch einen Kartenspieltrick vertauschte der Versuchsleiter manchmal die Fotos und präsentierte anschließend das zuvor als *weniger* hübsch bewertete Gesicht erneut. Die Teilnehmer sollten erläutern, weshalb sie diese Person attraktiver fanden. Der erstaunliche Befund: Nur jeder Vierte bemerkte den Austausch! Außerdem bereitete es den Probanden kaum Probleme zu begründen, warum genau dieses Konterfei das schönere war. Dieses sympathische Lachen, die stilvollen Ohrringe, der glatte Teint – es gab buchstäblich keinen Unterschied dazwischen, wie die *tatsächlich* bevorzugten und die untergejubelten Porträts kommentiert wurden. Die Versuchsteilnehmer wussten offenbar selbst nicht, woran sie ihre Wahl festgemacht hatten, und dachten sich flugs eine Begründung aus.

Anders als bei der Lüge haben wir beim Konfabulieren nicht die Absicht, die Wahrheit zu verbergen. Wir *glauben*, was wir erzählen. Allerdings hängen unsere Entscheidungen öfter von anderen Dingen ab, als wir glauben. Wieso geben wir nicht einfach zu, dass wir keinen Schimmer haben, was uns so hat handeln lassen? Zu konfabulieren statt Unwissen einzugestehen, birgt vermutlich Vorteile.[6] Es lässt uns als Herr im eigenen Haus erscheinen. Denn unsere Entscheidungen dürfen nicht einfach vom Himmel fallen oder vom Zufall bestimmt werden. Konfabulationen erlauben uns, unser Handeln als das Resultat fester Einstellungen und Werte zu betrachten. So verleihen sie unserem Tun Bedeutung. *Ich liebe bunte Socken, weil ich ein unkonventioneller Typ bin.* Konfabulationen eigenen sich auch hervorragend, um mit anderen das Für und Wider vieler Urteile abzuwägen. Würde ich schulterzuckend eingestehen: *Keine Ahnung wieso ich die gekauft habe*, erübrigte sich jede weitere Diskussion. Besser, man erfindet *irgendeinen* Grund, zum Nachjustieren bleibt immer noch Zeit, wenn man die Erfahrungen von anderen eingeholt hat.

Konfabulationen können uns aber auch im Weg stehen, wie etwa beim Phänomen des sprachlichen Überschattens.[7] Sollten Probanden genau beschreiben, wie ein zuvor betrachtetes Gesicht aussah oder wie sie ein vorgegebenes Rätsel zu knacken gedachten, so erkannten sie danach die betreffende Person schlechter oder hatten größere Probleme, auf die Lösung zu kommen. Auch Geschmacksurteile (die sich kaum rational begründen lassen) können darunter leiden. Wer weniger darüber grübelt, was er mag, hat oft ein klareres Bild davon. So war es zum Beispiel, als man Probanden in einem Supermarkt mit einer Auswahl an Marmeladen konfrontierte und sie entweder bat, genau zu begründen, welcher Aufstrich der beste war, oder sie einfach in Ruhe probieren ließ.[8] Gemessen an einem unabhängigen Expertenurteil erkannte die zweite Gruppe viel öfter die Konfitüre der Extraklasse.

Unter dem Strich erhöhen Konfabulationen wohl dennoch die Qualität unserer Entscheidungen. Den Einfluss unserer guten Gründe zu überschätzen, hilft, aktiv und optimistisch zu bleiben. Eine gute Geschichte zählt insofern mehr als Fakten.

15 WAS DER KANN, KANN ICH AUCH

Warum wir uns mit anderen vergleichen

Wie geht es Ihnen? Oder wie Psychologen fragen würden: Wie zufrieden sind Sie mit ihrem Leben im Allgemeinen auf einer Skala von 1 (»gar nicht«) bis 5 (»sehr«)? Das ist eine erstaunlich schwer zu beantwortende Frage. Denn wie es uns geht, haben wir eigentlich gar nicht recht auf dem Schirm. Es gibt ja auch fast immer Anderes, Dringenderes zu tun, als das eigene Befinden zu sondieren. Nur wenn es damit hakt, wenn uns zum Beispiel Schmerzen oder Stress plagen, wird es zum Thema. Sonst haben wir unser Befinden nicht wirklich präsent – und beantworten die Eingangsfrage ziemlich unterschiedlich, je nachdem, was uns gerade im Kopf herumgeht.

Psychologen bringt das in die Bredouille. Schließlich mindert es die Aussagekraft ihrer Instrumente erheblich. Schon die Abfolge der Items in einem Fragebogen, also jener Aussagen, denen Probanden mehr oder weniger zustimmen oder die sie verneinen, beeinflusst die Antworten.[1] Fragt man zum Beispiel erst, wie zufrieden jemand mit seiner Figur sei, zieht das die Wohlbefindenswerte in den Keller.[2] Wer wäre nicht gern ein paar Kilo leichter? Und das Unbehagen oder das schlechte Gewissen ergreift rasch das allgemeine Lebensgefühl. Dahinter steckt ein grundlegendes Problem: Woher nehmen wir die Maßstäbe, die wir brauchen, um irgendeine unserer Eigenarten abzuschätzen? Laut Experimenten ziehen wir oft das erstbeste Kriterium heran, das uns einfällt.[3] Hatte ich kürzlich einen netten Plausch mit jemandem, von dem ich mich verstanden und gemocht fühlte, sehe ich die Welt rosig; wurde ich dagegen kritisiert, erscheint alles grau in grau. Und das ist bei weitem nicht der einzige Faktor. Das Wetter, die Beziehung, die große Weltpolitik, selbst der Gedanke ans eigene Hüftgold können den mentalen Fokus blitzschnell verschieben.

Wenn unsere Selbstbewertung von derart schnell wechselnden Maßstäben abhängt, erscheint es umso wichtiger zu bedenken, wie wir sie gewinnen. Viele große Fragen des Lebens sind relativ: Bin ich klug? Attraktiv? Ehrlich? Ein mündiger Bürger? Ein guter Freund? Wenn ich das überhaupt an Fakten messe (und nicht nur reflexhaft bejahe), ziehe ich meist Beispiele heran, die mir spontan einfallen. *Hab ich nicht Michael, als er pleite war, mit Geld ausgeholfen? Sowas tut doch nur, wer selbstlos für seine Freunde einsteht.* Zugleich übersehe ich geflissentlich, dass ich mich schon seit Wochen darum drücke, Sabine anzurufen, die von ihrem Freund sitzengelassen wurde. Wir sind Künstler darin, unsere Bewertungskriterien so hinzubiegen, dass wir in schmeichelhaftem Licht erscheinen. Warum wir davon so wenig mitbekommen? Weil es unwillkürlich und automatisch abläuft.

Laut dem Psychologen Roy Baumeister, der sich intensiv mit den Mechanismen der Selbstregulation beschäftigte, fußt diese auf vier Bedingungen: Erstens brauchen wir gewisse Standards für korrektes Verhalten. Zweitens müssen wir uns diesen Standards verpflichtet fühlen, also ihnen gemäß agieren wollen. Drittens brauchen wir ein hinreichendes Maß an Selbstbeobachtung, um etwaige Abweichungen vom Standard bei uns festzustellen. Und viertens müssen wir unser Verhalten anpassen können. Zum Beispiel: Ein möglicher Standard für »was sich gehört« lautet, halbwegs ordentlich aus dem Haus zu gehen. Es gibt zwar Menschen, die sich dem nicht verpflichtet fühlen, aber das Gros sieht das anders. Fällt Ihnen nun, während Sie an einem Schaufenster vorbeiflanieren, mit einem Mal auf, dass Sie zerzauste Haare haben oder dass Ihr Hosenschlitz offensteht, sind Sie vermutlich peinlich berührt – Sie wollen den Ordentlichkeitsstandard erfüllen. Kraft Ihres Spiegelbilds stellen Sie eine Abweichung zwischen Ist und Soll fest – und im Handumdrehen haben Sie das Problem beseitigt, indem Sie sich die Frisur richten oder den Reißverschluss zuziehen.

Das Beispiel mag banal klingen, doch auch subtilere Fälle folgen denselben Schritten. Dreh- und Angelpunkt ist dabei jener Standard, den wir aus sozialen Vergleichen gewinnen. Diese versorgen uns mit den Kriterien, die wir brauchen, um uns ins gemeinschaftliche Gefüge einzuordnen und unser Handeln auszurichten. *Was ist richtig, was falsch? Was gehört sich und was nicht? Bin ich gut oder schlecht?*

Dabei kann das Bild, das vermeintliche Überflieger in unseren Augen abgeben, die Messlatte unangenehm hochlegen. Dann nörgeln wir etwa an den anderen herum, bis wir beruhigt sind: *Die kochen auch nur mit Wasser!* Oder wir meiden den Umgang mit Menschen, deren tadellose Disziplin uns verunsichern könnte. Diesen Effekt demonstrierten Lauren Howe und Benoit Monin am Beispiel von Arzt-Patient-Beziehungen.[4] Die Forscher beurteilten anhand umfangreicher medizinischer Daten den Erfolg von Behandlungen wegen

Bluthochdruck und anderen Beschwerden, die oft auf eine ungesunde Lebensweise zurückgehen. Dabei zeigte sich: Waren die Ärzte selbst schlank und sportlich, brachen übergewichtige Patienten die Therapie schneller ab und suchten sich einen neuen Mediziner. Die Halbgötter in Weiß flößten ihren Klienten ein so schlechtes Gewissen ein, dass sie es nicht lange bei ihnen aushielten.

Eine meiner guten Bekannten – nennen wir sie Vera – hält sich für eine überaus starke Person. Fragt man sie, welches Tier sie wäre, wenn sie ein Tier wäre, sagt sie unumwunden: »Ein Löwe!« Wie ich bei einem gemeinsamen Urlaub mit ihr und anderen Freunden feststellte, gründet Veras Selbsturteil allerdings vor allem darauf, dass ihr schon der normale Alltag wahnsinnig viel abverlangt. Sie mobilisiert gefühlt Löwenkräfte, um zu schaffen, was für andere kaum der Rede wert ist. Schon morgens aus dem Bett zu kommen, kostet Vera enorme Anstrengung. Doch natürlich ist sie kein Morgenmuffel – sondern die Matratze viel zu weich und das Geheul der Käuzchen draußen nervtötend! Sobald etwas Unvorhergesehenes geschieht (in Italien, wo wir Urlaub machten, geradezu unvermeidlich), springt Vera im Dreieck: »Was fällt denen ein? Die können doch nicht …!« Okay, der Wirt einer Trattoria hatte ihr eine »vegetarische Pizza« mit Thunfisch serviert. Ich dachte nur schulterzuckend: »Tja, Italiener!« und hoffte, Vera würde es leichtnehmen. Aber sie nimmt nichts leicht. Erstaunlicherweise bemerkt sie ihre eigene Empfindlichkeit nicht, sondern betrachtet sich im Gegenteil als Fels in der Brandung. Sie verschiebt den Maßstab dafür, was »normal« ist, bis sie in den eigenen Augen als belastbare, stabile Persönlichkeit erscheint. Dass andere Leute echte Probleme haben, sieht sie nicht.

Standards so zu wählen, dass man selbst gut und kompetent dasteht, beugt Unbehagen effektiv vor. Bei manchen geht das so weit, dass sie sich nur mit Schwächeren vergleichen oder sich Freunde suchen, die (vielleicht auch nur vermeintlich) weniger können oder weniger wissen. Dies ist in der Forschungsliteratur als Vergleich »nach unten« bekannt. Er dient dazu, das eigene Wohlbefinden zu steigern.[5]

Ein Team um Shelley Taylor hat das an Brustkrebspatientinnen gezeigt: Viele Betroffene kamen besser mit ihrem Los zurecht, wenn sie sich mit Leidensgenossinnen verglichen, die der Krebs heftiger getroffen hatte oder die stärker unter ihrer Erkrankung litten.[6] *Ja, ich bin schlimm dran, aber anderen geht es noch schlimmer*, ist ein Gedanke, der das eigene Leid lindert. Vergleiche *nach oben*, also mit Leuten, die mehr können oder besser dran sind (oder so erscheinen) als man selbst, lösen dagegen meist ungute Gefühle aus. Wobei auch eine hohe Latte durchaus guttun kann, wenn wir die Tollen etwa als Inspiration verstehen oder uns in ihrem Glanz sonnen.

Eine weitere Form selbstwertdienlicher Vergleiche besteht darin, seine Nächsten strenger zu beurteilen als sich selbst. Deshalb ist es so viel leichter, Verständnis von anderen zu fordern, als es für sie aufzubringen. Unsere Mitmenschen sind ungerecht oder egoistisch, stellen übertriebene Ansprüche oder rennen wie Schafe jedem Trend hinterher. Nur uns selbst ertappen wir dabei seltsamerweise nie.

Natürlich gibt es auch negative Denkpfade und bittere Selbstvorwürfe, auf die manche Menschen regelmäßig einschwenken. Solche mentalen Abwärtsspiralen aufzubrechen, ist der Job von Psychotherapeuten. Sie versuchen, ihren Klienten Wege aufzuzeigen, wie sie gnädiger auf sich blicken können – wozu meist auch gehört, die eigenen, kaum hinterfragten Maßstäbe zu relativieren. *Ist man kein wertvoller Mensch, wenn man dieses oder jenes nicht schafft? Muss man unbedingt so schlank, cool oder erfolgreich sein, um kein Versager zu sein?* Gelänge es, sich von solchen Setzungen zu distanzieren, ließen automatisch jene Ängste und Schamgefühle nach, die den Betreffenden zusetzen. Somit sind Therapie und Coaching ein Versuch, die sozialen Standards, auf denen das eigene Selbsturteil fußt, neu zu justieren.

Wäre es nicht am besten, wir würden uns gar nicht so sehr selbst betrachten und uns keinen Spiegel vorhalten? Laut der Theorie der objektiven Selbstaufmerksamkeit ist Ich-Fokussierung in der Tat kein schöner Zustand, jedenfalls nicht auf Dauer. Denn er führt uns die Diskrepanz zwischen Ist und Soll unvermeidlich vor Augen. Laut Shelley Duval und Robert Wicklund, die diese Theorie Anfang der 1970er-Jahre entwickelten, geht erhöhte Selbstaufmerksamkeit daher fast zwangsläufig mit Unbehagen einher. Später verfeinerten die Psychologen Charles Carver und Michael Scheier diesen Ansatz: Der geschärfte Ich-Fokus bewirkt ihnen zufolge nur dann negative Gefühle, wenn wir uns selbst als unveränderlich betrachten. Bestehe hingegen Aussicht, dass wir Ist und Soll zusammenbringen, sähen wir die Sache gelassener. Wer sich als flexibel begreift, kommt mit persönlichen Mankos folglich besser zurecht.

Die Psychologin Troy Higgins unterscheidet zudem zwei Arten von sozialen Standards: solche, die man aus moralischen Gründen einhalten *soll*, und andere, die man erfüllen *kann*. Ein Verstoß gegen erstere – wie die Pflicht, ehrlich oder fair zu sein – erzeuge Scham und Reue. Eine bloß optionale Norm nicht zu erfüllen (weil man etwa nicht sonderlich musikalisch ist), führe dagegen zu Gefühlen der Demut oder Bescheidenheit.

Was lernen wir daraus? Sollten wir stets genau darauf achten, wie wir sind? Wer das versucht, kommt aus der Selbstbespiegelung kaum heraus. Besser, man geht nicht ganz so dogmatisch an die Sache beziehungsweise an sich selbst heran.

Laut Matthias Mehl von der University of Arizona sind charakterliche Eigenarten ohnehin nur vor dem Hintergrund der jeweiligen Kultur zu ermessen. In einer Studie befragte Mehl US-Amerikaner und Mexikaner zu ihrer Selbsteinschätzung.[7] Amerikaner hielten sich schnell für extrovertiert, die Mexikaner schrieben sich das hingegen weniger zu. Die Frage etwa, ob man ein »gesprächiger Typ« sei, bejahte der Großteil der Amerikaner, aber nur relativ wenige Hispanics. Wie zufällig ausgewählte Mitschnitte von Alltagsunterhaltungen allerdings bewiesen, sprachen die Mexikaner insgesamt sogar rund 20 Prozent mehr!

Oft gelten Frauen verglichen mit Männern als Quasselstrippen. Wie Mehl in einer anderen Untersuchung per Audiotracks vom Alltag seiner Probanden ermittelte, sprechen Männer und Frauen tatsächlich aber mehr oder weniger gleich viel: rund 16 000 Wörter am Tag.[8] Fragt man, wie gesprächig sie sich selbst finden, geben Frauen dennoch im Schnitt höhere Werte an – weil das Geschlechterstereotyp es so will. Selbstwahrnehmung ohne Schablonen im Kopf ist undenkbar. Wenn sich ein Schweizer für undiszipliniert hält, liegt das womöglich nur an seinem hohen Anspruch. Alles eine Frage des Maßstabs.

Sobald Menschen miteinander interagieren, entstehen Normen. Das demonstrierte bereits Muzafer Serif, ein amerikanischer Psychologe mit türkischen Wurzeln, in den

1930er-Jahren am Beispiel einer optischen Illusion.[9] Beim sogenannten autokinetischen Effekt sehen Probanden in einem abgedunkelten Raum eine weit entfernte Lichtquelle. Diese beginnt nach einer Weile wie von Geisterhand zu flackern, und zwar aufgrund der allmählich ermüdenden Rezeptorzellen in der Netzhaut der Augen. Der Radius dieser illusionären Bewegung ist individuell verschieden. Serif ließ mehrere Personen zugleich auf ein Licht in der Ferne starren. Gaben die Teilnehmer nun der Reihe nach an, wie sehr es ihrem Empfinden nach flackerte, näherten sich die Einzelwerte dem Gruppenmittel an. Die Angaben wurden dabei nicht etwa bewusst angepasst, um nicht als »komisch« zu gelten. Die Betreffenden *sahen* das Flimmern im Kollektiv tatsächlich anders als allein.

Bereits die Tatsache, dass wir etwas in der Gruppe tun, verändert unsere Urteile und Verhaltensweise oftmals beträchtlich. Gut ablesen lässt sich das etwa an gesellschaftlichen Rollenbildern, die zum Tragen kommen, sobald Menschen zusammenkommen: Junge Eltern, die sich um den Spielplatz versammeln, fühlen sich durch die bloße Anwesenheit der anderen bemüßigt, dem Nachwuchs zur Seite zu springen, um nicht als Rabenmutter oder -vater dazustehen. Beim Geschäftsessen mit Kollegen gibt man sich automatisch smarter und »zielgruppenorientierter« als beim privaten Tête-à-Tête. So gut wie niemand kann sich von solchen subtilen Einflüssen freimachen.

Wir alle haben eine Fülle von Bewertungsmustern im Kopf, die wir der jeweiligen Gemeinschaft verdanken, in der wir aufwuchsen. Manchmal träumen wir davon, wir könnten uns davon befreien. Doch soziale Normen sind für jeden, der nicht als Eremit in der Wüste leben will, unentbehrlich.

Eine Folge davon ist das schlechte Gewissen, das sich einstellt, sobald man gemeinschaftliche Normen bricht. Insofern sind Gewissensbisse ein unentbehrlicher Kitt der Gesellschaft: Nur, wenn wir gewisse Regeln verinnerlicht haben, ist ein gutes Miteinander möglich; und verinnerlicht haben wir etwa die Pflicht zur Ehrlichkeit, zur Fairness oder Hilfsbereitschaft erst dann, wenn wir uns schlecht fühlen, sobald wir dagegen verstoßen. Waren wir ungerecht oder egoistisch oder einfach »unanständig«, plagen uns Schuldgefühle.

Der soziale Vergleich – genauer gesagt: das schlechte Gewissen – wird umgekehrt oft dazu eingesetzt, um uns zu manipulieren. Deshalb wird in politischen Debatten so gern die Moralkeule geschwungen: Wer die eigene Ansicht nicht teilt, den rückt man flugs in zweifelhaftes Licht. So lässt sich oft kaum darüber diskutieren, wie viele Geflüchtete das Land vertrage oder ob der Kapitalismus am Ende sei, ohne dass man ins Lager des rechten Mobs oder der linken Querköpfe gedrängt wird.

Soziale Vergleiche sind also ein zweischneidiges Schwert. Einerseits liefern sie wertvolle Informationen und Kriterien für unser eigenes Handeln. Andererseits können sie auch Unbehagen auslösen und sogar als Druckmittel dienen.

V – SICH ÜBERWINDEN

16 ÖFTER MAL WAS NEUES

Unser flexibles Ich

Ich bin ich. Trivialer Gedanke. Tautologisch, könnte man sagen. Und etwa so sinnvoll wie »Was muss, das muss« oder »Es gibt doch nichts, was es nicht gibt«. Warum sagen wir das? Schließlich hat wohl jeder schon einmal gedacht: *Ich bin ich!* Soll heißen, ich habe meinen eigenen Kopf und muss mich vor niemandem verstecken. Ich bin gut, wie ich bin. So klingt Selbstvertrauen mit einem Schuss Egozentrik. *Ich bin ich.* Damit sprechen wir uns selbst Mut zu.

Ein Satz von ähnlich hohem Symbolwert lautet: »So bin ich eben!« Oft auch in der Verneinung: *So ein Typ bin ich nicht, das passt nicht zu mir.* Damit wiegen wir uns in Sicherheit. Zu wissen, woran wir sind, vor allem bei uns selbst, tut einfach gut. Nicht umsonst erschöpft sich die Selbsterkenntnis vieler Menschen in solchen »So bin ich eben«-Gedanken. Statt eines differenzierten Bildes ihrer Vorlieben, Eigenarten und Werte kennen sie nur vage Etiketten, die sie sich anheften. *Ich bin Familienmensch, kein Karrierist. Feingeist statt Genussmensch. Eher fortschrittlich als konservativ.* Ob's stimmt oder nicht, egal, Hauptsache, es spendet Halt und Orientierung. Denn wer weiß, was für ein Typ er ist, kann sich leichter entscheiden. Teilzeit oder Karriere? Steak oder

Tofu? E-Bike oder Hollandrad? Das hängt nicht zuletzt davon ab, welches Bild ich von mir habe.

Häufig schränken wir uns mit solchen Festlegungen allerdings selbst ein. Als mir ein Freund einmal vorschlug, ich könne doch in seinem Rennradklub aktiv werden, dachte ich: *Nein, so ein Typ bin ich nicht! Jeden Sonntag um 10 im Vereinstrikot zur gemeinsamen Ausfahrt aufbrechen, das ist nicht meins. Dafür bin ich zu individuell.* Dachte ich. Aber weiß ich's? Vielleicht würde es mir doch Spaß machen!? Womöglich würde ich neue Freunde und Anregungen finden oder mich begeistert über Wattzahlen, Trainingskilometer und die neuesten Trends auf dem Rennradmarkt austauschen? Das ist der Preis, den wir für unsere Ich-Gewissheit zahlen: Wir schließen die meisten Optionen, die sich uns bieten, von vornherein aus.

Was wir brauchen, ist eine Balance zwischen dieser gefühlten Sicherheit und der Offenheit, die es uns ermöglicht, uns selbst zu überraschen. Persönlichkeit ist nichts Statisches, sondern entwickelt sich stetig weiter. Wer allein auf Sicherheit setzt, auf das »So bin ich eben«, verbaut sich daher nicht nur so manche beglückende Erfahrung. Er läuft auch Gefahr, sich einem Selbstbild zu verschreiben, das nicht (oder nicht mehr) zu ihm passt. Nur weil ich glaube, ich sei so individuell, und mir in der Rolle des Freigeists gefalle, muss ich noch lange nicht so sein. Vielleicht würde ich im Radklub aufblühen – wenn es mein Selbstbild zuließe!

Bei der Frage, wer wir sind und was uns liegen könnte, leiten uns oft Wunschbilder, anerzogene Ideale oder gesellschaftliches Prestige. So hält sich mancher für intellektuell, liest anspruchsvolle Bücher und besucht avantgardistische Kunstperformances, obwohl ihm das alles wenig sagt. Ein anderer dürstet nach Erfolgen, weil ihm als Kind Zuwendung nur zuteilwurde, wenn er etwas geschafft hatte. Unser Selbstbild dient vor allem dem Zweck, uns als jemanden betrachten zu können, der Liebe und Anerkennung verdient.

In unserer Multioptionsgesellschaft, in der »alles kann und nichts muss«, sind Auswahl und Beschränkung dringender geboten denn je. Wer vollkommen offen ist, ohne klare Idee, was ihm liegt und vor allem was nicht, der leidet unter der Fülle der Möglichkeiten. Zur Vorbeugung muss man das Feld lichten, braucht eine Ahnung davon, was einem gefallen oder guttun könnte. Mit einem Wort: Man muss entscheiden, wer man sein will.

Donna Webster und Arie Kruglanski entwickelten ein psychologisches Konzept, das den Wunsch nach festen Antworten beschreibt. Sie nannten es »need for closure« – Bedürfnis nach Geschlossenheit.[1] Gemeint ist die von Mensch zu Mensch unterschiedlich ausgeprägte Tendenz, Erklärungen für die großen und kleinen Fragen des Lebens zu suchen. Kruglanski unterschied hierbei zwei Aspekte: Erstens die Schnelligkeit, mit der wir einen mentalen Schlussstrich ziehen und uns auf eine Sichtweise einschießen. Und zweitens die Hartnäckigkeit, mit der wir an der einmal gefassten Meinung festhalten.

Wenn wir Unsicherheit und Ambiguität auflösen, stellt sich meist ein Gefühl der Erleichterung ein. Der Wunsch nach festem Boden unter den Füßen motiviert nicht nur die politischen Ansichten vieler Menschen (»die da oben sind an allem schuld!«) oder ihre moralischen Urteile (»das gehört sich nicht«). Er prägt auch ihr Selbstbild. Die Vorstellung, man besäße keine fest umrissene Persönlichkeit, bereitet dagegen Unlust. Alles im Leben ist flüchtig und wandelbar, da soll wenigstens das Ich Halt bieten. Insofern ist kognitive Geschlossenheit eine feine Sache. Allerdings hat sie auch Schattenseiten. Vor allem die, dass sie das Denken einengt, den Kopf verbrettert. Nicht umsonst sind kreative Menschen häufig besonders tolerant Unsicherheit gegenüber, ja suchen diese regelrecht.

Bereits in den 1970er-Jahren wurde die Theorie der multiplen Identitäten populär. Die Idee dahinter: Die unterschiedlichen sozialen Rollen, die wir spielen, aktivieren jeweils eigene Denk- und Handlungsmuster. Wir verinnerlichen folglich eine Vielzahl von Schemata, die wir je nach Bedarf abrufen. Im Beruf gilt es, Engagement zu zeigen, zu Hause kann man dafür träge auf dem Sofa herumlümmeln. Unter Freunden sollte man mitteilsam sein, im stillen Kämmerlein oder mit dem Partner darf man seiner melancholischen Ader freien Lauf lassen.

Unsere Rollenbilder und Werte liegen nicht fix und fertig im Kopf auf Vorrat. Vielmehr konstruieren wir sie ad hoc. Deshalb urteilen wir mal so und mal so. Klassisches Beispiel: Eltern, die ihren längst erwachsenen Kindern immer noch erzählen, was diese anziehen oder essen sollen, können extrem nerven. Doch kaum kritisiert jemand anderes die eigene Mama oder den Papa, verteidigt man sie! Je respektloser sich etwa der Partner über die Schwiegereltern äußert, desto mehr ergreifen wir für sie Partei. Obwohl wir die Kritik im Grunde teilen.

Anderes Beispiel: Ich fahre meist mit dem Rad zur Arbeit, vorbei am dichten Berufsverkehr. Oft ärgere ich mich dabei über rücksichtslose Autofahrer, die Zebrastreifen missachten oder einem beim Abbiegen die Vorfahrt nehmen. Kaum sitze ich jedoch selbst am Steuer, fluche ich mit gleicher Verve über Radler, die bei Rot über Ampeln fahren und im Zickzack zwischen Straße und Bürgersteig wechseln. *Geht's noch?* Dabei war ich gestern selbst so ein Verkehrsrowdy! Beide Seiten, mein Radler- und mein Autofahrer-Ich, ebenso wie den Ankläger und Verteidiger meiner Eltern, bekomme ich problemlos unter einen Hut. Weil ich nie beides *zugleich* bin. Ich nehme stets den einen oder anderen Blickwinkel ein und bemerke meinen Wankelmut, wenn überhaupt, nur aus der Distanz. Oder wenn meine Frau auf dem Beifahrersitz seufzt: »Geht's noch – wieso rast du so?«

Ein Team um Kennon Sheldon von der University of Rochester untermauerte empirisch, dass wir je nach der sozialen Rolle, die wir spielen, unterschiedliche Facetten offenbaren.[2] Die Forscher ermittelten die Big-Five-Charakterzüge von rund 200 Probanden.[3] Anschließend sollten die Teilnehmer beurteilen, wie sie sich in fünf typischen Alltagsrollen verhielten – als Student, Berufstätiger, Kind, Freund und Partner. Nach Auswertung der Daten traten deutliche Differenzen zutage: So wähnten sich die Befragten als Freund am extrovertiertesten, als Student am unsichersten, im Job am gewissenhaftesten und in der Partnerschaft am offensten. Die jeweilige Ausprägung der Persönlichkeitsdimensionen sollte an sich konstant sein, denn die Stabilität in verschiedenen Situationen definiert ja gerade den Charakter einer Person. Dennoch passt sich das Ich in gewissem Rahmen den Umständen und sozialen Erfordernissen an. Die Studienautoren nahmen zudem in den Blick, wann sich die Teilnehmer am wohlsten fühlten. Hier trat ein auf den ersten Blick paradoxer Effekt auf: Das Wohlbefinden war dann groß und das Stressempfinden zugleich niedrig, wenn sich jemand von Rollenmuster zu Rollenmuster als konstant erlebte, aber auch, und zwar noch ausgeprägter, wenn sich derjenige besonders rollentypisch gab. Das heißt, uns bekommen sowohl eine gewisse Stabilität und Wiedererkennung gut (»ich bin neugierig und gewissenhaft, privat genauso wie im Job«) als auch die Fähigkeit, sich an die jeweilige Situation anzupassen und ihr gemäß zu agieren. Offenbar wirken hier zwei Dinge ähnlich, die wir üblicherweise als Gegensätze begreifen: Entweder ich bin so, wie ich bin, oder ich hänge mein Fähnlein nach dem Wind. In Wahrheit ist beides wichtig! Das gelte umso mehr, so die Autoren, wenn die betreffenden Rollen wenig Konfliktpotential bergen, man als Freund oder Kind nicht wesentlich anders sein müsse als in Partnerschaft oder Job. Stabilität ist ebenso bedeutsam, wie in seinen sozialen Rollen aufzugehen. Und gerade die flexible Anpassung an die Umwelt zeugt von Authentizität – nicht »seinen Stiefel« durchziehen.

Der Soziologe Erving Goffman (1922–1982) stellte das Rollenspiel ins Zentrum seiner Theorie des Sozialen. In dem Klassiker *Wir spielen alle Theater* beschreibt er, wie das Eindrucksmanagement (*impression management*) multiple Ichs produziert, die sich kaum auf einen einzigen Nenner bringen lassen.[4] Erstaunlicherweise nehmen wir diese Rollenvielfalt jedoch kaum bewusst wahr, denn wir spielen anderen nicht bloß etwas vor. Wir verschmelzen regelrecht mit den Masken, die wir aufsetzen. Wir präsentieren uns auf diese oder jene Weise und integrieren das, was wir darstellen, flugs in unser Selbstbild. Ich plaudere mit Freunden angeregt und lustig, bis ich überzeugt bin, das gehöre zu meinem Wesen. Ich zeige Einsatzwillen im Job und halte mich schon deshalb für einen hoch motivierten Mitarbeiter. Ich schenke den Nachbarn ein offenes Ohr und finde prompt, ich sei ein prima Zuhörer. Auf diese Weise erweitern wir nach und nach das Repertoire an Spielarten unserer selbst.

Forschern zufolge bietet eine besonders facettenreiche Persönlichkeit manche Vorteile. Patricia Linville prägte den Ausdruck Selbst-Komplexität.[5] Die Psychologin von der Yale University maß die Multidimensionalität des Selbstbilds von Probanden, indem sie sie Spielkarten sortieren ließ. Darauf standen Adjektive wie »ehrgeizig«, »liebevoll« oder »ausgelassen«, und die Betreffenden sollten sie auf unterschiedliche Situationen verteilen, je nachdem, wie gut die Beschreibungen jeweils auf sie selbst zutrafen – in Beruf und Familie, mit Freunden und Fremden, im Alltag und im Urlaub. Wer wenige, einander ähnliche Begriffe auf die Szenarien verteilte, offenbarte damit kein sehr komplexes Selbst. Viele verschiedene Charakterisierungen sprachen hingegen dafür, dass der Betreffende über eine größere Palette an Rollenmustern verfügte.

Linvilles These: Je komplexer das Selbstbild, desto leichter wird man mit Stress und Belastungen fertig. Denn gerät man auf einem Gebiet ins Schlingern, gibt es immer noch andere, auf die man ausweichen kann. Stellen Sie sich vor, Sie würden sich ausschließlich über den Beruf definieren – Leistung und Karriere bedeuteten Ihnen viel. Setzen Sie nun ein wichtiges Projekt in den Sand oder erleiden einen anderen Dämpfer, macht Ihnen das umso mehr zu schaffen, je weniger Alternativen Sie haben, sich als kompetent zu begreifen. Besitzen Sie ein breites Rollenrepertoire – etwa als Papa, Partner, Hobbymusiker, Umweltschützer, Ehrenamtler und Cineast – können Sie Ihr Scheitern hüben gegen drüben kompensieren. Frei nach dem Motto: »Pech im Job, Glück in der Liebe.« Laut Linville bildet die Selbst-Komplexität einen

Puffer gegen Krisen. Eingleisige Selbstbilder machten dagegen anfällig für Burnout und Depression.

Ganz so einfach ist es jedoch wohl nicht. Wie eine Überblicksstudie von 2002 ergab, sind Menschen mit vielfältigem Selbstkonzept nicht grundsätzlich stressresistenter oder emotional stabiler als andere.[6] Der Grund liegt vor allem darin, dass disparate Rollen auch belasten. Zu viele Facetten führen zur Desorientierung, vor lauter Selbst-Komplexität fehlt den Betreffenden ein roter Faden, der ihre Interessen und Wünsche verbindet. Das kann die Vorteile eines flexiblen Ichs zunichtemachen. Für den Sozialpsychologen Kenneth Gergen ist die postmoderne Zerrissenheit ein Hauptproblem unserer Zeit. Angesichts immer schnellerer Wechsel zwischen teils sehr verschiedenen Personae – hier treusorgender Papa, dort Easy-Rider-Typ, hier taffe Frau in Führungsposition, dort anschmiegsame Partnerin – schwinde das Gefühl der Verbundenheit. Das sei für viele Menschen eine Bürde.

Der kanadische Psychologe Delroy Paulhus und seine US-Kollegin Carol Martin setzten dem ihr Konzept der funktionalen Flexibilität entgegen.[7] Im Zentrum steht hier die Überzeugung, es selbst in der Hand zu haben, wie sehr man sich den Gegebenheiten anpasst. Wer sich als Getriebener empfinde, dem Rollenwechsel aufgezwungen werden, die er nicht selbst steuern kann, habe ein Problem. Paulhus und Martin befragten Studierende zu ihrem Sozialleben. Hatten die Teilnehmer häufig den Eindruck, ihr eigenes Verhalten sei vor allem der Situation, weniger ihrer freien Entscheidung geschuldet, ging dies mit einem geringeren Selbstwertgefühl und mehr Unwohlsein einher. Wir wählen unser Auftreten und unsere Kleidung und übernehmen einen Habitus je nach der Rolle, die wir spielen. Beim Banktermin gebe ich mich anders als auf der Party, beim Bettgeflüster mit meiner Frau anders als beim Abendvortrag vor Publikum. Je angemessener ich mich in der jeweiligen Situation verhalte und je mehr ich meine, dies aus eigenen Stücken zu tun, desto zufriedener bin ich. Und desto eher erreiche ich meine Ziele.

Die Vielgestaltigkeit des Ichs einzusehen und damit umzugehen, ist sicher manchmal mühsam. Dies dürfte in Zukunft aber noch wichtiger werden. So wie die Idee einer unsterblichen Seele aus der Mode kam, werden wir wohl auch von ihrem kleinen Bruder, dem wahren, feststehenden Ich, nach und nach Abschied nehmen. Das birgt die Chance, uns als so wandlungsfähig zu begreifen, wie wir sind.

Dennoch gibt es natürlich Konstanten. Ich erkenne wiederkehrende Eigenarten und Muster an mir. Ich bin jemand, der Konflikte scheut und meint, es gäbe für alles eine vernünftige Lösung. Der es nicht mag, wenn man ihm vorschreibt, was er tun oder wie er etwas finden soll. Doch weil ich mich selbst selektiv wahrnehme, bestätige ich mein eigenes, bereits gefälltes Urteil. Dass ich manchmal auch auf Krawall gebürstet bin, fällt mir kaum auf, weil es meiner Erwartung widerspricht. Und selbst wenn ich immer exakt gleich dächte und fühlte, im Licht der Befunde von Carol Dweck und anderen habe ich wohl mehr davon, wenn ich mich wenigstens für flexibel *halte.* Dann strenge ich mich mehr an und bleibe eher am Ball, statt mich in mein Sosein zu bequemen.

Es gibt zwei Sichtweisen, die beide unsinnig und dennoch hoch attraktiv sind: Laut der einen kann man alles erreichen, was man will, solange man nur genug daran glaubt. Nach der anderen gelingt einem nur, wofür man die passenden Talente besitzt, weshalb man diese exakt kennen muss. Das Problem am ersten Ansatz: Er produziert zu hohe Ansprüche, denn nicht alles im Leben ist nur eine Frage der inneren Einstellung. Der Pferdefuß am zweiten lautet: Niemand weiß genau, welches Potential in ihm schlummert. Kein Gentest oder Psychoprofil gibt darüber Auskunft. Wir können nur versuchen, unser Bestes zu geben, und schauen, wie weit wir damit kommen. Und um sein Bestes zu geben, sollte man sich eben als flexibel und kompetent betrachten.

Nehmen wir eine Frage, die sich jeder mal stellt: Was soll aus mir werden? Welchen Beruf soll ich ergreifen, welche Ausbildung beginnen? Abgesehen davon, dass man sich das nicht völlig frei aussucht, sondern den Ausbildungs- oder Studienplatz nimmt, den man bekommt – noch bevor man danach sucht, muss man vieles abwägen: Ziele und Werte, Prestige und Ansprüche, Aufwand und Nutzen. Zahllose Tests und Beratungsangebote sollen eruieren helfen, was den eigenen Gaben entspricht. Doch was in einem steckt, lässt sich nicht 100-prozentig sicher sagen. Es kommt auch darauf an, wie sehr man für etwas brennt, welche Menschen man trifft und wie viel Frust und Durststrecke man toleriert. Oft machen Kleinigkeiten den Unterschied aus, etwa ein Mentor oder ein Tipp, den man zufällig aufschnappt. Ein weiterer wichtiger Faktor ist die Angst vor dem Versagen. Scheitern an sich ist nicht schlimm; erst unsere Bewertung macht es dazu. Man kann aufstehen, sich den Staub abklopfen und es erneut versuchen. Man kann das gesteckte Ziel aufgeben und sich ein besseres suchen. Oder daran festhalten, aber einen neuen Weg einschlagen. Oder ein Etappenziel anpeilen, das als Sprungbrett dienen könnte. Oder man kann mit sich hadern.

Mancher Gescheiterte fühlt sich geradezu in seiner Ehre

verletzt. Er kann es nicht auf sich sitzen lassen, dass er sein Ziel – den Marathon, die Beförderung, das eigene Buch – verpasst hat. Deshalb steckt er nicht etwa zurück, sondern verlangt *noch mehr* von sich. Er tut alles, um die Scharte auszuwetzen, trainiert härter, will ein weiteres Gespräch mit dem Chef oder bombardiert Verlage mit seinem Manuskript. Dieses »Jetzt erst recht« kann einen Teufelskreis auslösen: Je mehr man sich abstrampelt, desto weniger gelingt – und die Schmach wächst weiter. Gefeit ist davor, wer es schafft, das eigene Selbstbild weniger von Erfolgen abhängig zu machen. Ein Kennzeichen depressiver Erkrankungen ist, dass die Betreffenden mit unversöhnlicher Härte auf sich blicken und sich an irreale Ansprüche klammern. So gelingt es ihnen kaum, Niederlagen zu verarbeiten und sich ein passenderes Betätigungsfeld zu suchen. Vielmehr schieben Depressive den schwarzen Peter ihrer eigenen Unfähigkeit zu oder beklagen das Pech, das sie verfolgt. Dabei gründet ihr Talent zum Scheitern womöglich nur darauf, dass sie einem falschen Bild von sich anhängen.

Angenommen, ich wollte meine kreative Ader ausleben, weil ich das für einen wesentlichen Teil meiner Persönlichkeit halte. Allerdings verspüre ich gar keinen gestalterischen Impuls und würde lieber meine Briefmarkensammlung sortieren. Dennoch hänge ich der Illusion an, in mir stecke ein Künstler. In diesem Fall bestünde die Lösung kaum darin, dass ich den x-ten Malkurs belege oder noch mehr Bücher über Kunst wälze. Ich sollte besser meinen Unwillen überwinden und einsehen, dass ich ein Langweiler-Hobby habe – sprich: Mein Selbstbild den Wünschen anpassen, die ich eigentlich hege. Was ist so schlimm daran, kein Malergenie zu sein?

Weil unsere Selbstzuschreibungen fehleranfällig sind, gilt es, vorsichtig damit zu sein. Nicht nur die Ziele, die wir verfolgen, sondern auch unsere Glaubenssätze können falsch sein. Vor allem aber lässt sich nie endgültig bestimmen, wer wir sind und was uns liegt. Denn das verändert sich ein Leben lang. Potentiale entwickeln sich, indem wir uns auf die Probe stellen. Experimentierfreude und Begeisterung für eine Sache sind deshalb unentbehrlich, um die eigenen Talente zu entdecken. Positive Emotionen liefern die beste Gewähr, seinen Weg zu finden.

Wenn das so einfach ist, wieso schreiben wir uns so häufig uneigentliche Bedürfnisse zu? Hier wirken gesellschaftliche Einflüsse mit frühen Prägungen zusammen, etwa durch besonders fordernde oder überbehütende Eltern. Die Pflicht, etwas »aus sich zu machen«, produziert oft Zuschreibungen, die den Blick darauf versperren, was man wirklich mag. Talente sind eine Terra incognita. Wir wissen nicht, was in uns steckt, bis wir es fertigbringen. Doch das erfordert oft Jahre des Übens und der intensiven Beschäftigung. Und diese Ausdauer bringen wir kaum auf, wenn man uns etwas auferlegt, sondern nur, wenn wir es von uns aus wollen, mit einem Wort: wenn wir Spaß haben.

Umso dringender sollten wir uns ruhig einen Tick mehr zutrauen, als realistisch ist. Denn nur dann besitzen wir das Selbstvertrauen, um über uns hinauszuwachsen.

17 ICH WÄR' SO GERNE MILLIONÄR

Kann man sich willentlich selbst verändern?

In seinem Buch *Die Kunst des guten Lebens* schreibt der Schweizer Bestsellerautor Rolf Dobelli: »Es gehört zum guten Leben, sich möglichst realistisch zu sehen. Wer weiß, wer er ist, hat deutlich bessere Chancen, der zu werden, der er sein möchte.«[1] Das klingt gut, ist aber Quatsch. Forscher haben es längst als Mythos entlarvt, und dass die Sache ständig wieder aufgebrüht wird, macht sie auch nicht wahrer. Wir werden einfach nicht klüger, umgänglicher, kreativer, belastbarer oder sonst etwas, indem wir in uns gehen und uns selbst erforschen. Es ist auch logisch kaum zu begründen, warum die genaue Kenntnis seiner selbst eine gewünschte Veränderung erleichtern sollte. Ich kann mir zum Beispiel zum Ziel nehmen, offener und geduldiger im Umgang mit anderen zu sein. Ob die Verschlossenheit oder der Hang, schnell genervt zu reagieren, die ich an mir wahrnehme, nun real sind, oder ob ich von meinen Mitmenschen tatsächlich als viel zugänglicher wahrgenommen werde, als es mir subjektiv erscheint, was spielt das für eine Rolle? Entscheidend ist, wie ernst ich mein Ziel nehme und wie ich es zu erreichen gedenke. Es gibt zwar durchaus einen Spielraum, um das eigene Ich zu justieren. Doch sich dies vorzunehmen, bewirkt allein erst einmal nichts. Mit viel Übung und Geduld lassen sich manche Fähigkeiten ausbauen, alte Gewohnheiten abstellen oder neue etablieren. Allerdings gelingt das nicht von heute auf morgen. Und sicher nicht durch Einsicht und Nachdenken, sondern, wenn überhaupt, durch harte Arbeit.

Hinter der dobellischen Phrase steht die Idee, die Einsicht ins Ich bedeute automatisch, auch das eigene Entwicklungspotential zu kennen. An welchem Punkt und in welche Richtung *kann* ich mich überhaupt verändern? Aus mir wird sicher kein Mathecrack oder Alleinunterhalter mehr, auch mein zwischenmenschliches Auftreten oder mein Gefühlshaushalt lassen sich nicht von Grund auf umkrempeln. Eher schon vermag ich, etwas gelassener mit Stress umzugehen oder mir vor einer anstehenden Entscheidung besser zu überlegen, was ich eigentlich will. Dummerweise sind meist gerade die hinderlichen Dinge, die wir am dringendsten ändern wollen, besonders hartnäckig. Denn Ängste, Zwänge, überzogene Ansprüche, Verletzlichkeiten oder Selbstvorwürfe, so sehr man auch unter ihnen leiden mag, wurzeln oft tief in der eigenen Biografie und Persönlichkeit.

Viele Menschen glauben, mit Unterstützung eines Therapeuten oder Coaches sei es ein Leichtes, sich zu verändern. Man rede miteinander, gewinne Einsichten, übe etwas, und schon lasse man die alten Dummheiten sein. Doch eingeschliffene Verhaltensmuster lassen sich nicht so einfach abstreifen. Sie entstehen nicht nur weitgehend unbewusst, sondern bleiben meist auch unter dem Radar der bewussten Handlungskontrolle. Sprich: Wir bemerken unsere spontanen Reaktionen und Neigungen erst, wenn sie sich bereits ausgewirkt haben.

Manchen dient der Gang zum Psychologen paradoxerweise auch eher dazu, die eigenen Macken zu rechtfertigen, also gerade nichts daran zu ändern. Der Therapeut schenkt einem, was andere Mitmenschen verwehren: Ein offenes Ohr, Verständnis, Erklärungen. *Ich hatte es nicht leicht – mit diesen Eltern, mit all den Enttäuschungen; klar, dass ich so geworden bin. Es ist nicht meine Schuld. Außerdem tue ich ja was, investiere Zeit und Geld, reflektiere, lese Bücher …*

Der Nutzen von Psychotherapie ist unbestreitbar. Sie ist neben Medikamenten das beste Mittel, das es gibt, um die Leiden der Seele zu lindern. Aber Therapie kann besonders bei denjenigen, die keinen großen Leidensdruck haben, auch eine Art Selbstberuhigung sein nach der Devise »Ich will mich ja bessern; sieh nur, was ich dafür auf mich nehme!« Doch echte Veränderung strengt an. Wenn es ans Eingemachte geht, werfen viele die Brocken hin oder halten nur noch die Fassade aufrecht. Denn Grübeln und Misstrauen, Bedenken und Ängste sind auch Strategien, mit der Last des Alltags fertigzuwerden. Keine glücklich machenden Strategien, sicher, doch alles andere erfordert Mut, Selbstvertrauen und die Kraft, Unsicherheit und Niederlagen hinzunehmen. Mangelndes Commitment, der fehlende Wunsch nach wirklicher Veränderung, ist das größte Hindernis der heute so in Mode gekommenen Lifestyle-Therapie.

Der Wunsch, sich zu ändern, ist weitverbreitet. Ob es darum geht, schlechte Angewohnheiten abzustellen, selbstbewusster aufzutreten, disziplinierter zu sein oder optimistischer in die Zukunft zu blicken – Anlass zu einem Ich-Update hat fast jeder. Entsprechend groß ist der Markt der

Optimierungsangebote. Je wissenschaftlicher sie klingen, desto besser: Neurolinguistisches Programmieren (NLP) hat weder mit Gehirn noch mit Sprache und Computern viel zu tun. Aber das Label zieht. Das Gros solcher Selbstverbesserungstrainings behebt allerdings keine Probleme, sondern dient eher als eine Art Ersatzreligion.

Für echte Notlagen gilt: Psychotherapie hilft! Sie kann sogar einen dauerhaften Wandel der Persönlichkeit bewirken, wie ein Team um Brent Roberts von der University of Illinois nachwies. Eine 2017 veröffentlichte Analyse von mehr als 200 Wirksamkeitsstudien ergab, dass insbesondere das emotionale Gleichgewicht und die Extraversion von einer mindestens achtwöchigen Therapie langfristig profitieren.[2] Auf der Liste der am besten zu lindernden Seelennöte rangieren übrigens Phobien wie die Furcht vor Spinnen oder Flugangst an oberster Stelle; am hartnäckigsten halten sich dagegen Süchte wie Alkoholismus oder Glücksspiel.

Persönlichkeitsforscher gingen lange davon aus, dass sich der Charakter eines Menschen ab dem jungen Erwachsenenalter, etwa ab Mitte 20, kaum noch verändert. Heute ist klar: Wir entwickeln uns ein Leben lang. Die Veränderungen vollziehen sich je nach Alter nur in verschiedenem Tempo und mit wechselndem Akzent, doch sie sind immer möglich.[3] Hierbei sind einerseits typische Muster zu beobachten, welche vor allem von den Anforderungen abhängen, die die eigene Biografie an einen stellt. So wächst zum Beispiel die Gewissenhaftigkeit mit Beginn des Berufslebens rasant und nimmt bei Älteren, kaum dass sie sich in den Ruhestand verabschieden, wieder ab. Auch die emotionale Ausgeglichenheit steigt im dritten Lebensjahrzehnt, wenn man nach der Zeit des Ausprobierens erste stabile Partnerschaften eingeht.

Und die Verträglichkeit, die nicht allzu viel nützt, solange man sich im Job behaupten und die Familie »durchbringen« muss, erlebt ihren Höhepunkt im Pensionärsalter, wenn derlei Pflichten wegfallen. Dazu kommen andererseits individuell unterschiedliche Anpassungen, die meist ebenso vom sozialen Drumherum, von Beziehungen, familiären Pflichten, Ausbildungs- und Berufswegen herrühren.

Die Psychologin Jule Specht von der Berliner Humboldt-Universität untersuchte den Persönlichkeitswandel von Menschen über die Lebensspanne.[4] In den 20ern spielen demnach die Ablösung vom Elternhaus und der Versuch, auf eigenen Beinen zu stehen, die Hauptrolle. Hier kommt es oft zu Verunsicherungen, teils auch zu größeren Umschwüngen. In den 30ern und 40ern steht dann Konsolidierung auf dem Plan. Man findet seine Nische, gründet eine Familie, macht Karriere. Irgendwann beginnt dann oft eine Phase der Ernüchterung. Ziele relativieren sich, statt weiter Gas zu geben, sucht man eher nach Möglichkeiten, den Stress einzudämmen. Im Alter schließlich, wenn mancher »seine Ruhe haben« will, sinken Offenheit und Experimentierfreude.

Unsere Persönlichkeit verändert sich also laufend. Doch suchen wir uns die Art und Richtung der Veränderung aus, oder geschieht sie einfach mit uns? Manche Anpassungen sind genetisch bedingt. Beispielweise sprudeln die Botenstoffe in einigen Regionen des Gehirns ab dem mittleren Erwachsenenalter nicht mehr so üppig, was sich als sinkende Erregbarkeit und Impulsivität bemerkbar macht. Andere Dinge resultieren aus mehr oder weniger universellen Alterungs- und Reifungsprozessen wie die oben genannten Meilensteine. Dann wiederum prägen uns Ereignisse und Lebenspfade, die teils gewollt sind (»Work and Travel« in

Australien), teils aber ganz zufällig passieren (etwa, wenn man seine große Liebe trifft) oder auch gezwungenermaßen (Jobverlust samt beruflicher Neuorientierung).

Die meisten Veränderungen geschehen, ohne dass wir es darauf anlegen. Wir machen Erfahrungen, wachsen in neue Lebensabschnitte hinein, entwickeln uns weiter, sowohl biologisch als auch hinsichtlich unserer sozialen Rollen. Besonders variabel ist unser Charakter in jungen Jahren, bis zum vierten Lebensjahrzehnt, aber auch im fortgeschrittenen Alter jenseits der 60. Wichtiger noch: Die meisten Veränderungen finden unbemerkt statt. Wie jemand, dem ein Schnappschuss aus längst vergangenen Zeiten vor Augen führt, was aus ihm geworden ist, glauben wir Tag für Tag dieselben zu sein. Wie sehr wir uns gewandelt haben, fällt uns kaum auf, weil es sich schleichend vollzieht. Wir wachen ja nicht eines Morgens auf und erblicken plötzlich einen anderen Menschen im Spiegel. Die Verschiebung unserer Interessen, Vorlieben, Werte und Ziele kann man sich so ähnlich vorstellen wie eine Wohnung, in der man jeden Tag nur eine Kleinigkeit umstellt – das Regal ein Stück zur Seite rückt, den Zierstrauch in die andere Ecke platziert, den Nachttisch tauscht. Nach und nach wechselt so die komplette Einrichtung, ohne dass es großartig auffällt. Anders als körperliche Veränderung wie graue Haare oder Falten bleiben die mentalen zudem meist unsichtbar.

Interessanterweise verbinden wir die Möglichkeit eines persönlichen Wandels weit stärker mit unserer Vergangenheit als mit der Zukunft. Dass wir früher anders waren als heute, leuchtet uns ein; dass wir uns künftig aber genauso weiterentwickeln, können wir uns kaum vorstellen. In einem Experiment fragten Psychologen um Jordi Quoidbach und

Timothy Wilson ihre Probanden: Was war Ihre Lieblingsband vor zehn Jahren – und wie viel würden Sie heute für ein Konzert dieser Combo ausgeben?[5] Die Angaben verglichen die Forscher mit denen auf die Frage, wie viel Geld man für ein Konzert der aktuellen Lieblingsband *in zehn Jahren* zahlen würde. Siehe da: Der Musikgeschmack hatte sich selten grundlegend verändert (aus einem Folk-Liebhaber wurde kein Heavy-Metal-Fan und umgekehrt). Dennoch war kaum eine Lieblingsband die gleiche geblieben. Vorlieben wandeln sich also durchaus. Allerdings waren die Befragten im Schnitt um mehr als 60 Prozent spendabler, um ihren aktuellen Favoriten dereinst live zu hören. Ob sie ihn in zehn Jahren freilich noch so gut finden werden wie heute, kann man getrost bezweifeln. Offenbar halten wir unsere momentanen Vorlieben für das Non-plus-Ultra. Es mangelt uns an der nötigen Fantasie uns vorzustellen, dass wir irgendwann vielleicht auf ganz andere Dinge (Bands, Bücher, Sportarten etc.) stehen könnten. Die Forscher bezeichnen das als Ende-der-Geschichte-Illusion. Gefühlt ist das Hier und Heute am überzeugendsten.

Dass sich die Persönlichkeit in jedem Alter verändern kann, finden viele beruhigend. *Wie schön*, denken sie, *dann gibt es ja noch Hoffnung!* Dabei gehen wir fast automatisch davon aus, dass Veränderungen immer Veränderungen *zum Besseren* seien. Was längst nicht gesagt ist. Zwar gibt es einen Trend zu mehr Verträglichkeit und Ausgeglichenheit im späten Erwachsenenalter. Ältere Menschen können aber genauso gut verbittern oder störrisch werden. Wir jubeln unserem früheren Ich bisweilen sogar negative Seiten unter, wie Studien belegen. Laut Andreas Steimer von der Universität Heidelberg halten wir unsere guten Eigenschaften für überdauernd, die negativen jedoch eher für wandelbar.[6] Wir meinen zum Beispiel, unsere Intelligenz oder Geselligkeit seien tief in uns verwurzelt, die mangelnde Selbstdisziplin dagegen ausbaufähig. Steimer bat Probanden sich vorzustellen, wie sich ihre Persönlichkeit in einigen Jahren verändert haben könnte. Dabei neigten sie zu Ansichten wie *Meine Umsicht wird mich dann immer noch auszeichnen, die Selbstzweifel aber dürften weniger werden.* Hier ist wohl der Wunsch Vater des Gedankens: In Zukunft werde ich doch sicher besser sein; persönliche Schwächen verlegen wir daher bevorzugt in die Vergangenheit.

Nathan Hudson und Chris Fraley von der University of Illinois testeten rund 150 Studierende auf die fünf großen Persönlichkeitsdimensionen und fragten, was die Betreffenden gern an sich selbst ändern würden.[7] Die Angaben reichten von »gesprächiger sein« über »gelassener bleiben« bis zu »zielstrebiger werden«. Dann folgte eine 16-wöchige Trainingsphase, während der alle paar Tage ein kleiner Schritt auf dem Weg zum anderen Ich festgelegt und eingeübt wurde. Im Anschluss waren durchaus Zuwächse in gewünschter Weise zu verzeichnen: Die Teilnehmer beurteilten sich als geselliger, gewissenhafter und emotional stabiler. Verträglichkeit und Offenheit ließen sich dagegen nicht so leicht ausbauen. Auch eine Nachbefragung ein Jahr später bestätigte die Veränderungen. Zudem hatte ein Training, das auf konkrete Verhaltenstipps im Sinne von Wenn-dann-Regeln verzichtete, keinen Effekt.

Willentliche Selbstveränderung gilt als Muss, seit jeder aufgerufen ist, an sich zu arbeiten. Nicht nur berufliche Qualifikationen und Softskills gilt es zu entwickeln, auch an Intelligenz, Kreativität oder Resilienz soll man feilen.

Der Impuls, sich in dieser oder jener Hinsicht verändern zu wollen, entspringt dabei meist einem gefühlten Defizit. Cornelia Wrzus von der Universität Heidelberg und ihr Doktorand Martin Quintus konnten dies in einer noch unveröffentlichten Studie mit knapp 400 Teilnehmern bestätigen.[8] Wessen Selbstwertgefühl darunter litt, dass er sich selbst für undiszipliniert oder sozial isoliert hielt, entwickelte häufiger den Wunsch, daran arbeiten zu wollen. Mehr Willenskraft entwickeln oder häufiger unter Leute gehen, erklärten die Betreffenden umso eher zu ihrem Ziel, wenn Freunde und Bekannte ebenfalls fanden, sie hätten dies nötig. Als die Forscher zwei Jahre später jedoch prüften, ob die Selbstoptimierer ihre Wünsche umgesetzt hatten, stellten sie erstaunt fest: Je mehr sich die Probanden einst hatten verändern wollen, desto mehr belastete sie nun ihr eigenes Manko. Womöglich bewirkte die Beschäftigung damit oder die Einsicht, dass es doch nicht so leicht zu ändern war, das Gegenteil dessen, was sie beabsichtigt hatten. Statt dem Ideal näherzukommen, wuchs nur der Anspruch, das schaffen zu müssen.

Solche Backfire-Effekte sind Psychologen aus vielen Bereichen geläufig. Wie ein Team um Iris Mauss von der University of Berkeley berichtete, erleben Menschen, die Glücksgefühle für besonders wichtig und erstrebenswert halten, weniger zufriedene Momente.[9] Sie schielen so nach dem großen Kick, dass ihnen die Kleinigkeiten, die froh und dankbar machen, kaum auffallen.

Auch gut gemeinte Kampagnen zur gesundheitlichen Aufklärung gehen aus diesem Grund mitunter nach hinten los. Sie können dazu führen, dass sich schlechte Gewohnheiten und Denkmuster paradoxerweise noch hartnäckiger halten als sonst. Nach Anti-Stress-Workshops etwa fühlen sich manche Teilnehmer noch belasteter als zuvor. Das liegt an der erhöhten Aufmerksamkeit. Die Sensibilisierung bringt uns schnell auf den Gedanken: *Das wird mir jetzt wieder alles zu viel!*

Doch sollte man deswegen *keine* Aufklärung betreiben? Kein besseres Ich anstreben? Wohl kaum. Es kommt vielmehr auf das Wie an. Nicht das Negative, das eigene Manko oder die Gefahren in den Vordergrund rücken, sondern konkrete, positive Alternativen einüben. Nicht Fett verdammen, sondern gesundes Essen genießen. Nicht über Stress dozieren, sondern zum Lauftreff gehen. Zugegeben, Begeisterung zu wecken, ist nicht immer leicht, etwa beim Thema Impfen. Aber es hilft meist schon, Drohgebärden zu hinterfragen und nicht so zu tun, als wäre jeder, der nicht mitzieht, ein Dummkopf. Denn das erzeugt häufig Trotz.

Auf die Selbstveränderung übertragen, heißt das: nicht das eigene Elend beklagen und über die Ursachen grübeln. Sondern machen! Herausfinden, was einen befriedigt. Und sich nicht scheuen, das sein zu lassen, was einem nicht liegt. Offen sein und Gewohnheiten aufbauen, denn Veränderungen brauchen Zeit, damit sie sich einschleifen. Dabei spielen auch unbewusste Annahmen über unseren Charakter eine Rolle: Intelligenz etwa halten die meisten Menschen für weitgehend festgelegt. Demnach sei spätestens ab der Pubertät am IQ nicht mehr viel zu drehen. Doch viele Studien belegen, dass wir umso mehr an uns arbeiten und uns stärker reinhängen, je formbarer uns eine Eigenschaft erscheint. Wem Intelligenz als fix gilt, sieht kaum Anlass, sie ausbauen zu wollen.[10]

Neben dem Glauben an die eigene Flexibilität hat sich noch ein anderes Mittel bewährt: Laut der Motivationsforscherin Gabriele Oettingen gelingt es Menschen umso besser, Ziele zu erreichen, je konkreter sie diese formulieren.[11] Statt »öfter mal Freunde treffen« oder »Termine einhalten«, sollten klare Wenn-dann-Regeln auf dem mentalen Merkzettel stehen. »Wenn ich ausgehe, dann nur in Nichtraucherbars« oder »Wenn ich einen wichtigen Termin habe, klebe ich mir einen Merkzettel an den Kühlschrank«. Solche konkreten Handlungsanweisungen haben eher Erfolg, weil Sie nicht viel Überlegung erfordern.

Dann folgt der anstrengende Teil – neue Verhaltensmuster aufbauen. Das ist meist schwieriger, als es scheint. Zu tief stecken wir im Gewohnten. Da schwört man sich, nie mehr den alten Fehler zu begehen – und doch gelingt es nicht. Man will locker bleiben, wenn der Kollege mal wieder blafft, und regt sich doch auf. Man will nicht gleich an allem zweifeln, weil eine Sache nicht klappt. Pustekuchen! Bevor Sie den Kopf hängen lassen, hier die gute Nachricht: Wissen hilft dabei, zumindest rückblickend zu verstehen, was einen geritten hat. Hinterher ist man eben immer schlauer. Und es kann Veränderungen anstoßen. Sie tatsächlich auf den Weg zu bringen, ist allerdings oft mühsam.

Wohl auch deshalb sind es vor allem soziale Einflüsse, die uns prägen. Ich kann mir noch so sehr vornehmen, offener oder gewissenhafter zu sein, ich kann mir Strategien zurechtlegen und Ratgeber wälzen – damit allein werde ich mich meinem Ideal jedoch kaum nähern. Gut möglich, dass mir die Diskrepanz zwischen Ist und Soll nur noch schmerzlicher bewusst wird. So kann der Drang nach einem besseren Ich das Leiden am Status quo sogar verstärken. Ein nachhaltiger Wandel gelingt meist erst, wenn man Rollen übernimmt, die bestimmte Eigenschaften fordern und fördern.

Engagieren Sie sich ehrenamtlich oder organisieren Sie zusammen mit Nachbarn ein Stadtteilfest! Solche Dinge prägen ihren Charakter womöglich mehr als alle Vorsätze. Jennifer Lodi-Smith und Brent Roberts von der University of Illinois bezeichnen dies als »soziales Investment« – sie sehen darin die Haupttriebfeder für persönliche Veränderung.[12]

Ein Problem dabei lautet: Man weiß nie, wann man am Ziel ist. Unsere Persönlichkeit beweist sich stets von neuem, zigmal am Tag, und es gibt immer eine Bandbreite an Optionen. Mal plaudere ich angeregt, mal bin ich störrisch, mal packt mich der Ehrgeiz, mal schlaffe ich ab. Ähnlich wie die Ernährung ist auch die Persönlichkeit eine Abstraktion aus Tausenden von Einzelereignissen. Es gibt jeden Tag etliche Chancen, Gemüse statt Pommes zu essen, manchmal tut man's und manchmal nicht. Die Einschätzung, ob ich »gesund esse« oder nicht, kann insofern nur ein Durchschnittswert sein.

Ganz ähnlich lässt sich auch die Frage, ob man disziplinierter, umgänglicher oder selbstsicherer geworden sei, lediglich im Mittel beantworten. Es sei denn, man zieht Einzelepisoden als Maßstab heran, um sein gutes Gefühl darauf zu gründen. Was häufig nicht das Schlechteste ist, selbst wenn diese Art der Betrachtung alles andere als objektiv ist.

Warum halten wir unser inneres Wesen überhaupt für so fix und meinen, alles andere müsse sich danach richten? Stellen Sie sich vor, wie Sie mit Anfang 20 komische Klamotten trugen oder komische Musik hörten, um zu einer Klicke dazuzugehören. Anfangs haben sie es nur anderen zuliebe getan, aber nach und nach fanden sie selbst Gefallen daran. Oft entwickeln wir einen Wunsch erst, *nachdem* wir uns auf eine bestimmte Weise verhalten haben. So habe ich das Schwimmen für mich entdeckt. Irgendwann fing ich an, morgens vor der Arbeit ins Bad zu gehen, denn ich hatte mir in den Kopf gesetzt, einen Triathlon zu bestreiten (als männlicher Mittvierziger kommt man auf merkwürdige Ideen). In den ersten Wochen musste ich mich regelrecht zwingen und zweifelte: *Hast du nichts Besseres zu tun, als für einen beknackten Triathlon zu trainieren?* Inzwischen liebe ich den Moment der Selbstüberwindung kurz vor dem Sprung ins kalte Nass und ziehe in herrlicher Monotonie meine Bahnen. Ich hätte nie gedacht, dass mir das einmal so viel bringen könnte. Die Rechnung, man müsse erst wissen, was einem liegt, und es dann tun, geht nicht immer auf. Die Alltagserfahrung zeugt davon, dass es häufig umgekehrt ist: Wir probieren etwas und merken erst allmählich, was es uns bedeutet.

Wir brauchen Stabilität *und* Veränderung, ein festes Stand- und ein flexibles Spielbein. Das Gefühl zu wissen, wer wir sind, und gleichzeitig eine Ahnung davon, dass wir auch andere Seiten offenbaren können. Der Wunsch nach persönlichem Wandel geht bei den meisten in eine ähnliche Richtung: gelassener bleiben, Stress leichter nehmen, mit anderen besser auskommen, mehr Mut, mehr Disziplin und Willenskraft aufbringen. Doch angenommen, wir könnten all das einfach erreichen, würden wir damit nicht auch etwas einbüßen? Ist es nicht gerade bereichernd, dass Menschen unterschiedlich sind? Wäre jeder von uns extrovertiert, voller Selbstvertrauen und innerer Stärke, die Welt wäre nicht nur langweiliger, sondern auch ärmer. Wir brauchen Unterschiede, um als Gesellschaft gemeinsam voranzukommen. Um uns aneinander zu reiben, übereinander zu fluchen und um voneinander zu lernen. Wir brauchen Zauderer, die Risiken erkennen, auf die andere lospreschen. Und wir brauchen

Schüchterne, die nicht das Rampenlicht, sondern leise Zwischentöne mögen. Nichts wäre schlimmer als eine Welt von Strahlemännern und -frauen.

Könnten wir uns über Nacht ein anderes Ich zulegen, wäre das nicht eigentlich schrecklich? Denn es hieße, dass unser bisheriges Leben keine Spuren hinterlassen hat. Unsere Erfahrungen und Entscheidungen, die Menschen, die uns guttaten, wie auch jene, die uns schlecht bekamen, verlören jede Bedeutung. Wir können uns nicht beliebig ändern. Aber das wäre, genau betrachtet, auch gar nicht schön. Denn es würde uns der eigenen Biografie berauben.

18 TAGTRÄUME FÜR MORGEN

Was uns für die Zukunft wappnet

Was passiert, wenn man eine Versuchsperson im Hirnscanner bittet, an sich selbst zu denken? Mit etwas Glück tut sie's wirklich. Denn das ist gar nicht so einfach in der engen, lauten Röhre eines Tomografen. Um Probanden die Sache zu erleichtern, geben Forscher ihnen zum Beispiel Adjektive zu lesen, die charakterliche Eigenarten beschreiben: ehrlich, gesprächig, offen, labil, hilfsbereit, reizbar, bescheiden und so weiter. Der Mensch in der Röhre soll jeweils beurteilen, wie gut die Beschreibung auf ihn selbst zutrifft. Solche Reizwörter lösen häufig Erinnerungen an vergangene Situationen aus, bei denen man den fraglichen Wesenszug offenbart hat. Es können einem aber auch Kommentare von anderen in den Sinn kommen (»Auf dich ist immer Verlass!«). Unabhängig von der Art der Assoziationen geht die Ich-Beschau mit einem erstaunlich stabilen Aktivitätsmuster im Gehirn einher. Wer sich mental in den Blick nimmt, beansprucht vor allem Teile der Großhirnrinde (des Cortex), die an der Innenseite der beiden Hemisphären liegen. Sie werden CMS abkürzt, was für Cortical Midline Structures steht, also »kortikale Mittellinienstrukturen«. Ein reichlich spröder Name für den Hort des Ichs.

Wobei man dazu sagen muss: Bei Asiaten regen sich diese Areale auch, wenn sie an ihre Eltern denken.[1] Wie ein Team um den Hirnforscher Shihui Han berichtete, aktivieren Chinesen beim Gedanken an die eigene Mutter die gleichen Hirnregionen, die bei Menschen aus westlichen Kulturen auf die Selbstrepräsentation spezialisiert sind. Darin sahen Forscher einen Beleg für die im Fernen Osten dominierende kollektivistische Sichtweise. Für Chinesen oder Japaner umfasse das Ich mehr als nur die eigene Person; sie definierten sich stärker über ihre familiäre Rolle. Allerdings ist dieses Bild etwas zu holzschnittartig, wie man heute weiß. Auch vom Individualismus geprägte westliche Probanden betrachten das Ich vor dem Hintergrund des Wir. So sind die CMS allgemein dafür zuständig, uns in der sozialen Umwelt zu verorten. Verantwortlich dafür sind Areale wie das Zingulum, der Präcuneus und die Insula, die verschiedene Aspekte des Selbst steuern. Die Insula oder Inselrinde vermittelt unser subjektives Empfinden; sie wird etwa dann aktiv, wenn wir uns ekeln oder schämen. Der Präcuneus ist am Aufbau eines Körperschemas sowie an der räumlichen Orientierung beteiligt. Das Zingulum wiederum regt sich, wenn wir Handlungsoptionen abwägen. Als zentraler Knotenpunkt all dieser Aspekte gilt ein Abschnitt des Stirnhirns, der mediale präfrontale Cortex (MPFC). Er verknüpft und integriert die reflexive, körperliche und die agentische Seite, wie Ausfallerscheinungen bei neurologischen Patienten nahelegen. Ist der MPFC etwa durch einen Tumor oder eine Hirnblutung geschädigt, ist das Selbsterleben der Betroffenen beeinträchtigt.

Die CMS überlappen stark mit einem weiteren Hirnnetzwerk, das unter Hirnforschern in den vergangenen Jahren großes Interesse weckte: das Default-Mode Network (DMN).

Dessen Existenz entdeckte man quasi per Zufall Ende der 1990er-Jahre bei Experimenten mittels bildgebender Verfahren, in denen Probanden zwischendurch pausierten und entspannt ein Fixationskreuz anstarrten. Während dieser Ruhephasen liefen die Kernspinaufnahmen weiter, weil man sie zum Vergleich mit der Hirnaktivität bei bestimmten geistigen Aufgaben verwenden wollte. Nach Auswertung der Erregungsmuster stellte sich heraus: Selbst wenn ein Proband gar nichts tut, fährt sein Gehirn die Aktivität keineswegs herunter. In manchen Regionen steigt sie sogar deutlich an! Offenbar kommen manche grauen Zellen erst auf Touren, wenn wir abschalten. Das Gehirn besitzt einen Ruhemodus, der anspringt, sobald wir kein konkretes Ziel verfolgen und uns nirgends der Schuh drückt. Und was machen wir in solchen Momenten besonders häufig? Wir tagträumen!

Der Kognitionsforscher Eric Klinger hat einmal geschätzt, dass uns im Laufe eines Tages gut und gerne 2000 einzelne Tagtraumsequenzen (von in der Regel nur wenigen Sekunden Dauer) durch den Kopf gehen.[2] Meistens kreisen diese Gedanken um uns selbst, um unser Verhältnis zu anderen oder darum, wie wir bestimmte Erlebnisse einordnen oder darauf reagieren sollen. *Wie hat Peter das gemeint? Was führt Iris im Schilde? Soll ich mich für meinen dummen Scherz letztens entschuldigen? Brauche ich die schönen, aber auch teuren Schuhe wirklich?* In solche Assoziationen fließen Erinnerungen und Pläne, Erfolge und Niederlagen, Ambitionen und Probleme mit ein. Beim Tagträumen, diesem Schwebezustand zwischen Wachsein und Schlaf, stimmen wir die äußeren Anforderungen mit unseren eigenen Ressourcen und Zielen ab. Laut dem Psychologiejournalisten Heiko Ernst stellt der Ruhemodus des Gehirns ein »Trainingslager für unsere sozialen Interaktionen« dar: »Wir tagträumen über die vielen Möglichkeiten, unsere sozialen Beziehungen zu gestalten.«[3] Das Faszinierende und auch ein wenig Gruselige daran: Tagträume überkommen uns, wir können sie nicht bewusst steuern. Sobald wir es versuchen, denken wir zielgerichtet über etwas nach. Meist bemerken wir nicht einmal, *dass* wir gerade tagträumen. Die Fähigkeit zur Metakognition – sich des eigenen Denkens gegenwärtig zu sein – fällt dann vorübergehend aus. Setzt sie wieder ein, stutzen wir plötzlich: Mensch, was hast du da wieder gedacht!

Dass der Ruhemodus des Gehirns womöglich jene neuronalen Prozesse widerspiegelt, die unseren Tagträumen zugrunde liegen, vermutete als einer der Ersten Jonathan Smallwood von der York University in England. Ihm zufolge koppelt sich das Denken beim Tagträumen vom konkret Gegebenen ab. Das Abwägen und Urteilen treten in den Hintergrund, stattdessen spielen wir Ich-Szenarien durch: *Was will ich? Was soll ich tun? Wo droht mir Gefahr? Wie geht es jetzt weiter?*

Daher sind Tagträume längst nicht immer das reine Vergnügen. Wir wälzen in ihnen viele Nöte und Sorgen. Forscher eruierten dies mithilfe des *experience sampling,* quasi Probebohrungen im Alltag von Menschen: Die Teilnehmer erhalten dabei Kurznachrichten aufs Handy und sollen jeweils angeben, was ihnen im betreffenden Augenblick gerade durch den Kopf geht. Dies offenbart auch, dass wir einen beachtlichen Teil, nämlich etwa die Hälfte unserer wachen Lebenszeit mit Tagträumen zubringen. Die Psychologen Daniel Gilbert und Matthew Killingsworth schlossen aus umfangreichen Erlebnisproben, die sie an mehr als 2000 Probanden sammelten, dass Tagträumer unglücklicher seien.[4] Das Unbehagen rühre daher, dass der Inhalt unserer mentalen Auszeiten oft mit Gefühlen der Reue, Scham oder der Verpflichtung verbunden sind. Umgekehrt tagträumen Menschen, die sich durch ein akutes Misserfolgserlebnis von sich entfremdet fühlen, vermehrt.[5]

So richtig es ist, dass uns der freie Fluss der Gedanken nicht immer in Verzückung geraten lässt, so wenig sollte man ihn zur Gefahr für die Seele erklären. Tagträumend bedenken wir, was uns bedrückt. Doch anders würden wir auf viele Ideen, wie sich das beheben lässt, gar nicht kommen. Wir brauchen solche mentalen Trockenübungen, um über den Tellerrand zu blicken. Tagträumen fördert kreative Einfälle, wie Forscher um Benjamin Baird von der University of California in Santa Barbara berichteten. Sie baten Probanden, sich möglichst viele Verwendungen für einen Ziegelstein auszudenken.[6] Zwischen den Durchgängen wurde entweder ein langweiliger Reaktionstest am Computer absolviert, der zum Tagträumen einlud, oder aber eine Knobelaufgabe, die Konzentration erforderte. Die Tagträumer produzierten anschließend deutlich mehr Ziegelstein-Ideen. Wie Forscher des California Institute of Technology in Pasadena 2018 zudem feststellten, sind bei intelligenten Menschen jene Hirnregionen stärker vernetzt, die am Ruhemodus beteiligt sind.[7] Probanden, bei denen diese Areale rege kommunizierten, zeigten im Schnitt bessere Problemlösefähigkeiten.

Eine Form der Mentalgymnastik, der wir uns beim Tagträumen vermehrt hingeben, ist das kontrafaktische Denken. Dabei spielen wir alternative Verläufe vergangener Erlebnisse durch: *Was wäre gewesen, wenn ich nicht diese Bahn genommen hätte, in der ich meine spätere Frau kennenlernte?* Oder auch: *Könnte ich doch nur die Zeit zurückgehen und mich noch einmal anders entscheiden* … Solche Gedanken sind keine Spielerei. Indem ich mir klarmache, was anders hätte laufen oder wie ich mich geschickter hätte anstellen können, sammle ich hilfreiche Erfahrungen. Der Irrealis prägt unsere Entscheidungen, indem er uns Schuld oder Scham, aber auch Erleichterung oder Sympathie für andere empfinden lässt. Er hilft auch dabei, Erinnerungen auszumisten: Tagträumen ist geistiges Feng-Shui! Probanden in einer Studie vergaßen Begriffe aus einer zuvor gelernten Liste eher wieder, je weiter sie sich in Tagträumen gedanklich vom Hier und Jetzt distanzierten.[8]

Die Wirkung von Tagträumen hängt nicht zuletzt vom Blickwinkel ab, den wir dabei einnehmen. Ich kann über mich selbst nicht nur in der Ersten-Person-Perspektive nachdenken, sondern auch in einen Dialog mit einem fiktiven Du treten. *Das hast du wieder toll hinbekommen! Halt dich beim nächsten Mal besser zurück.* Selbst die Dritte-Person-Perspektive, wie man sie aus der erzählenden Literatur kennt, ist denkbar: Eine solche distanzierte Sichtweise nehmen wir vor allem in der Vorstellung ein. Nach Schätzung von Georgia Nigro und Ulric Neisser dominiert bei rund einem Drittel unserer autobiografischen Erinnerungen die Außensicht; wir sehen uns wie im Film.[9] Das wirkt oft erleichternd. Betrachten wir uns von außen, während wir eine Szene im Geist rekapitulieren, sind die verbundenen Gefühle meist schwächer, oder das Ganze scheint länger zurückzuliegen. Wohl deshalb erinnern wir uns an belastende Dinge bevorzugt im Dritte-Person-Modus.

Wie Angelina Sutin und Richard Robins in einem Übersichtsartikel darlegen, hat distanzierte Selbstbetrachtung noch weitere Effekte.[10] Sie hilft beispielsweise dabei, Erinnerungen zu bewerten und nach ihrer Bedeutsamkeit einzuordnen. Gerade weil wir in das Geschehen aus der Dritten-Person-Perspektive weniger involviert sind und daher die Emotionen von damals nicht so unmittelbar nacherleben, fällt es uns leichter, es in unser Selbstbild zu integrieren. Nur wenn die Scham über einen begangenen Fehler oder eine Peinlichkeit verblasst, kann ich beurteilen, was das Ereignis über mich aussagt. Auf diese Weise erhöht Selbstdistanzierung sogar das Gefühl der Verbundenheit mit dem eigenen früheren Ich.

Wie ist die Schnittmenge zwischen Ich-Beschau, Ruheaktivität und Tagträumen zu erklären? Worin besteht ihr gemeinsamer Nenner? Laut einer Hypothese speisen sich alle drei aus der Notwendigkeit, in die Zukunft zu blicken. Neben all den bewussten Wünschen und Überzeugungen, die wir hegen, laufen zahlreiche, völlig unreflektierte Verarbeitungsschleifen im Gehirn parallel: von der Wahrnehmung über die Kontrolle von Gefühlen und Impulsen bis hin zum Entscheiden, Planen und Steuern der eigenen Handlungen. Damit das reibungslos klappt, müssen wir zwischen eigen und fremd unterscheiden. Wir brauchen eine Ahnung davon, welche Reize durch uns selbst verursacht werden und welche nicht. Weil das für unser Überleben so wichtig ist, treibt das Gehirn enormen Aufwand dafür. Aus diesem Grund können wir uns zum Beispiel nicht selbst kitzeln: Feedbackschleifen gleichen den sensorischen Input (das Kribbeln auf der Haut) mit dem zu erwartenden Resultat der eigenen motorischen Befehle ab. Dieser Mechanismus wird als Reafferenzprinzip bezeichnet.

Wir könnten in der Welt nicht agieren, würden wir nicht unsere eigene Wirkung berücksichtigen. Das Gehirn weiß nichts über die Welt da draußen. Es hat nur seine selbstfabrizierten Theorien und die Daten, die ihm die Sinne liefern. Beides muss es möglichst gut in Übereinstimmung bringen. Hermann von Helmholtz (1821–1894), ein Physiker mit einem Faible für Sinnesphysiologie, fand bereits im 19. Jahrhundert eine treffende Formel dafür: Unser geistiger Apparat ziehe andauernd implizite Schlüsse. Karl Friston vom University College in London, einer der meistzitierten Hirnforscher überhaupt, griff diese Idee vor einigen Jahren auf.[11] Ihm zufolge lautet das Grundprinzip, nach dem unser Gehirn arbeitet: Es macht fortwährend Vorhersagen. Da diese nie exakt ins Schwarze treffen, dient die Differenz zwischen Soll und Ist dazu, die eigenen Modelle zu verbessern und den Vorhersagefehler zu reduzieren. Das nennt man Lernen. Das Gehirn speichert Erfahrungen nicht aus Jux, sondern um uns das Überleben zu erleichtern. Und dafür gilt es, Überraschungen möglichst zu vermeiden.

Prediction Error Minimization (PEM) – das Minimieren von Vorhersagefehlern – heißt diese Theorie, die in den Neurowissenschaften immer mehr Anhänger findet.[12] Demnach entwirft das Gehirn permanent Zukunftsvisionen: Was wird passieren? Was ist zu erwarten? Deshalb lernt es so rasant schnell, zieht Parallelen und Schlüsse, stellt Zusammenhänge her – vollautomatisch. Wir sind darauf gepolt, Prognosen anzustellen. Schon einfache Wahrnehmungen gründen darauf. Und nur, was der Erwartung widerspricht, wird bewusst. Das ist der Vorhersagefehler, den es auszumerzen gilt.

Das wohl wichtigste Modell, das unser Gehirn zu diesem Zweck erschafft, ist das Selbst. Es ist sozusagen ein raffinierter Trick, um Überraschungen zu vermeiden. Denn das Gehirn strebt nicht nach *mehr* Bewusstsein, sondern vermeidet diesen energieraubenden Zustand, so gut es geht. Es verfährt am liebsten nach Schema f, und das Selbst ist jener innere Ruhepol, der die Welt, zumindest gefühlt, vorhersehbar macht. Die geistigen Projektionen, denen wir uns beim Tagträumen hingeben, leisten einen wesentlichen Beitrag dazu.[13] Sie machen uns zu denjenigen, die wir sind.

19 JÄGER IM DATENDSCHUNGEL

Glanz und Elend des Self-trackings

Es gibt heute eine neue, technisch versierte Generation von Ich-Suchern, die per Handy, Tablet und anderen Wearables Daten über ihren Alltag sammeln. Futuristische Armbänder zieren ihre Handgelenke, Smartphone-Apps halten allerlei Lebensregungen fest, und manche dieser modernen Glücksritter tragen sogar Sensoren in der Kleidung oder auf der Haut. Die elektronischen Helfer erheben eine Fülle von Parametern, bereiten sie anschaulich auf und münzen sie in praktische Ratschläge um: »Fast geschafft – nur noch 1000 Schritte!« »Achtung, dein Puls ist zu hoch!« »Müde? Mach mal Pause!« Self-tracking heißt der Trend, sich mittels Hightech selbst zu vermessen, um in allen möglichen Lebensbereichen voranzukommen. Mehr Wohlbefinden und Erfolg lautet das Ziel.

Diesem Zweck dienen ganz unterschiedliche Informationen wie Gewicht, Körperfett, Blutdruck, Herzschlag, Schrittzahl und Kalorienzufuhr, Schlaf- und Stressphasen, Ruhe- und Bewegungsmuster, ja selbst Hautleitwiderstände, Sprachmuster und Hirnströme lassen sich heute recht problemlos analysieren. Die Daten werden zudem oft mit Gleichgesinnten geteilt – sowie mit jenen Firmen, die die digitale Infrastruktur dafür bereitstellen. Diesen eröffnen die Datenströme ein lukratives Geschäft, denn sie geben detailliert Auskunft über Gewohnheiten und Bedürfnisse der User. So manche Aufzeichnung läuft auch ohne Wissen der Betreffenden als Grundeinstellung mit, wie etwa der ins Smartphone integrierte Schrittzähler.

Self-tracking ist auf dem besten Weg, zu einer Selbstverständlichkeit zu werden. Mehr als jeder fünfte Deutsche registriert inzwischen regelmäßig mindestens einen Körper- oder Verhaltensparameter.[1] Ob in der Freizeit, für Beruf und Gesundheit oder bei der persönlichen Lebensgestaltung: Die Magie der Zahlen und des exakten Messens und Vergleichens übt offenbar einen besonderen Reiz aus.

Den Trend zur elektronischen Selbstvermessung gibt es seit 2007, als zwei Autoren des Tech-Magazins *Wired*, Gary Wolf und Kevin Kelly, die Website *quantified-self.com* starteten. Der Blogger Florian Schumacher machte auf *igrowdigital.com* die Idee hier zu Lande populär. Gemäß dem Motto »Was du nicht messen kannst, kannst du nicht verbessern« wollen sich Self-tracker bis auf die Nachkommastelle genau ausloten. Die Digitalisierung verheißt eine neue Stufe der Kontrollierbarkeit. Überprüfbare Werte wie »10 000 Schritte am Tag« ersetzen vage Vorsätze und lassen so manchen abends noch schnell eine Runde um den Block drehen, um das Soll zu erfüllen. Noch nie war es anscheinend so einfach, ein besserer Mensch zu werden.

Laut dem Kulturwissenschaftler Andreas Bernard zielten viele Devices der Selbstoptimierer ursprünglich darauf ab, abweichendes Verhalten zu kontrollieren, ob von Straftätern, Psychiatriepatienten oder schwererziehbaren Jugendlichen.[2] »Fast alle Instrumente der Self-tracking-Bewegung dienten der Vermessung von Schuld. Ironischerweise tun sie es immer noch, nur gilt das heute als Selbstoptimierung«, erklärt Bernard.

Einerseits kann Self-tracking Probleme aufdecken, von denen man noch nichts ahnte. So glaubt mancher, er ernähre sich alles in allem gesund und bewege sich ausreichend; doch ein exaktes Protokoll der eigenen Gewohnheiten offenbart, dass Sofaabende mit Bier und Pizza der Standard sind. Kaum etwas verdrängen wir so leicht wie unsere Laster. Digitale Helfer lassen uns das klarer sehen. Andererseits erzeugen sie auch Probleme, die man sonst gar nicht hätte. Erst seit es Wetter-Apps gibt, mache ich mir einen Kopf darum, ob ein Ausflug bei 65 Prozent Regenwahrscheinlichkeit überhaupt lohnt. Früher hätte ich einfach einen Schirm eingesteckt und wäre losgefahren. Oder nehmen wir den Onlineservice, der den aktuellen Besucherstand in Bibliotheken, Behörden oder Schwimmbädern anzeigt: Neulich wollte eine befreundete Familie partout nicht mit uns ins Freibad fahren, weil die Stadtwerke-App warnte: »Achtung, heute überdurchschnittlicher Besucherandrang!« Okay, es war ein warmer Julisonntag – da gehen nun einmal mehr Leute baden als im Jahresmittel. Aber ist das schlimm?

Messwerte allein sagen nichts aus. Es kommt darauf an, wie man sie bewertet, was man für normal oder vertretbar hält und was nicht. Ein Ruhepuls von 74, ist das viel oder wenig? Nach sechs Stunden Schlaf wieder wach, ist das gut oder schlecht? Durch den Zwang zur Bewertung leisten digitale Daten einer ständigen Prekarisierung unseres Lebens Vorschub. Alles kann auf ein Problem hindeuten, jeder Wert birgt die Gefahr, etwas könne aus dem Lot geraten oder verbesserungswürdig sein. Doch mitunter ist gerade das Anormale schön – wie ein überfülltes Schwimmbad an einem heißen Sommertag! Digitale Daten erzeugen zudem einen Druck, die technischen Möglichkeiten auch zu nutzen. An einigen US-Universitäten dienen Health-Gadgets bereits zur Verhaltenskontrolle: Studierende sollen per App vorweisen, dass sie genug für ihre Fitness tun. Auch hier zu Lande erwägen Krankenkassen Rabatte für Self-tracker.

Die Folgen der Digitalisierung werden heute erst ansatzweise sichtbar.[3] Zu Beginn dieser Revolution schrillten bei vielen die Alarmglocken: Ständige Erreichbarkeit und Informationsflut mache uns ablenkbar, vergesslich und einsam. Die Pflicht zur Selbstdarstellung im Netz fördere den Narzissmus, während Respekt und Anstand in Shitstorms untergingen, und überhaupt lasse die Kommunikation per Kurznachrichten und Emoticons die Sprache verkümmern. Navis schwächten den Orientierungssinn, Suchmaschinen das Gedächtnis und Chatdienste wie WhatsApp die Sozialkompetenz. Inzwischen hat sich die Aufregung gelegt.[4] Ganz so fatal ist das Leben im und mit dem Internet wohl doch nicht. Auch das Fernsehen und selbst Bücher wurden in ihrer Anfangszeit verteufelt. Ein gewisser Kulturpessimismus gehört offenbar zur natürlichen Reaktion, wenn Neues das Gewohnte infrage stellt.

Jenseits solcher Schwarzmalerei beschrieb Russell Belk von der York University in Toronto fünf Folgen des digitalen Wandels.[5] Erstens eine rasante Dematerialisierung: Bücher, Briefe und Notizen, Tonträger und Fotoalben verschwinden aus unserem Alltag – und mit ihnen jenes Gefühl der Intimität, das sie vermitteln. Es gibt immer weniger haptisch Erfahrbares, das zu einem »biographical item«, einem emotional bedeutsamen Teil des Selbst werden kann. Zugleich entstehen neue Formen der Verkörperung: Profile, Agenten und Avatare ermöglichen es heute, viele Identitäten parallel zu pflegen. In der virtuellen Welt gibt es schier grenzenlose Möglichkeiten, viele zu sein. Drittens ist laut Belk das Teilen (»sharing«) ein Kernmerkmal des Digitalen. Der Austausch trivialster Details sowie das gegenseitige Bewerten und Liken führen dazu, dass Selbstbilder zunehmend kollektiv ausgehandelt werden. Klickend suchen wir nach Bestätigung; Vorlieben, Motive und Geschmacksurteile besprechen wir mit anderen, Kommentare werden Teil des »erweiterten Ichs«. Und fünftens lagern wir mentale Kapazität ins Netz aus, das so zu einem neuen Erinnerungsspeicher, zur geistigen Prothese wird. Warum soll man sich merken, was sich online blitzschnell in Erfahrung bringen lässt? Wer weiß noch, wie er mit dem Bus von A nach B kommt oder einen Gugelhupf backt, wenn alles Wissen nur ein paar Klicks entfernt ist?

Viele Soziologen beobachten auch einen wachsenden Trend zur Selbstpräsentation. Laut dem Australier Bernie Horgan stellen wir wie Kuratoren unser Ich in allen Verkleidungen aus.[6] Das beschränkt sich nicht nur darauf, sich möglichst gut in Szene zu setzen; das digitale Ich muss interaktiv gestaltet werden. Damit gewinnt auch das »wahre Ich« an Attraktivität, eben *weil* wir in einer Zeit leben, die Durchlässigkeit verlangt. Wo sich alte Gewissheiten auflösen, dürsten wir nach Orientierung.

Der Sozialpsychologe Kenneth Gergen vom Swathmore College sieht das ähnlich: Je zersplitterter das Ich erscheine, desto mehr wollten wir uns vergewissern.[7] Wer nicht klar sehe, wer er ist, forsche umso intensiver danach. Vielleicht erklärt das den aktuellen Boom der Selbstbespiegelung: In einer Kultur, die jederzeit flexible Identitäten verlangt, wächst der Wunsch nach dem Echten. Gergen sieht darin eine der gravierendsten Folge der Digitalisierung: Sie zwinge uns zu immer rasanteren Rollenwechseln. Sich auf bestimmte Art zu geben (ob humorvoll, engagiert oder cool) und etwas Besonderes vorzuweisen (Selfies, Reisen, spannende Projekte), erscheint wichtiger denn je. Sich zu präsentieren und geliked zu werden, treibt das Karussell der sozialen Medien an; alte Insignien des Erfolgs wie Karriere oder Eigenheim weichen fließenden Biografien.

Fördert die Digitalisierung eine Kultur des Vergleichens? Schließlich bedeutet ein Messwert nur dann etwas, wenn man ihn zu anderen Werten in Beziehung setzt. Forscher warnen vor einer wachsenden Ökonomisierung des Alltags. Im digitalen Zeitalter werde jeder zum Buchhalter seiner selbst, erhebe und verbessere persönliche Kennziffern, »matche« seine Persönlichkeit mit der des Partners, halte BMI und Körperfett im vertretbaren Rahmen oder versuche, seinen IQ, seine Kreativität und das Glückslevel zu steigern. Google-Rankings stehen für Kompetenz; viele Follower erhöhen den Status und werden für eine Handvoll Influencer zur lukrativen Einkommensquelle.

Bereits vor gut 25 Jahren beschrieb der Soziologe Scott Lauren ein scheinbares Paradoxon: Die Freunde eines x-beliebigen Users haben ihrerseits meist mehr Freunde als der Betreffende selbst.[8] Das gilt auch für soziale Medien. Gemessen an der Zahl der Kontakte bin ich selbst mit weniger Leuten befreundet als der Durchschnitt meiner Onlinefreunde. In einer Studie von 2013 hatten 98 Prozent der Twitter-Nutzer im Mittel selbst weniger Follower als ihre eigenen Follower.[9] Warum sind die Leute um uns herum so viel besser vernetzt als wir selbst? Das hat einerseits statistische Gründe:

Die Chance, dass jemand mit 500 oder mehr Followern auch meinem eigenen Netzwerk angehört, ist einfach hoch; irgendwo müssen die vielen Kontakte schließlich herkommen. Andererseits setzen Leute mit großer Entourage oft besonders viele Posts ab, was den Eindruck verstärkt, sie würden von einem Event ins nächste stolpern. Dass sie die meiste Zeit auch nur mit profanen Dingen wie Essen, Arbeiten und Schlafen zubringen, fällt unter den Tisch. Weil das so ist, plagt viele junge Leute die »Fomo« – *fear of missing out*, also die Angst, etwas zu verpassen. Psychologen um Andrew Przybylski von der University of Oxford berichteten, dass die Furcht, sozial abgehängt zu werden, mit einem niedrigen Selbstwert und besonders reger Nutzung sozialer Medien einhergehe.[10]

Zudem wächst der Druck, sich den Datenströmen nicht zu verschließen. Schließlich dienen sie dem Wohl aller! Dass diese Sicht auch in Deutschland populär wurde, ist erstaunlich. Immerhin reagierte man noch vor 30 Jahren, zur Zeit der Volkszählung 1987, geradezu panisch, wenn offizielle Stellen auch nur das Alter, den Wohnort oder die Länge des Arbeitswegs erheben wollten. Verglichen mit den harmlosen Abfragen der Volkszähler von einst ist das, was ein durchschnittlicher Social-Media-Nutzer heute von sich preisgibt, ein wahrer Striptease. Das Bild vom gläsernen Bürger, ehedem so gefürchtet wie unrealistisch, ist beinahe schon Realität. Doch die wenigsten hält das von der digitalen Selbstoffenbarung ab.

Wieso hat sich die öffentliche Meinung so radikal gewandelt? Die Antwort: Online sein ist heute quasi ein Muss. Nicht nur die alltägliche Kommunikation und Nachrichtenbeschaffung haben sich ins Netz verlagert, immer mehr

Menschen sind dort auch Unternehmer ihrer selbst: Es ist in vielen Berufen unverzichtbar, eine eigene Website, einen Blog oder zumindest ein Social-Media-Profil zu pflegen. Hier präsentiert und vernetzt man sich, informiert potentielle Auftrag- und Arbeitgeber, zeigt, was man kann und wer man ist. Die Trennung von Job und Freizeit, öffentlich und privat verschwimmt. So haben viele ihr Onlineverhalten vom Wunsch nach Privatsphäre abgespalten. Sie fürchten zwar nach wie vor, überwacht und manipuliert zu werden, wollen aber nicht zu den Abgehängten gehören.

Was uns die digitale Zukunft beschert, ist schwer abzusehen. Das Internet der Dinge, selbststeuernde Autos, autonom entscheidende Maschinen oder KI-Systeme, die etwa Gesundheitsdaten automatisch auswerten, sind nur einige der Visionen. Ein wichtiger Trend spielt sich dabei im Verborgenen ab: Unsere Onlineaktivitäten liefern Hinweise auf Vorlieben, Gewohnheiten und Eigenarten, die zunehmend kommerziell genutzt werden. Und derartige Spuren hinterlassen wir massenhaft. Geschätzte 500 Megabyte pro Kopf – täglich! Bis zum Jahr 2025 soll die Menge an frei zugänglichen Daten je User und Tag auf mehr als 60 Gigabyte anwachsen. Das sind zum größten Teil nicht sensible Daten, sondern frei zugängliche Bilder, Filme, Kommentare, Likes und das eigene Surfverhalten. Wenn es gelänge, aus der Fülle der im Netz kursierenden Informationen hinreichend genaue Profile der jeweiligen Menschen zu generieren, wäre das für Werber und Populisten gleichermaßen ein gefundenes Fressen.

Michal Kosinski von der Stanford University ist ein gefragter Experte auf dem Gebiet des digitalen Psychoprofiling. Anhand weniger Facebook-Likes konnte er in Studien mit hoher Wahrscheinlichkeit extrahieren, ob der Betreffende ein Mann oder eine Frau ist, konservativ oder liberal, Gläubiger oder Atheist und so weiter. Zudem zeigte Kosinskis Team, dass Werbebotschaften, die auf die persönlichen Vorlieben von 3,5 Millionen Facebook-Usern abgestimmt waren, rund 50 Prozent mehr Verkäufe generierten als blind gestreute Angebote.[11] Dabei wurden als extrovertiert klassifizierten Usern lachende Werbeträger präsentiert, während introvertierte eher verschlossen wirkende Models zu sehen bekamen. Entsprach die Anmutung dem Wesen des Betreffenden, kam sie besser an.

Lassen sich auf diese Weise auch politische Wahlen durch Fake-News entscheiden, die man, psychologisch optimiert, an Unentschlossene versendet? Laut eigener Aussage ebnete das Big-Data-Unternehmen *Cambridge Analytica* damit dem US-Wahlsieger Trump den Boden. Ob das stimmt, ist ungewiss. Allerdings gelangte die Politmarketingagentur mithilfe des Psychologen Aleksandr Kogan an rund 50 Millionen Nutzerprofile auf Facebook und nutzte diese für ihr Profiling – ohne Zustimmung der Betroffenen.

Doch an Big Data knüpfen sich nicht nur düstere Szenarien. Auch Suiziden vorzubeugen, könnte die neue Datentechnik erleichtern. Sollte man Chats flächendeckend nach auffälligen Sprachmustern wie der gehäuften Verwendung von »ich« sowie Absolutismen (»alle«, »jeder«) sichten? Fotos auf Instagram oder Pinterest nach trüben Motiven durchforsten und deren Urhebern unauffällig Hilfsangebote zuspielen? Könnte man so nicht viele zu einem gesünderen Lebensstil anregen? Und haben wir nicht alle ein Interesse daran, dass radikalisierte Jugendliche oder potentielle Amokläufer ausgespäht werden? Das Gemeinwohl und Sicherheitsbedürfnis müssen dem Datenschutz gegenüber abgewogen werden. Doch da es sich um frei zugängliche Daten im Netz handelt, und Onlinewerbung ohnehin längst auf Basis der individuellen Klicks personalisiert wird, dürfte Targeting nur der logische nächste Schritt sein.

Digitales Nudging, das Anstupsen im Internet durch gezieltes Versenden von Werbung oder anderen Botschaften, kann durchaus Wirkung haben. Doch der Erfolg solcher Methoden lässt sich kaum überprüfen – sehr zur Freude derjenigen, die ein Geschäftsmodell darauf gründen. Zusammen mit dem verbreiteten Glauben, dunkle Mächte würden uns mit ihren Algorithmen wie Marionetten steuern, ergibt das einen fruchtbaren Nährboden für Mythen. Forsch auftretende Wissenschaftler fördern diese Legendenbildung. So meint etwa Michal Kosinki, anhand weniger Facebook-Likes das Geschlecht, die sexuelle Orientierung sowie Charakterzüge der User mit großer Sicherheit bestimmen zu können. Nur was heißt das? Es handelt sich meist um erwartbare »Vorhersagen« wie die, dass Männer, die eine Kosmetikmarke liken, oft homosexuell sind, Fans der Hip-Hop-Band *Wu-tang Clan* dagegen eher heterosexuell. Die Devise »Sag mir, was du klickst, und ich sag dir, wer du bist!« offenbart nicht zwangsläufig tiefe Geheimnisse der Seele – sondern Dinge, die man sich ohnehin denken kann.

In der erwähnten Arbeit zeigte Kosinki zwar, dass extrovertiert aufgemachte Werbung bei Usern, die zuvor als gesellige Typen identifiziert wurden, 54 Prozent mehr Verkäufe generiert. Allerdings erfolgte die Zuordnung zur Gruppe der Extrovertierten oder Introvertierten auf Basis eines einzigen Likes! Ob die Betreffenden *wirklich* gesellig waren, blieb völlig offen. Aufgrund der riesigen Stichprobenumfänge treten in solchen Internetstudien zudem leicht Scheinkorrelationen auf, was möglicherweise auch hier der Fall war. Und selbst wenn die Zusammenhänge valide sind, müssen sie noch keine praktische Relevanz haben.

Beispiel: Eine Studie, die oft als Beleg für die Manipulationskraft von Facebook herangezogen wird, galt der emotionalen Ansteckung innerhalb des sozialen Netzwerks. Forscher hatten die Newsfeeds von knapp 700 000 Nutzern derart verändert, dass einigen etwas mehr positive Wörter angezeigt wurden, den anderen dagegen mehr negative.[12] Die Statusupdates der Empfänger enthielten daraufhin entweder 0,05 Prozent mehr beziehungsweise 0,1 Prozent weniger positive Begriffe. Im Klartext: Wer die aufmunternden Posts sah, verwendete im Schnitt sage und schreibe einen positiven Begriff pro 2000 Wörter mehr, bei den betrübteren News war es ein positives je 1000 Wörter weniger. Gehirnwäsche geht anders! Dass ein solch minimaler Unterschied überhaupt signifikant wurde, war der immensen Stichprobengröße geschuldet. Denn nach den Gesetzen der Stochastik muss man nur genug Fälle betrachten, um selbst minimale Unterschiede bedeutsam erscheinen zu lassen.

Digitale Daten sind eine Goldgrube. Anhand der Spuren, die wir im virtuellen Raum hinterlassen, unseren Charakter, unsere Gewohnheiten und Stimmungslage zu erkennen, um sie gezielt zu beeinflussen, ist für Unternehmen und Regierungen gleichermaßen interessant. Anders als die analoge Meinungsmache geht ihr Pendant im Internet zunehmend automatisiert vonstatten. Maschinen lesen Onlinedaten aus, scannen sie nach Mustern und generieren daraus passend zugeschnittene Botschaften und fingierte Nachrichten. So sind virtuelle Gesprächspartner oder Chatbots heute bereits umfangreich im Einsatz. Doch womöglich erweist sich die

Vision vom gläsernen Bürger erneut als Budenzauber, eine Art Phrenologie des Big-Data-Zeitalters. Im 19. Jahrhundert glaubte man, an der Schädelform das Wesen eines Menschen ablesen zu können. Ob Apps und Algorithmen zu den Geheimnissen des Ichs vordringen oder nur eine Menge heiße Luft produzieren, ist noch nicht entschieden. Eines hat die digitale Psychometrie allerdings mit dem alten Drang nach Selbsterkenntnis gemeinsam: Im Zweifel zählt *irgendeine* Antwort mehr, als gar keine zu haben.

20 KONKRET WÜNSCHEN, ABSTRAKT URTEILEN

Weshalb Vagheit zufriedener macht

Manchmal genügt eine einzige, berauschende Erfahrung, um alle Theorie über den Haufen zu werfen. Da brütet man lange darüber, welches Berufsziel das richtige für einen sei, welcher Partner der passende, welches Hobby das spannendste, welches Reiseziel das lohnendste. Man wägt Argumente hin und her und versteigt sich nicht selten in fixe Ideen. *Mein Partner muss dunkelblond und mindestens 1 Meter 80 groß sein, sonst wird das nichts! Ich will im Urlaub ans Meer, in den Bergen regnet es sowieso immer!* Und dann lernt man auf einmal diesen wahnsinnig charmanten, kleinen Kahlkopf kennen oder landet per Zufall in einem traumhaften Bergdorf, und einem wird klar: Das *will ich!*

Oder nehmen wir die betörende Leichtigkeit, mit der Bewegung den Trübsinn vertreibt. Ich staune immer wieder, wie viele meiner Alltagsnöte, die so groß und bedeutsam erscheinen, zusammenschrumpfen, sobald ich meinen Körper spüre. Wenn sich die Muskeln spannen, der Atem schneller geht und der Puls hüpft, verlieren Querelen und Lasten an Gewicht. Während ich sie im Kopf hin und her wälze, nehmen mich meine Gedanken derart gefangen, dass kaum vorstellbar erscheint, die Probleme könnten sich nach ein paar Bahnen im Schwimmbecken oder einer Runde im Park schon relativieren. Aber so ist es – nicht immer, aber oft.

Selbstvergessene, gute Momente zu erleben, ob beim Sport, bei genussvollem Tun oder durch die Verbundenheit mit anderen, ist ein wesentlicher Baustein der Zufriedenheit. Der Appell »Erst denken, dann machen!« bewirkt dagegen oft eher das Gegenteil dessen, was er bezweckt. »Nichts im Leben ist so wichtig, wie man glaubt, wenn man darüber nachdenkt«, formulierte es der Nobelpreisträger Daniel Kahneman, der diese sogenannte Fokussierungsillusion untersuchte.[1] Um sich davon zumindest ein Stück weit zu lösen, muss man einsehen, dass der eigene momentane Zustand nur einer von vielen möglichen ist.

Warum erzähle ich Ihnen das? Weil wir auf dem Feld der Selbsterkenntnis ganz besonders dazu neigen, auf die Macht der bewussten Beschäftigung und Analyse zu setzen. Wir wollen uns auf die eine vermeintlich richtige Sicht, wie wir seien, festlegen. Das liegt teils daran, dass wir den Facettenreichtum unserer Persönlichkeit übersehen. Es hat aber auch damit zu tun, dass die Selbstanalyse und genaue Bestimmung dessen, was dem eigenen Wesen entspricht, als Königsweg zum Glück gelten. Ich möchte Sie zum Schluss dazu anregen, diese Sichtweise einmal kritisch zu hinterfragen.

Der Psychologe John Updegraff beschrieb vor einigen Jahren, dass es eine Tugend sein kann, sich selbst nicht zu genau zu betrachten. Demnach gehen weniger konkrete Selbsturteile im Schnitt mit größerem Wohlbefinden einher. »Glück ist ein warmer, abstrakter Gedanke«, fasste Updegraff seine Erkenntnis zusammen.[2] Gemeinsam mit seinem Kollegen Eunkook Suh hatte er Probanden gebeten, fünf Dinge zu schildern, die ihnen an sich selbst oder an ihrer Lebenssituation bemerkenswert erschienen. Die Berichte wurden nach ihrem Abstraktionsgrad gewichtet und mit der ebenfalls erhobenen Lebenszufriedenheit abgeglichen. Siehe da: Menschen, die konkrete Ansagen wie »Ich lebe in einer grünen Gegend am Meer« oder »Ich will abnehmen und halte Diät« machten, zeigten im Schnitt ein geringeres Wohlbefinden als solche mit ungefähren Statements wie »Ich versuche, etwas aus mir zu machen« oder »Ich kann mich nicht beklagen«. Ähnliches galt, als die Teilnehmer eine Bildergalerie betrachteten und angaben, ob das Dargestellte einen Bezug zu ihnen selbst hatte. Dachten die Probanden an konkrete Erlebnisse, fiel die Zufriedenheit schwächer aus, als wenn das Augenmerk auf allgemeine Kategorien wie die persönlichen Werte und Überzeugungen gelenkt wurde.

Während der Wunsch nach Selbstveränderung umso eher zum Ziel führt, je konkreter er formuliert wird, scheint für unser Selbsturteil das Gegenteil zu gelten: Wer sich in groben Begriffen skizziert (»ich bin ein kluger Kopf« statt »ich habe einen IQ von 117«), ist eher mit sich im Reinen. Das dürfte vor allem zwei Gründe haben: Zum einen sind allgemeine Aussage nicht so leicht überprüfbar; man kommt folglich weniger in die Verlegenheit, seine Einschätzung überdenken oder gegen Zweifel verteidigen zu müssen. Wer »Fünf gerade sein lässt«, hat quasi immer recht. Zum anderen sind weniger spezifische Kriterien anschlussfähiger, das heißt, es fällt uns leichter, positive Erinnerungen oder Gefühle damit zu verknüpfen.

Man mag einwenden, ob denn das subjektive Wohlbefinden überhaupt der richtige Maßstab sei. Vieles im Leben fühlt sich für die Betreffenden gut an und ist dennoch problematisch. Denken wir nur an den selbstverliebten Selfmademan, der vor Eigenlob »platzt«, zugleich aber seine Mitarbeiter drangsaliert. Wäre nicht allen Seiten mehr gedient, würde der Chef etwas selbstkritischer sein, auch wenn sich das für ihn persönlich nicht ganz so blendend anfühlte? Glück und Wohlbefinden sind nur dann sinnvolle Maßstäbe, wenn es nicht allein das Glück und Wohlbefinden einiger weniger auf Kosten von anderen bedeutet. Geht man aber davon aus, dass individuelles Glück im Schnitt auch das Glück der Allgemeinheit fördert (worauf einiges hindeutet),[3] so lässt sich vermuten: Ein geschöntes Selbstbild ist besser als sein Ruf!

Doch welcher Ratgeber würde je empfehlen: »Bleib vage in deinem Selbsturteil!«? Es liefe dem Zeitgeist komplett zuwider. »Man muss doch Bescheid wissen«, sagen die Selbstvermesser. »Wie soll man sonst richtig entscheiden?« Allerdings ist es ein Irrtum zu glauben, mehr bringe stets mehr. Mitunter geht es uns im Gegenteil besser, wenn uns nicht vor lauter Wissen der Kopf schwirrt. Überinformiertheit ist *die* Falle unserer Zeit. Denn dank der Digitalisierung erleben wir heute eine wahre Inflation des Wissens; und jede neue Zahl und jedes Faktum, die hereinflattern – ob Regenrisiko, Matching-Quote, Kundenbewertungen, BMI oder Likes – erhöhen den Druck, sich zu vergleichen und mithalten zu müssen.

Soll man sich also besser kein genaues Bild von sich machen? So viel steht fest: Der Glaube, man müsse sich erst kennen, bevor man mit dem passenden Leben beginnen könne, zäumt das Pferd von hinten auf. Unsere Eigenarten sind nicht von vornherein gegeben, sondern entwickeln sich mit der Zeit und Gelegenheit. Was zählt, ist die Fähigkeit, sich auf etwas einzulassen, von dem man noch nicht genau weiß, ob es einem liegt.

Dass der Mensch sich möglichst realistisch einschätzen und authentisch leben sollte, erklärten viele Ansätze der praktischen Psychologie zu einem wichtigen Faktor für Erfolg und Glück. Das Lob der Eigentlichkeit inspirierte bereits die antike Lehre der Eudaimonie. Diese empfahl ein dem eigenen Wesen (»*daimon*«) gemäßes Leben. Doch woher weiß man, was einem entspricht? Indem man in sich hineinhorcht und sein Inneres auslotet? Möglich. Allerdings hat die erhöhte Selbstaufmerksamkeit, die damit einhergeht, auch Schattenseiten. Sie bereitet Unbehagen und verwirrt manchmal mehr, als Klarheit zu schaffen.

Schon bei Aristoteles (384–322 v. Chr.) findet sich ein Gedanke, der einen möglichen Ausweg weist: Wie der Philosoph in seiner *Nikomachischen Ethik* erklärt, bestehe das oberste Ziel (*telos*) des Menschen darin, *gewohnheitsmäßig* tugendhaft zu handeln. Das heißt, durch Übung einen Zustand zu erreichen, der kein Nachdenken darüber erfordert, was richtig ist. Aristoteles unterschied die Verstandestugenden Vernunft und Weisheit von den Charaktertugenden Besonnenheit, Tapferkeit und Gerechtigkeit. Während erstere uns die rationale Abwägung ermöglichen, bilden letztere unsere affektive Seite. Erst wenn beide durch Übung und Gewohnheit in eine gute Balance gebracht werden, sei wahre Tugend (*arreté*) möglich. Moderner ausgedrückt: Glücklich wird, wer klug, gelassen und fair handelt – und zwar ohne lange darüber zu grübeln und sich selbst zu ermahnen. Der Weg dorthin führt laut Aristoteles allein über die Tat.

Dementsprechend fußt das Konzept der Eudaimonie, anders als viele neuere Autoren es deuten, nicht auf der Hinwendung zur eigenen inneren Befindlichkeit, sondern vielmehr auf dem Aktivsein.[4] Nur im praktischen Lebensvollzug findet der Mensch zu sich, und macht das ihm Passende zur Gewohnheit. Zwei Dinge sind hierbei wichtig: erstens ein klarer Blick dafür, was man gut und richtig findet, und zweitens Feedback von anderen. Seine Mitmenschen unterstützen und mit ihnen teilen, dankbar sein und Trost spenden, solche Akte der Nächstenliebe tun nicht nur anderen gut, sondern auch uns selbst.

Ein Team um Michael Steger wertete Tagebuchaufzeichnungen von Probanden danach aus, wie sehr die darin geschilderten Aktivitäten auf Genuss oder auf Sinngebung gerichtet waren.[5] Sich für andere einzusetzen oder bereichernde Gespräche zu führen, ging dabei mit einer stabileren, positiven Grundstimmung einher als Lustbringer wie Shoppen, Sex und gutes Essen. Bedeutsame Erfahrungen anzustoßen und sich von den Bedenken zu befreien, mit denen wir unseren Alltag oft überfrachten, ist nicht umsonst eine Säule der Depressionstherapie. Schwermütige spüren nicht mehr, was sich für sie gut anfühlt. Sie müssen es neu lernen und fangen damit oft wieder klein an: sich an Sonnenstrahlen zu erfreuen, barfuß über den Rasen zu laufen, grundlos zu lächeln … Selbstvergessenes Tun, neudeutsch »Flow«, etwa durch Bewegung, künstlerisches Gestalten oder im Spiel, ist die Basis einer stabilen Psyche. Statt durch Reflexion finden wir im aktiven Ausprobieren zu uns.

Wir können heute so viel in uns gehen und kontemplieren wie wohl keine Generation zuvor. Das Leben in der digitalen, globalisierten Welt macht es möglich. Und es bestärkt uns mit zahllosen Angeboten darin, ja nicht nachlässig zu werden bei der Selbsterforschung. Schließlich müssen wir das passende Leben aus uns selbst schöpfen! Mit Nachdenken allein kommen wir hier freilich nicht weit. Wer ich bin und was ich kann, offenbart sich mir nicht im stillen Kämmerlein, sondern im Machen. Ich entdecke mich selbst, wenn ich in die Welt hinausgehe und dem folge, was ich für richtig halte. Und wenn ich akzeptiere, dass ich mir selbst stets ein Stück fremd bleibe.

Laut den Resultaten der Positiven Psychologie ruht die Lebenszufriedenheit von Menschen vor allem auf drei Säulen: Optimismus, Engagement und Akzeptanz. Glücklich wird demnach, wer mit Zuversicht nach vorn blickt, wer sein Leben und seine Beziehungen aktiv gestaltet und wer sich selbst gegenüber Milde walten lässt. Wie gut wir Krisen und Hindernisse meistern, hängt dabei auch von unserem Selbstbild ab. Besonders hilfreich sind die Fähigkeit zum Selbst-Mitgefühl – nicht verbittert zu sein oder sich schuldig zu fühlen, weil man etwas nicht gut kann oder Fehler gemacht hat – sowie das Vermögen, sich in einem größeren Kontext zu betrachten. Das führt häufig zu der wohltuenden Einsicht, dass man nicht der Einzige auf der Welt ist, dem es so geht.

Scheidungskandidaten erholen sich ein Jahr nach dem Bruch der Ehe umso besser, je mehr Selbst-Mitgefühl sie aufbringen.[6] Wer sich seine Fehltritte verzeiht, überwindet den Trennungsstress eher. Das lässt sich verallgemeinern: Die Ansprüche herunterschrauben, sich an Kleinigkeiten erfreuen, das Urteil von anderen nicht zu wichtig nehmen und eben sich selbst verzeihen – solche Formen der Selbstakzeptanz machen zufriedener. Andernfalls, so berichteten Forscher um Amanda DeSilveira, gehe die Versenkung ins Ich mit verstärktem Grübeln, mit Ängstlichkeit und Unwohlsein einher.[7] Und dass es sehr wohl frustrieren kann, wenn man sich die eigenen Grenzen bewusst macht, liegt auf der Hand.

Einen Weg zur Selbstdistanzierung bietet das Meditieren. Die Psychologin Erika Carlson sichtete Studien zu der Frage, ob Achtsamkeit unseren Blick auf das Ich verändert.[8] Demnach helfe sie, vor allem zwei Hürden zu überwinden: negative Gedanken und uneigentliche Wünsche. Achtsamkeit bedeutet freilich nicht, sich auf sein Denken zu konzentrieren. Achtsam ist, wer seine Gedanken ziehen lässt. Dafür muss man die automatischen Bewertungen, die uns alltäglich beschäftigen, ausschalten. »Wohlwollendes, interesseloses Gewahrsein« nennen das Meditationsprofis. Für die emotionale Entlastung, die es bewirken kann, muss man zwischen dem Gegenstand seines Denkens und den Gedanken unterscheiden. Einfälle kommen und gehen, und sie spülen manchen Unrat hoch, den wir allzu schnell für wahr halten. Gerade auf uns selbst bezogen, ist das oft schwerer einzusehen: *Ich kann dies nicht gut, ich habe bei jenem versagt, ich bin doch ein Trottel …* Was wir dabei leicht übersehen: Selbsturteile sind *Urteile*, keine Wahrheiten. Achtsamkeit hilft, Gedanken *als* Gedanken zu betrachten, und nimmt ihnen so die Wucht. Wohl dem, der sein Selbstbild als das ansieht, was es ist: Nur eine Option von vielen, sich selbst zu beschreiben.

SCHLUSS

Unsere Reise durch die Wissenschaft der Selbsterkenntnis ist nun fast zu Ende. Wir haben viele Tricks und Effekte kennengelernt, die dafür sorgen, dass wir uns selbst anders sehen, als wir, gemessen an externen Kriterien wie Fremdurteilen oder unserem Verhalten, sind. Was folgt daraus? Lassen uns diese Einsichten einen unverstellten Blick auf uns werfen? Oder ist das gar nicht möglich, und wir sollten uns diese Idee besser aus dem Kopf schlagen? Müssen wir uns damit abfinden, dass wir Blender und Geblendete zugleich sind?

Die Wahrheit liegt, wie so oft, in der Mitte. Ohne das Vermögen, uns selbst halbwegs gut einzuschätzen, würden wir uns in tollkühne Abenteuer stürzen. Wir würden uns auf den meisten Gebieten für unfehlbar oder unwiderstehlich halten, viel zu schnell fahren und nie zum Arzt gehen. Keine gute Idee! Ganz aus dem Lot geraten darf das Bild, das wir von uns zeichnen, also nicht. Allerdings hat unser Hang zur Selbsttäuschung durchaus sein Gutes. Ein geschöntes Ego ist enorm hilfreich, um mit Mut und Zuversicht voranzugehen. Deshalb lässt sich die rosarote Brille auch nicht so einfach ablegen. Wir machen uns permanent etwas vor – und bemerken es kaum. Vielmehr glauben wir, Einsicht in unser Inneres sei erstens möglich und zweitens nötig. Warum sehen wir nicht ein, dass man mit einem forsch frisierten Selbstbild oft besser fährt? Weshalb erscheint uns die Kunst der Täuschung so verwerflich? Profitieren wir nicht täglich davon und zimmern kräftig mit am schönen Schein? Woher dieser Drang nach dem echten, authentischen Sein?

Wir spielen viele Rollen, müssen uns oft verbiegen und fallen auf Manipulationen durch andere herein. Das erzeugt Ängste und Fluchtfantasien. *Ach, könnte ich doch nur so sein, wie ich* wirklich *bin!* Ist der Glaube an die Selbsterkenntnis also nur ein Balsam, der uns die Last der Verstellung erträglicher macht? Die wissenschaftliche Psychologie legt diesen Verdacht zumindest nahe: Wir sind geborene Schauspieler, alles ist Selbstdarstellung.

Wie wir uns betrachten, beeinflusst in hohem Maß, was wir zu leisten im Stande sind. Das heißt jedoch nicht, dass wir uns beliebig schön- und starkdenken können. Die Macht der Überzeugungen ist begrenzt. Zudem kann sich die eigene geistige Haltung auch als kontraproduktiv erweisen. Meine weniger schmeichelhaften Seiten, meine Ängste und Schwächen, der Rettungsring um den Bauch und das Brett vor dem Kopf – sie bekommen dadurch Gewicht, dass ich sie auf gewisse Art bewerte. Nehme ich es damit nicht so genau und nicht so ernst, stehen mir derlei Hürden meist auch weniger im Weg, als wenn ich mich darauf konzentriere. Aus diesem Grund brauchen wir ein gesundes Maß an Ignoranz. Die große Ironie am Selbsterkenntnisdrang lautet: Weniger Fixierung aufs Ich und mehr Lust an der Verstellung können uns dabei helfen, uns selbst zu überwinden und unerwartete Talente zu offenbaren.

Vielleicht ist das Ideal der Selbsterkenntnis aber auch nur ein »moralisches Regulativ«. Wären wir alle ohnehin ehrlich und gerecht, bräuchten wir diese Gebote ja auch nicht hochzuhalten und unseren Kindern zu vermitteln. Dieser Gedanke stand schon hinter dem antiken Appell »*Gnothi seauton*!« Der Mensch solle sich selbst erkennen, um Egoismen und Ungerechtigkeiten zu vermeiden. Es sei zwar mühsam, gegen die Widerstände des Egos anzukämpfen, doch nur, wer es versuche, halte den Schlüssel zu einem guten Miteinander in der Hand. Man kann dieses Argument noch weitertreiben: Ist jenes Unbehagen, das echte Selbsterkenntnis in uns auslöst, nicht *gerade* gut? Brauchen wir nicht den heilsamen Schock, um fairer zu urteilen und zu handeln? Ist also das Aufdecken der eigenen Irrtümer – und nicht etwa die Selbstüberhöhung – wünschenswert?

Tatsache ist: Unser Selbstbild unterliegt vielen Verzerrungen, die einem sinnvollen Zweck dienen. Dank ihnen fühlen wir uns kompetent, integer und sicher – egal, wie realistisch das sein mag. Das erhöht die Chance, dass wir aktiv werden und uns von Rückschlägen nicht entmutigen lassen. Es sorgt dafür, dass wir Herausforderungen annehmen, Neues ausprobieren und Probleme meistern. Wenn wir uns selbst betrachten, geht es weniger um Wahrheit als darum, gut vorbereitet zu sein. Vorbereitet auf das, was das Leben an Überraschungen für uns bereithält. Es geht um Vertrauen, die wichtigste Ressource in einer unsicheren Welt.

Das Internet, dieser Jahrmarkt der Eitelkeiten, und die zunehmende Digitalisierung verstärken den Eindruck, alles werde von schwer zu durchschauenden Interessen gelenkt. Der allgegenwärtige »Fake« macht das wahre Ich zum Zufluchtsort. Je weniger Gewissheit es zu geben scheint, desto mehr sehnen wir uns danach. Doch das Ich ist kein Ding, an das wir uns klammern können, denn es passt sich ständig an neue Gegebenheiten an. So kann der Glaube an ein wahres Ich seinerseits zum Selbstbetrug werden: Wer hätte nicht schon irgendeiner Vorstellung davon angehangen, wie er *wirklich* sei – und zu spät erkannt, dass er falsch lag? Und so mancher will gar nicht wirklich einsehen, wie er ist; er braucht nur das Gefühl, er könne es.

So paradox es klingt, wir sollten unseren Täuschungen und Trugbildern durchaus trauen. Denn sich selbst wahrhaft zu erkennen, hieße oft nur, sich als so eitel und beschränkt zu begreifen, wie man ist. Das Selbst ist eine glänzende Fassade, die das Leben erleichtert. Sie einzureißen, um in das kümmerliche, windschiefe Häuschen dahinter einzuziehen, macht nicht froh. Statt nach dem wahren Ich zu schürfen, sollten wir besser unsere spontanen Impulse erkennen und ihnen folgen. Wer alles bewusst machen und ausloten will, übersieht vor lauter gut gemeinten Erklärungen womöglich diesen inneren Wegweiser.

Es gibt freilich Ausnahmen. Etwa, wenn sich der Autopilot im Kopf als Quelle des Unglücks entpuppt. Das ist häufig bei psychischen Störungen der Fall. Depressive wissen nicht mehr, was sich für sie gut anfühlt. Angstpatienten verlieren das Gespür dafür, wo echte Gefahr lauert. Zwangsgestörte können nicht von ihren fixen Ideen lassen. Hier ist Bewusstmachen geboten, denn nur so lässt sich an der Misere gezielt etwas ändern. Doch was bei Störungen hilft, muss deshalb nicht jedermann guttun.

Auf den Philosophen Arthur Schopenhauer (1788–1860) geht ein hübsches Bonmot zurück: »Wir können wohl tun, was wir wollen. Aber wir können nicht wollen, was wir wollen.«[1] Zu wollen, was man will, das hieße, sich die eigenen Urteile, Wünsche und Vorlieben auszusuchen. Ich kann für meinen Lebtag gern Pistazieneis essen, aber ich kann nicht *wollen, dass* es so sei. Entweder es schmeckt mir oder nicht. Ich kann davon überzeugt sein, eine Energiewende sei dringend nötig, weil nur die Abkehr von fossilen Brennstoffen uns vor dem Öko-Kollaps rette. Aber ich kann nicht *wollen, dass* ich es so sehe; entweder es erscheint mir richtig oder nicht. Gleiches gilt für das Selbst. Ich kann gelassen, humorvoll oder eloquent sein oder nicht – nur *vornehmen* kann ich mir dies nicht. Man mag einwenden, eine gewünschte Eigenschaft einfach anzunehmen, das gehe sicher nicht. Aber man könne doch an sich arbeiten! Man könne *versuchen*, gelassener, humorvoller oder was auch immer zu sein, und mit der richtigen Methode gelinge es bestimmt. Doch, so könnte man mit Schopenhauer zurückfragen, woher kommt der Drang, anders sein zu wollen? Er wird aus keiner bewussten, willentlichen Abwägung geboren, sondern aus der Not. Aus dem Mangel, den man an sich empfindet, aber nicht *wählt*. Es gibt kein Entrinnen vor der »unerträglichen Automatik des Seins«.[2]

Die Forschung kennt vor allem drei Gründe, warum *weniger* Selbstbeschäftigung mitunter besser ist. Erstens: Wir sind oft wandlungsfähiger, als es uns erscheint. Wir denken und handeln nicht nur von Moment zu Moment verschieden, sondern verändern uns auch im Lauf des Lebens. Allzu starre Festlegungen (»so bin ich eben …«) berauben uns somit der Chance, mit dem eigenen Wandel Schritt zu halten. Sie beschränken unseren Spielraum, weil wir dann vieles von vornherein ausschließen: *Ich kann das nicht … es entspricht mir nicht … ich lasse es besser!* Hat sich etwa die Überzeugung, man sei schüchtern, unsportlich oder sensibel, einmal eingebrannt, betrachtet man jede sich bietende Gelegenheit unter diesem Vorbehalt.

Der zweite Grund: Nachdenken macht nicht authentischer. Es führt uns nicht näher an den Autopiloten im Kopf heran, der unsere Vorlieben, Urteile und Entscheidungen »managt«. Wir halten das meiste nicht deshalb für gut, weil wir es reiflich abgewogen hätten, sondern weil automatische Muster und Gewohnheiten es so wollen.[3] Würden wir alles bewusst abwägen, kämen wir nicht einmal morgens aus dem Bett. Gleichwohl brauchen wir die Illusion, wir seien uns (fast) allem bewusst. Der Versuch, die eigenen Neigungen rational zu ergründen, kann den Blick darauf sogar verstellen.

Und das dritte Argument lautet: Wir bestehen im Leben eher, wenn wir uns für mächtiger und besser halten, als wir sind. Schon deshalb sollten wir uns nicht zu sehr erforschen, um uns dieser positiven Illusionen nicht zu berauben. Kurzum: Wir sind auf Täuschung und Verstellung angewiesen. Darf man sich der Überhöhung also widerstandslos ergeben? Nein, denn wir brauchen trotz allem ein gewisses Maß an Selbsterkenntnis als Leitplanke für das soziale Miteinander. Daher sollten wir unsere Urteile und Ansichten durchaus hinterfragen, unser Können auf den Prüfstand stellen und uns von höherer Warte aus betrachten. Wir sollten Freunde, Partner und Verwandte um ihre Einschätzung bitten, auf unsere Taten blicken und uns der Zumutung aussetzen, wenn man uns einen Spiegel vorhält. Aber wir sollten es damit auch nicht übertreiben. Sich selbst für kompetent, stark oder liebenswert zu halten, macht uns eben oft kompetenter, stärker und liebenswerter, als wir ohne diesen Trick 17 mit Selbstansage wären. Und das dürfte der tiefere Grund dafür sein, dass wir fast 3000 Jahre nach dem Appell »Erkenne dich selbst!« immer noch der Selbstüberschätzung erliegen.

Der Idealzustand wäre folglich etwa dieser: Mein Selbstbild ist zwar nicht völlig neben der Spur, aber in wichtigen Punkten zu positiv gefärbt. Ich blicke großzügig über meine Beschränkungen hinweg und halte mich im Großen und Ganzen für einflussreicher und fähiger, als ich bin. Was dagegensprechen könnte, ficht mich nicht an; allerdings lasse ich von Dingen, die mir eine Nummer zu groß erscheinen, vorsorglich die Finger. Es gelingt mir, die losen Enden meines Lebens zu einer plausiblen Geschichte zu verbinden, die auch irrationale, aber emotional entlastende Elemente enthält wie den Glauben, was mir zustieß, habe einen tieferen Sinn. Ich berücksichtige die Meinungen von anderen und passe mein Handeln gegebenenfalls daran an, vor allem wenn mir sonst Nachteile drohen. Allerdings hat meine Rücksichtnahme auch Grenzen – ich schiele nicht andauernd danach, wie andere mich wohl finden. Ich stehe dazu, wie ich bin, mit allen Empfindlichkeiten und Vorurteilen, die ich bestimmt habe, auch wenn ich sie nicht genau kenne. Ich versuche, meinen Nächsten damit jedenfalls nicht zu schaden oder auf den Wecker zu gehen. Nötigenfalls kann ich über mich selbst reflektieren, mache mich allerdings nicht durch permanente Ich-Beschau verrückt. Wenn ich etwas an mir ändern will, setze ich eher auf simple Wenn-dann-Regeln statt auf Selbstermahnungen.

Am Ende steht die Erkenntnis: Wir sind anders, als wir meinen – und das ist gut so! Wir sind weder die intimen Kenner unserer selbst, für die wir uns halten, noch lässt uns penible Selbstbeschau unser wahres Ich erkennen. Vielmehr treiben wir von klein auf und zumeist unbewusst ein kompliziertes Spiel mit Fiktionen, mit Rollen- und Wunschbildern, die wir brauchen wie die Luft zum Atmen.

Manche Menschen sind überzeugt davon, eine tiefe Gewissheit, eine unbezweifelbare Erkenntnis über sich gewonnen zu haben. Sei es durch eine schicksalhafte Begegnung oder ein prägendes Erlebnis, sei es durch harte Arbeit an sich selbst. Die Betreffenden meinen, genau zu wissen, wer sie sind und wie sie im Einklang mit sich leben können. Das ist wunderbar! Keine psychologische Studie oder Theorie soll ihnen dieses Gefühl nehmen. Es geht nicht darum, Menschen ihr persönliches Lebensgefühl auszureden. Die Befunde der Wissenschaft beruhen auf Durchschnittswerten, die manches, aber nie alles über den Einzelnen aussagen. Dass uns der Drang nach Selbsterkenntnis dazu verleiten kann, uns selbst zu beschränken, heißt nicht, dass das subjektive Gefühl dafür, wer man ist, falsch sei. Es lässt dieses Gefühl eben nur ein wenig zweifelhaft erscheinen. Und ein gewisses Maß an Zweifeln ist wohl die beste Gewähr, sich selbst auf die Spur zu kommen. Sieben einfache Faustregeln können dabei als Leitfaden dienen:

1. Achte auf deine Taten!
2. Höre, was andere sagen!
3. Siehe, wie man auf dich reagiert!
4. Erzähle, wer du bist!
5. Stell dir vor, wie du sein könntest!
6. Geh auf Distanz zu dir selbst!
7. Tu so als ob!

DANKSAGUNG

Ohne die Hilfe anderer Menschen ist es weder möglich, ein Selbst zu konstruieren – noch ein Buch zu schreiben. Ich danke besonders meiner kleinen Tochter für die Inspiration und das Anschauungsmaterial zum Erwachen des kindlichen Denkens sowie meiner Frau für die Nachsicht, wenn ich mal wieder unter Bücher- und Manuskriptstapeln abgetaucht bin. Meiner Kollegin Anna von Hopffgarten danke ich für die Durchsicht eines Textentwurfs sowie der gesamten Redaktion von »Gehirn&Geist« für eine tolle Arbeitsatmosphäre. Vor allem danke ich den Wissenschaftlern, die mir Einblicke in ihre Forschung gewährten: Arnaud D'Argembeau, Nicola Baumann, Peter Carruthers, Michael Dufner, Jochen Gebauer, Ralph Hertwig, Thomas Joiner, Julian Keenan, Matthias Mehl, Alva Noe, Michael Pauen, Oliver Schultheiss, Constantine Sedikides, Jonathan Smallwood, Mark Solms, Jule Specht, Nina Strohminger, Cornelia Wzrus und Simine Vazire. Besonders gern erinnere ich mich an eine Unterhaltung mit dem Motivationspsychologen Oliver Schultheiss, der auf meine Frage, ob er sein wahres Ich kenne, kurz schwieg und dann lachte: »Ach, das Ich ist polyphon!« In einer Schreibphase, in der ich an dieser Polyphonie selbst schier verzweifelte, war das eine willkommene Aufmunterung.

ANMERKUNGEN

Vorwort

1 Zu diesem Ergebnis kamen in den vergangenen Jahren mehrere große Überblicksarbeiten, zuletzt Dufner, M. et al. (2018) Self-enhancement and psychological adjustment: A meta-analytic review. *Personality and social psychology review* doi: 10.1177/1088868318756467 sowie Humberg, S. et al. (2018) Is accurate, positive, or inflated self-perception most advantageous for psychological adjustment? A competitive test of key hypotheses. *Journal of personality and social psychology* doi: 10.1037/pspp0000204.

Einleitung

1 Siehe Pittenger, D. J. (1993) The ultility of the Myers-Briggs Type Indicator. *Journal of educational research* 63, S. 467–488 oder Gardner, W. L. & Martinko, M. J. (1996) Using the Myers-Briggs Type Indicator to study managers: A literature review and research agenda. *Journal of management* 22, S. 45–83.

2 Siehe zum Beispiel Stahl, S. (2016) So bin ich eben! Meine persönliche Gebrauchsanweisung. Ellert & Richter, Hamburg (4. Aufl.).

3 Cassam, Q. (2014) Self-knowledge for humans. Oxford University Press, Oxford (hier v.a. Kap. 15 »The value of self-knowledge«, S. 210–227).

4 Frisch, M. (1992) Fragebogen. Suhrkamp, Frankfurt am Main, S. 9.

5 Bortolotti, L. & Antrobus, M. (2015) Costs and benefits of realism and optimism. *Current opinion in psychiatry* 28, S. 194–198.

1 Der blinde Fleck

1 Pronin, E. (2009) The introspection illusion. *Advances in experimental social psychology.* Academic Press, Burlington, S. 1–67.
2 Hansen, K. et al. (2014) People claim objectivity after knowingly using biased strategies. *Personality and social psychology bulletin* 40, S. 691–699.
3 Descartes, R. (1641/1959) Meditationen über die Grundlagen der Philosophie. Felix Meiner, Hamburg, S. 26 (II, 16).
4 Pauen, M. (2016) Die Natur des Geistes. Fischer, Frankfurt am Main.
5 Xu, X. et al. (2015) The neural evidence of the reflected appraisal process as a main path for learning about one's self-knowledge of personality. *Biological psychology* 110, S. 85–90.
6 Für einen Überblick siehe Back, M. & Vazire, S. (2012) Knowing our personality. In: Vazire, S. & Wilson, T. D. (Hrsg.) Handbook of self-knowledge. Guilford Press, New York 2012, S. 131–156 sowie Pronin, E. (2008) How we see ourselves and how we see others. *Science* 320, S. 1177–1180.
7 Greenwald, A. G. et al. (1998) Measuring individual differences in implicit cognition: The implicit association test. *Journal of personality and social psychology* 74, S. 1464–1480.
8 Egloff, B. & Schmukle, S. C. (2002) Predictive validity of an implicit association test for assessing anxiety. *Journal of personality and social psychology* 83, S. 1441–145 sowie Asendorpf, J. et al. (2002) Double dissociation between implicit and explicit personality self-concept: The case of shy behavior. *Journal of personality and social psychology* 83, S. 380–393.
9 Back, M. et al. (2009) Predicting actual behavior from the explicit and implicit self-concept of personality. *Journal of personality and social psychology* 97, S. 533–548.
10 Vazire, S. (2010) Who knows what about a person? The self-other knowledge asymmetry (SOKA) model. *Journal of personality and social psychology* 98, S. 281–300.
11 Vazire, S. & Mehl, M. R. (2008) Knowing me, knowing you: The accuracy and unique predictive validity of self-ratings and other-ratings of daily behavior. *Journal of personality and social psychology* 94, S. 1202–1216.

12 Silvia, P. J. & Gendolla, G. H. E. (2001) On introspection and self-perception: Does self-focused attention enable accurate self-knowledge? *Review of general psychology* 5, S. 241–269.
13 Schachter, S. & Singer, J. (1962) Cognitive, social, and physiological determinants of emotional state. *Psychological review* 69, S. 379–399.
14 Dutton, D. G. & Aron, A. P. (1974) Some evidence for heightened sexual attraction under conditions of high anxiety. *Journal of personality and social psychology* 30, S. 510–517.

2 Ich und Selbst

1 Freud, S. (1900) Die Traumdeutung. Deuticke, Leipzig und Wien.
2 Ders. (1910) Über Psychoanalyse: Fünf Vorlesungen. Deuticke, Leipzig und Wien.
3 James, H. (1920) The letters of William James. Atlantic Monthly Press, Boston, Bd. 2, S. 225.
4 James, W. (1890) The principles of psychology. John Holt, New York.
5 Ebd., Bd. 1, S. 346.
6 Sierra-Siegert, M. & David, A. S. (2007) Depersonalization and individualism: The effect of culture on symptom profiles in panic disorder. *Journal of nervous and mental desease* 195, S. 989–995.
7 Michal, M. et al. (2009) Prevalence, correlates, and predictors of depersonalization experiences in german general population. *Journal of nervous and mental desease* 197, S. 499–596.
8 Powell, L. J. et al. (2010) Dissociable neural substrates for agentic versus conceptual representations of self. *Journal of cognitive neuroscience* 22, S. 2186–2197.
9 Carruthers, P. (2017) The illusion of conscious thought. *Journal of consciousness studies* 24, S. 228–252.
10 Libet, B. et al. (1983) Time of conscious intention to act in relation to onset of cerebral activity (readiness-potential). The unconscious initiation of a freely voluntary act. *Brain* 106, S. 623–642.
11 Wilson, T. D. (2002) Strangers to ourselves: Discovering the adaptive unconscious. Belknap Press, Cambridge.
12 Bargh, J. (2017) Before you know it: The unconscious reasons we do what we do. Touchstone, New York.

3 Anders als gedacht

1 Smith, M. K. et al. (2017) Self-deception facilitates interpersonal persuasion. *Journal of economic psychology* 63, S. 93–101.

2 Chance, Z. & Norton, M. I. (2015) The what and why of self-deception. *Current opinions in psychology* 6, S. 104–107 sowie Schwardmann, P. & van der Welde, J. (2016) Deception and self-deception. *Tinbergen institute discussion paper* TI 2016–012/1.

3 Sartre, J.-P. (1995/1943) Das Sein und das Nichts: Versuch einer phänomenologischen Ontologie. Rowohlt, Reinbek, S. 122ff.

4 Sloman, S.A. et al. (2010) Self-deception requires vagueness. *Cognition* 115, S. 268–281.

5 Gur, R. C. & Sackheim, H. A. (1979) Self-deception: A concept in search of a phenomenon. *Journal of personality and social psychology* 37, S. 147–169.

6 Wegner, D. M. & Wheatley, T. (1999) Apparent mental causation: Sources of the experience of will. *American psychologist* 54, S. 480–492.

7 Balcetis, E. & Dunning, D. (2006) See what you want to see: Motivational influences on visual perception. *Journal of personality and social psychology* 91, 612–625.

8 Nisbett, R. & Wilson, T. D. (1977) Telling more than we can know: Verbal reports on mental processes. *Psychological review* 84, S. 231–259.

9 Zusammengefasst in Dunning, D. (2005) Self-insight: Roadblocks and detours on the path to knowing thyself. Psychology Press, New York.

10 Koppetsch, C. & Speck, S. (2015) Wenn der Mann kein Ernährer mehr ist: Geschlechterkonflikte in Krisenzeiten. Suhrkamp, Berlin.

11 Swann, W. B. Jr. (2011) Self-verification theory. In: Van Lange, P. A. M. et al. (Hrsg.) Handbook of theories of social psychology. Sage Publications, London, Bd. 2, S. 23–39.

4 Hört die Signale!

1 Borkenau, P. et al. (2004) Thin slices of behaviour as cues of personality and intelligence. *Journal of personality and social psychology* 86, S. 599–614.

2 Der Korrelationskoeffizient ist ein statistisches Maß dafür, wie stark zwei Dinge miteinander zusammenhängen. Er liegt zwischen 0 und 1 (bzw. –1), wobei 0 heißt, dass die beiden Variablen nichts miteinander zu tun haben. Ein Wert von 1 zeigt dagegen perfekte Übereinstimmung an. Ändert sich A, tut dies auch B (bei –1 in gegenläufige Richtung). Die Korrelation zwischen Persönlichkeit und Verhalten eines Menschen liegt meist bei 0,3. Zum Vergleich: Körpergröße und Geschlecht (die Tatsache, dass Männer im Schnitt größer sind als Frauen) korrelieren mit etwa 0,7. Korrelationen verleiten oft zu dem Schluss, das eine würde das anderen ursächlich beeinflussen, aber das muss nicht so sein. So kann das Auftreten von Störchen mit der Geburtenrate korrelieren, ohne dass die Zugvögel deshalb Babys bringen. Vielleicht steckt etwas Drittes, etwa die Jahreszeit, hinter beidem.

3 Gosling, S.D. et al. (2002) A room with a cue: Personality judgments based on offices and bedrooms. *Journal of personality and social psychology* 82, S. 379–398 sowie Vazire, S. & Gosling, S.D. (2004) E-perceptions: Personality impressions based on personal websites. *Journal of personality and social psychology* 87, S. 123–132.

4 Carrère, S. & Gottman, J. M. (1999) Predicting divorce among newlyweds from the first three minutes of a martial conflict discussion. *Family process* 38, S. 293–301.

5 Abele, A. E. & Wojciszke, S. (2014) Communal and agentic content: A dual perspective model. *Advances in experimental social psychology* 50, S. 198–255.

6 Bem, D. J. (1972) Self-perception theory. *Advances in experimental social psychology* 6, S. 1–62.

7 Mijovic-Prelec, D. & Prelec, D. (2010) Self-deception as self-signaling: A model and experimental evidence. *Philosophical transactions of the Royal Society (biological sciences)* 365, S. 227–240.

8 Ebd.

9 Bollich, K. L. et al. (2011) In search of our true selves: Feedback as a path to self-knowledge. *Frontiers in psychology* 2, Art. 312.

10 Norona, J. C., & Welsh, D. P. (2016) Rejection sensitivity and relationship satisfaction in dating relationships: The mediating role of differentiation of self. *Couple and family psychology: Research and practice* 5, S. 124–135.
11 Murray, S.D. et al. (1996) The self-fulfilling nature of positive illusions in romantic relationships: Love is not blind, but prescient. *Journal of personality and social psychology* 71, S. 1155–1180 sowie Kappes, A. et al. (2018) Concern for others leads to vicarious optimism. *Psychological science* 29, S. 379–389.
12 Mehl, M. et al. (2006) Personality in its natural habitat: Manifestations and implicit folk theories of personality in daily life. *Journal of personality and social psychology* 90, S. 862–877.
13 Sun, J. & Vazire, S. (2018) Do people know what they're like in the moment? *PsyArXiv online*, doi: 10.31234/osf.io/sg5aw.

5 Lob der Ignoranz

1 Festinger, L. & Carlsmith, J. M. (1959) Cognitive consequences of force compliance. *Journal of abnormal and social psychology* 68, S. 203–210.
2 Ein anderes Beispiel für diesen erstaunlichen Effekt ist das berühmte Gorillaexperiment: Zählt man bei einem Basketballspiel die Pässe mit, übersieht man selbst einen Schauspieler, der im Affenkostüm mitten durchs Bild spaziert. Es geschieht unmittelbar vor unseren Augen; aber wir sehen es nicht, solange wir einen anderen Punkt fixieren.
3 Wilson, T. D. & Dunn, E. (2004) Self-knowledge: Its limits, value, and potential for improvement. *Annual review of psychology* 55, S. 17.1–17.26.
4 Hertwig, R. & Engel, C. (2016) Homo ignorans: Deliberately choosing not to know. *Perspectives on psychological science* 11, S. 359–372.
5 Hixon, J. G & Swann, W. B. Jr. (1993) When does introspection bear fruit? Self-reflection, self-insight, and interpersonal choices. *Journal of personality and social psychology* 64, S. 35–43.
6 Hoyer, J. & Klein, A. (2000) Self-reflection and well-being: Is there a healthy amount of introspection? *Psychological reports* 86,

S. 135–141 sowie Hoyer, J. & Kunst, K. (2001) Selbstaufmerksamkeit und »Selbstkenntnis« im SAM-Fragebogen. *Zeitschrift für differentielle und diagnostische Psychologie* 22, S. 111–117.

7 Wilson, T. D. et al. (2005) The pleasures of uncertainty: Prolonging positive moods in ways people do not anticipate. *Journal of personality and social psychology* 88, S. 5–21.

8 Wilson, T. D. (2002) Strangers to ourselves: Discovering the adaptive unconscious. Belknap Press, Cambridge und London, S. 216ff.

6 Idioten sind immer die anderen

1 Diesen Begriff prägten Daniel Gilbert und Kollegen in einem Fachartikel, der die Beständigkeit einer positiven Selbstsicht trotz negativen Feedbacks und Unvermögen beschrieb: Gilbert, D. et al. (1998) Immune neglect: A source of durability bias in affective forecasting. *Journal of personality and social psychology* 75, S. 617–638.

2 Eine gute Übersicht gibt Dunning, D. (2005) Self-insight: Roadblocks and detours on the path to knowing thyself. Psychology Press, New York.

3 Svenson, O. (1981) Are we all less risky and more skillful than our fellow drivers? *Acta psychologica* 47, S. 143–148.

4 Diese College-Board-Studie von 1976/77 bespricht ausführlich: Gilovich, T. (1991) How we know what isn't so: The fallibility of human reason in everyday life. Free Press, New York.

5 Dunning, D. et al. (2004) Flawed self-assessment: Implications for health, education, and the workplace. *Psychological science in the public interest* 5, S. 69–106.

6 Kruger, J. & Dunning, D. (1999) Unskilled and unaware of it: How difficulties in recognizing one's own incompetence lead to inflated self-assessment. *Journal of personality and social psychology* 77, S. 1121–1134.

7 Sanchez, C. & Dunning, D. (2018) Overconfidence among beginners: Is a little learning a dangerous thing? *Journal of personality and social psychology* 114, S. 10–28.

8 Dunning, D. (2005) Self-insight: Roadblocks and detours on the path to knowing thyself. Psychology Press, New York.

9 Furnham, A. & Rawles, R. (1999) Correlations between self-estimated and psychometrically measured IQ. *Journal of social psychology* 139, S. 405–410.

10 O'Mara, E. M. & Gaertner, L. (2017) Does self-enhancement facilitate task performance? *Journal of experimental psychology: General* 146, S. 442–455.

11 Die Tendenz zur Selbstüberschätzung ist umso stärker ausgeprägt, je mehr die Probanden glauben, sich auf dem betreffenden Fachgebiet – etwa der Biologie oder der Volkswirtschaftslehre – gut auszukennen (siehe: Atir, S. et al. (2015) When knowledge knows no bounds: Self-perceived expertise predicts claims of impossible knowledge. *Psychological science* 26, S. 1295–1303).

12 Amati, F. et al. (2010) Overclaiming and the medial prefrontal cortex: A transcranial magnetic stimulation study. *Cognitive neuroscience* 1, S. 268–276.

13 Tappin, B. M. & McKay, R. T. (2017) The illusion of moral superiority. *Social psychological and personality science* 8, S. 623–631.

14 Obwohl das christliche Ideal der selbstlosen Nächstenliebe und Bescheidenheit die Hybris verbietet, sind religiöse Menschen nicht weniger anmaßend als andere, insbesondere was ihre eigene Tugendhaftigkeit betrifft (siehe Gebauer, J. E. et al. (2017) Christian self-enhancement. *Journal of personality and social psychology* 113, S. 786–809).

15 Hirstein, W. (2005) Brain fiction: Self-deception and the riddle of confabulation. MIT Press, Cambridge.

16 Ebd. S. 240 (eigene Übersetzung).

17 Narzissmus gilt vielen als *der* Inbegriff der Selbstüberschätzung. Unempfänglich für Feedback, betrachtet der Narzisst sich selbst als den Größten. Donald Trump liefert das Paradebeispiel für diesen Typus. Fachleute unterscheiden jedoch zwischen *gesundem* Narzissmus, der bei jedem mehr oder weniger ausgeprägt ist, und einer seltenen, pathologischen Extremform. Tatsächlich neigen krankhafte Narzissten zu grandioser Selbstüberhöhung – allerdings nur äußerlich. Sie kehren ihre Vorzüge auf so nervtötende Weise hervor und machen fremde Erfolge verächtlich, weil ihr Ego permanent bedroht ist. Solche Narzissten sind meist nicht erfolgreicher als andere Menschen, im Gegenteil: Ihr Leben gleicht oft einer Serie von

Niederlagen. Sie verlieren eher den Job, ihre Beziehungen zerbrechen schneller und sie leiden durchaus an ihrer Störung, auch wenn das selten so wirkt. Doch vor lauter Ego-Boosting bemerken sie nicht, wie sehr sie ihrer Umwelt auf den Keks gehen. Heute wird das Label »Narzissmus« inflationär vergeben, ob für Politiker und Wirtschaftsbosse oder für Jugendliche, die dauernd Selfies posten. Mehrere Übersichtsstudien der vergangenen Jahre ergaben jedoch: Es gibt keine Narzissmus-Epidemie (siehe etwa Wetzel, E. et al. (2017) The narcissm epidemic is dead: Long live the narcissm epidemic. *Psychological science* 28, S. 1833–1847). Junge Leute von heute sind nicht weniger mitfühlend oder sozial eingestellt als frühere Generationen. Vermutlich nahm nicht einmal das Lamento über die ach so selbstverliebte Jugend zu, denn dieses ist so alt wie die Menschheit.

18 Anderson, C. et al. (2008) Punishing hubris: The perils of overestimating one's status in a group. *Personality and social psychology bulletin* 34, S. 90–101.

19 Kwan, V. S. Y. et al. (2008) Conceptualizing and assessing self-enhancement bias: A componential approach. *Journal of personality and social psychology* 94, S. 1062–1077.

20 Dufner, M. et al. (2018) Self-enhancement and psychological adjustment: A meta-analytic review. *Personality and social psychology review* doi: 10.1177/1088868318756467.

21 Taylor, S. E. & Brown, J. D. (1988) Illusion and well-being: A social psychological perspective on mental health. *Psychological bulletin* 103, S. 193–210.

22 Taylor, S. E. & Brown, J. D. (1994) Positive illusions and well-being revisited: Separating fact from fiction. *Psychological bulletin* 116, S. 21–26.

23 Bonanno, G. A. (2005) Resilience in the face of potential trauma. *Current directions in psychological science* 14, S. 135–138.

7 Sei du selbst!

1 Joseph, S. (2017) Authentizität: Die neue Wissenschaft vom geglückten Leben. Kailash, München (Original: Authentic: How to be yourself and why it matters. Piatkus, London 2016).

2 Lister, J. (2015) The dark side of authenticity: Feeling ›real‹ while gambling interacts with enhancement motives to predict problematic gambling behavior. *Journal of gambling studies* 31, S. 995–1013.
3 Goldman, B. M. & Kernis, M. H. (2002) Role of authenticity in healthy psychological functioning and subjective well-being. *Annals of the american psychotherapy association* 5, S. 18–20.
4 Gino, F. et al. (2015) The moral virtue of authenticity: How inauthenticity produces feelings of immortality and impurity. *Psychological science* 26, S. 983–996.
5 Köllner, M. G. & Schultheiss, O. C. (2014) Meta-analytic evidence of low convergence between implicit and explicit measures of the needs for achievement, affiliation, and power. *Frontiers in psychology* 5, Art. 826.
6 Hofer, J. & Busch, H. (2017) Why Citizen Kane was unhappy: Motive-goal incongruence. *Social and personality psychology compass* 11, e12330.
7 Schultheiss, O. C. & Brunstein, J. C. (2001) Goal imagery: Bridging the gap between implicit motives and explicit goals. *Journal of personality* 67, S. 1–38.
8 Thrash, T. M. et al. (2007) Methodological and dispositional predictors of congruence between implicit and explicit need for achievement. *Personality and social psychology bulletin* 33, S. 961–974.
9 Schultheiss, O. C. et al. (2011) Referential competence is associated with motivational congruence. *Journal of research in personality* 45, S. 59–70.
10 Brunstein, J. C. et al. (1998) Personal goals and emotional well-being: The moderating role of motive disposition. *Journal of personality and social psychology* 75, S. 494–508.
11 Siehe zum Beispiel Deci, E. L. & Ryan, R. M. (2000) The »what« and »why« of goal pursuits: Human needs and the self-determination of behavior. *Psychological inquiry* 11, S. 227–268.
12 Mengers, A. A. (2014) The benefits of being yourself: An examination of authenticity, uniqueness, and well-being. *Master of applied positive psychology, Capstone projects* 63.
13 Lenton, A. P. et al. (2013) How does »being real« feel? The experience of state authenticity. *Journal of personality* 81, S. 276–289 sowie

Sedikides, C. et al. (2017) State authenticity. *Current directions in psychological science* 26, S. 521–525.
14 Fleeson, W. & Wilt, J. (2010) The relevance of big five trait content in behavior to subjective authenticity: Do high levels of within-person behavioral variability undermine or enable authenticity achievement? *Journal of personality* 78, S. 1353–1382.
15 Persönliche Mitteilung.
16 Schlegel, R. J. et al. (2011) Feeling like you know who you are: Perceived true self-knowledge and meaning of life. *Personality and social psychology bulletin* 37, S. 745–756.

8 Wes Geistes Kind

1 Crawley, R. et al. (2008) Cognitive changes in pregnancy: Mild decline or societal stereotype? *Applied cognitive psychology* 22, S. 1142–1162.
2 Gronau, Q. F. et al. (2017) A Bayesian model-averaged meta-analysis of the power pose effect with informed and default priors: The case of felt power. *Comprehensive results in social psychology* 2, S. 123–138.
3 Siehe zum Beispiel Blackwell, L. S. et al. (2007) Implicit theories of intelligence predict achievement across an adolescent transition: A longitudinal study and an intervention. *Child development* 78, S. 246–263 sowie Satchell, L. et al. (2017) Ruminating on the nature of intelligence: Personality predicts implicit theories and educational persistence. *Personality and individual differences* 113, S. 109–114.
4 Job, V. et al. (2010) Ego depletion – is it all in your head? Implicit theories about willpower affect self-regulation. *Psychological science* 21, S. 1686–1693.
5 Siehe Flore, P. C. & Wicherts, J. M. (2015) Does stereotype threat influence performance of girls in stereotyped domains? A meta-analysis. *Journal of school psychology* 53, S. 25–44 sowie Kiefer, A. K. & Sekaquaptewa, D. (2007) Implicit stereotypes, gender identification, and math-related outcomes: A prospective study of female college students. *Psychological science* 18, S. 13–18.
6 Schroder, H. S. et al. (2017) Growth mindset of anxiety buffers the

link between stressful life events and psychological distress and coping strategies. *Personality and individual differences* 110, S. 23–27.

7 Rai, R. et al. (2017) Identifying modifiable factors associated with health optimism in older adults. *Aging and mental health*, doi: 10.1080/13607863.2017.1416589.

8 Levy, B. R. et al. (2018) Positive age beliefs protect against dementia even among elders with high-risk gene. *PLoS one* 13, e0191004.

9 Dweck, C. S. (2002) Mindset: The psychology of success. Random House, New York (deutsch: Selbstbild: Wie unser Denken Erfolge und Niederlagen bewirkt. Campus, Frankfurt am Main, 2007).

10 Mangers, J. A. et al. (2006) Why do beliefs about intelligence influence learning success? A social cognitive neuroscience model. *Social cognitive and affective neuroscience* 1, S. 75–86.

11 Young, M. et al. (2009) Belief in stable and fleeting luck and achievement motivation. *Personality and individual differences* 47, S. 150–154.

9 Motiviertes Denken

1 Mehr über diesen historischen Fall in Nebel, J. (2018) Adele Spitzeder: Der größte Bankenbetrug aller Zeiten. FBV, München.

2 Dunning, D. et al. (1991) Self-serving prototypes of social categories. *Journal of personality and social psychology* 61, S. 957–968.

3 Ditto, P. H. & Lopez, D. F. (1992) Motivated scepticism: Use of differential decision criteria for preferred and nonpreferred conclusions. *Journal of personality and social psychology* 63, S. 568–584.

4 Kunda, Z. (1990) The case for motivated reasoning. *Psychological bulletin* 108, S. 480–493.

5 Bahrick, H. P. et al. (1996) Accuracy and distortion in memory for high school grades. *Psychological science* 7, S. 265–271.

6 Hastorf, A. H. & Cantril, H. (1954) They saw a game: A case study. *Journal of abnormal and social psychology* 49, 129–134.

7 Nyhan, B. & Reifler, J. (2014) Does correcting myths about flu vaccines work? An experimental evaluation of the effects of corrective information. *Vaccine* 33, S. 459–464.

8 Wager, T. D. & Atlas, L. Y. (2015) The neuroscience of placebo effects:

Connecting context, learning and health. *Nature reviews neuroscience* 16, S. 403–418.

10 Du schaffst das!

1 Bowlby, J. (2016) Frühe Bindung und kindliche Entwicklung. Reinhart, München (7. Aufl.).

2 Bowlby, J. (1951) Maternal care and mental health. WHO monograph series, Genf.

3 Schröder-Abé, M. et al. (2007) High implicit self-esteem is not necessarily advantageous: Discrepancies between explicit and implicit self-esteem and their relationship with anger expression and psychological health. *European journal of personality* 21, S. 319–339.

4 Orth, U. & Luciano, E. C. (2015) Self-esteem, narcissism, and stressful life events: Testing for selection and socialization. *Journal of personality and social psychology* 109, S. 707–721.

5 Tesser, A. (2000) On the confluence of self-esteem maintenance mechanisms. *Personality and social psychology review* 4, S. 290–299.

6 Brown, J. D. & Dutton, K. A. (1995) The thrill of victory, the complexity of defeat: Self-esteem and people's emotional reactions to success and failure. *Journal of personality and social psychology* 68, S. 712–722.

7 Siehe Brown, J. D. (2010) High self-esteem buffers negative feedback: Once more with feeling. *Cognition and emotion* 24, S. 1389–1404 sowie Rudman, L. A. et al. (2007) Implicit self-esteem compensation: Automatic threat defense. *Journal of personality and social psychology* 93, S. 798–813.

11 Ein roter Faden

1 Der Begriff der Identität wird oft synonym mit »Selbst« verwendet. Jedoch spricht man von Identität weniger, um einen Menschen zu beschreiben, als vielmehr, um ihn zu *definieren* – zum Beispiel als Mann, Vater, Deutschen oder Akademiker. Es gibt kaum etwas, das nicht Identität stiften könnte: geschlechtliche, berufliche und

familiäre Identität, ethnische, nationale und kulturelle Identität, moralische, spirituelle und religiöse Identität, um nur einige zu nennen. Selbst materielle Güter können Teil der Identität sein, etwa für iPhone-Besitzer oder BMW-Fahrer. Identität weist den Einzelnen einer Gruppe zu. Oft werden dabei bloße Konventionen zum Kern der Sache erhoben. Gehören christliche Sitten notwendig zu unserer kulturellen Identität? Wer dies bejaht, tut es nicht etwa aus objektiven Gründen, sondern weil er es so will – suggeriert zugleich aber Allgemeingültigkeit. Das macht den Begriff der Identität problematisch. Er ist meist mit der Forderung verknüpft, selbige zu *wahren*. Identität sei normativ, erklärt der Philosoph Tim Henning von der Universität Jena: »Die Identität einer Person wird in der vorherrschenden Verwendung des Begriffs nicht von dem gebildet, was diese Person *faktisch* ausmacht, sondern von der Weise, wie diese Person selbst sich wertend versteht.« (Henning, T. (2012) Personale Identität und personale Identitäten – ein Problemfeld der Philosophie. In: Petzold, H. G. (Hrsg.) Identität. Ein Kernthema moderner Psychotherapie – interdisziplinäre Perspektiven. VS Springer, Wiesbaden, S. 19–38, Zitat: S. 29) Identität verweist folglich auf ein Interesse. So wird sie bevorzugt von denjenigen bemüht, die eine politische Agenda haben.

2 Locke, J. (1690) An essay concerning human understanding. Basset & Mory, London.

3 Nach Paine, A. B. (1912) Mark Twain. A biography: The personal and literary life of Samuel Langhorne Clemens. Harper & Brothers, New York und London, Bd. 4, S. 1269 (die genaue Quelle des Zitats ist unsicher).

4 Loftus, E. (2003) Make-believe memories. *American psychologist* 58, S. 867–873.

5 Hume, D. (1739) A treatise of human nature. John Noon, London.

6 Parfit, D. (1984) Reasons and persons. Oxford University Press, Oxford.

7 Klein, S. B. & Lax, M. L. (2012) The unanticipated resilience of trait self-knowledge in the face of neural damage. *Memory* 18, S. 918–948.

8 Siehe zum Beispiel Diener, E. et al. (1999) Subjective well-being: Three decades of progress. *Psychological bulletin* 125, S. 276–302 sowie Sheldon, K. M. & Kasser, T. (2001) Getting older, getting better?

Personal strivings and psychological maturity across the life span. *Developmental psychology* 37, S. 491–501.

9 Marcia, J. E. (1966) Development and validation of ego identity status. *Journal of personality and social psychology* 3, S. 551–558 sowie Kroger, J. et al. (2010) Identity status change during adolescence and young adulthood: A meta-analysis. *Journal of adolescence* 33, S. 683–698.

10 D'Argembeau, A. & Van der Linden, M. (2008) Remembering pride and shame: Self-enhancement and the phenomenology of autobiographical memory. *Memory* 16, S. 538–547.

11 Stanley, M. L. (2017) I'm not the person I used to be: The self and autobiographical memories of immoral actions. *Journal of experimental psychology: General* 146, S. 884–895.

12 Tappin, B. M. & McKay, R. T. (2017) The illusion of moral superiority. *Social psychological and personality science* 8, S. 623–631.

13 Akhtar, S. et al. (2018) Fictional first memories. *Psychological science* doi: 10.1177/0956797618778831.

14 Chen, S. Y. et al. (2016) Beliefs about the causal structure of the self-concept determine which changes disrupt personal identity. *Psychological science* 27, S. 1398–1406.

15 Siehe zum Beispiel Adler, J. M. (2012) Living into the story: Agency and coherence in a longitudinal study of narrative identity development and mental health over the course of psychotherapy. *Personality processes and individual differences* 102, S. 367–389 sowie Adler, J. M. et al. (2008) The narrative reconstruction of psychotherapy and psychological health. *Psychotherapy research* 18, S. 719–734.

16 Gelernter, D. (2016) Gezeiten des Geistes: Die Vermessung unseres Bewusstseins. Ullstein, Berlin, S. 128.

17 D'Argembeau, A. et al. (2012) Self-defining future projections: Exploring the identity function of thinking about the future. *Memory* 20, S. 110–120.

18 Welche unglaublich komplizierte Maschinerie sich dahinter verbirgt, lässt sich an der Zahl der Verbindungsstellen (Synapsen) zwischen den Neuronen im Gehirn eines erwachsenen Menschen ablesen: Es sind circa 15 Trillionen – etwa so viele wie Blätter an allen Bäumen des Amazonas-Regenwalds!

12 Das wahre Ich

1 Christy, A. G. et al. (2016) Straying from the righteous path and from ourselves: The interplay between perceptions of morality and self-knowledge. *Personality and social psychology bulletin* 42, S. 1538–1550.

2 Newman, G. E. et al. (2013) Value judgements and the true self. *Personality and social psychology bulletin* 40, S. 203–216 sowie Newman, G. E. et al. (2014) Beliefs about the true self explain assymetries based on moral judgements. *Cognitive science* 39, S. 96–125.

3 Strohminger, N. & Nichols, S. (2014) The essential moral self. *Cognition* 131, S. 159–171.

4 Strohminger, N. & Nichols, S. (2015) Neurodegeneration and identity. *Psychological science* 26, S. 1469–1479.

5 Molouki, S. & Bartels, D. M. (2017) Personal change and the continuity of the self. *Cognitive psychology* 93, S. 1–17.

6 Stanley, M. L. et al. (2017) I'm not the person I used to be: The self and autobiographical memories of immoral actions. *Journal of experimental psychology: General* 146, S. 884–895

7 Wilson, A. E. & Ross, M. (2003) The identity function of autobiographical memory: Time is on our side. *Memory* 11, S. 137–149.

8 Nichols, S. et al. (2018) Death and the self. *Cognitive science* 42, S. 314–332.

9 Persönliche Mitteilung.

10 Knez, I. & Nordhall, O. (2017) Guilt as a motivator for moral judgement: An autobiographical memory study. *Frontiers in psychology* 8, Art. 750.

13 Die Macht der anderen

1 Meltzoff, A. N. & Moore, M. K. (1983) Newborn infants imitate adult facial gestures. *Child development* 54, S. 702–709. Neuere Studien stellten infrage, ob das Imitieren angeboren sei. Doch auch wenn es früh erlernt würde, spräche dies für die hohe Sensibilität von Neugeborenen sozialen Reizen gegenüber (siehe Oostenbroek, J. et al. (2015) Comprehensive longitudinal study challenges the existence of neonatal imitation in humans. *Current biology* 26, S. 1334–1338).

2 Mampe, B. et al. (2009) Newborns' cry melody is shaped by their native language. *Current biology* 19, S. 1994–1997.
3 Zhang, D. et al. (2018) Discrimination of emotional prosodies in human neonates: A pilot fNIRS study. *Neuroscience letters* 658, S. 62–68 sowie Sambeth, A. et al. (2008) Sleeping newborns extract prosody from continous speech. *Clinical neurophysiology* 119, S. 332–341.
4 Musholt. K. (2012) Selbstbewusstsein als perspektivische Differenzierung. *Pädagogische Rundschau* 64, S. 477–487.
5 Prinz, W. (2013) Das Selbst im Spiegel: Die soziale Konstruktion von Subjektivität. Suhrkamp, Berlin (Original: Open minds: The social making of agency and intentionality. MIT Press, Cambridge 2012).
6 Botto, S.V. & Rochat, P. (2018) Sensitivity to the evaluation of others emerges by 24 months. *Developmental psychology* 54, S. 1723–1734.
7 Mead, G. H. (1934) Mind, self, and society. University Press, Chicago, S. 138 (eigene Übersetzung).
8 Bateson, M. et al. (2006) Cues of being watched enhance cooperation in real world settings. *Biology letters* 2, S. 412–414.
9 McAdams, D. P. (2005) The art and science of personality change. Guilford, New York.
10 Heiphetz, L. et al. (2016) The role of moral beliefs, memories, and preferences in representations of idenity. *Cognitive science* 41, S. 744–767.
11 Bzdok D, et al. (2012) Parsing the neural correlates of moral cognition: A meta-analysis of morality, theory of mind, and empathy. *Brain structure and function* 217, S. 783–796.
12 Larsen, N. E. et al. (2018) Do storybooks with anthropomorphized animal characters promote prosocial behaviors in young children? *Developmental science* 21, e12590.
13 Kidd, D.C. & Castano, E. (2013) Reading literary fiction improves theory of mind. *Science* 342, S. 377–380.

14 Erzähl dir was!

1 Waters, T. E. A. & Fivush, R. (2014) Relations between narrative coherence, identity, and psychological well-being in emerging adulthood. *Journal of personality* 83, S. 441–451.

2 Habermas, T. & Köber, C. (2015) Autobiographical reasoning in life narratives buffers the effect of biographical disruptions on the sense of continuity. *Memory* 23, S. 664–674.

3 McAdams, D. (2015) The art and science of personality development. Guilford, New York, S. 271–301.

4 Gazzaniga, M. (2005) Forty-five years of split-brain research and still going strong. *Nature reviews neuroscience* 6, S. 653–659.

5 Johansson, P. et al. (2005) Failure to detect mismatches between intention and outcome in a simple decision task. *Science* 310, S. 116–119.

6 Siehe auch Bortolotti, L. (2018) Confabulation: Why telling ourself stories makes us feel ok. *Aeon online*, https://aeon.co/ideas/cofabulation-why-telling-ourself-stories-makes-us-feel-ok.

7 Schooler, J. W. & Engstler-Schooler, T. (1990) Verbal overshadowing of visual memories: Some things are better left unsaid. *Cognitive psychology* 22, S. 36–37 und Schooler, J. W. et al. (1993) Thoughts beyond words: When language overshadows insight. *Journal of experimental psychology: General* 122, S. 166–183.

8 Wilson, T. & Schooler, J. (1991) Thinking too much: Introspection can reduce the quality of preferences and decisions. *Journal of personality and social psychology* 60, S. 181–192.

15 Was der kann, kann ich auch

1 Angelini, V. et al. (2017) Unpacking the determinants of life satisfaction: A survey experiment. *Journal of the Royal Statistical Society (series A)* 180, S. 119–140 sowie Deaton, A. & Stone, A. A. (2016) Understanding context effects for a measure of life evaluation: How responses matter. *Oxford economic papers* 68, S. 861–870.

2 Kaczmarek, L. D. et al. (2016) Would you be happier if you looked better? A focusing illusion. *Journal of happiness studies* 17, S. 357–365.

3 Schwarz, N. & Strack, F. (2016) Beyond ›what‹ comes to mind: Experiential and conversational determinants of information use. *Current opinion in psychology* 12, S. 89–93.

4 Howe, L. C. & Monin, B. (2017) Healthier than thou? »Practicing

what you preach« backfires by increasing anticipated devaluation. *Journal of personality and social psychology* doi: 10.1037/pspi0000085.
5 Siehe etwa Wood, J. V. (1989) Theory and research concerning social comparisons of personal attributes. *Psychological bulletin* 106, S. 231–248.
6 Taylor, S. E. (1984) Attributions, beliefs about control, and adjustment to breast cancer. *Journal of personality and social psychology* 46, S. 489–502.
7 Ramirez-Esparza, N. et al. (2009) Are Mexicans more or less sociable than Americans? Insights from a naturalistic observation study. *Journal of research in personality* 47, S. 1–7.
8 Mehl, M. R. et al. (2007) Are women really more talkative than men? *Science* 317, S. 82.
9 Serif, M. (1936) The psychology of social norms. Harper & Brothers, New York und London.

16 Öfter mal was Neues

1 Webster, D. M. & Kruglanski, A. W. (1994) Individual differences in need for cognitive closure. *Journal of personality and social psychology* 67, S. 1049–1062.
2 Sheldon, K. et al. (1997) Trait self and true self: Cross-role variation in the big-five personality traits and its relations with psychological authenticity and subjective well-being. *Journal of personality and social psychology* 73, S. 1380–1393.
3 Ein in der Persönlichkeitsforschung weithin akzeptiertes Modell ist das der »großen Fünf« oder Big-Five, das von Paul Costa und Robert McCrae geprägt wurde (siehe Costa, P. T. & McCrae, R. R. (1992) Four ways five factors are basic. *Personality and individual differences* 13, S. 653–665). Es umfasst die Dimensionen Offenheit für Erfahrungen, Gewissenhaftigkeit, Verträglichkeit, Extraversion sowie Neurotizismus (emotionale Labilität), die jedem Menschen in mehr oder weniger ausgeprägtem Maß zu eigen sind. Die Big-Five haben sich als praktikables und hinlänglich genaues Beschreibungssystem erwiesen. Allerdings bilden die genannten Dimensionen keine scharf umrissenen Eigenschaften, sondern Sammelbecken für jeweils eine Reihe

unterschiedlich starker Neigungen im Denken, Fühlen und Handeln. So setzt sich die Gewissenhaftigkeit einer Person aus mehreren Komponenten wie der Impulskontrolle, der Frustrationstoleranz, der Beständigkeit von Interessen und der Erfolgsorientierung zusammen.

4 Goffman, E. (1959) The presentation of self in everyday life. Doubleday, New York (deutsch: Wir spielen alle Theater: Die Selbstdarstellung im Alltag. Piper, München 1969).

5 Linville, P. W. (1987) Self-complexity as a cognitive buffer against stress-related illness and depression. *Journal of personality and social psychology* 52, S. 663–676.

6 Paulhus, D. & Martin, C. L. (1988) Functional flexibility: A new conception of interpersonal flexibility. *Journal of personality and social psychology* 55, S. 88–101.

7 Rafaeli-Mor, E. & Steinberg, J. (2002) Self-complexity and well-being: A review and research synthesis. *Personality and social psychology review* 6, S. 31–58.

17 Ich wär' so gerne Millionär

1 Dobelli, R. (2017) Die Kunst des guten Lebens. Piper, München, S. 145.

2 Roberts, B. W. et al. (2017) A systematic review of personality trait change through intervention. *Psychological bulletin* 143, S. 117–141.

3 Lucas, R. E. & Donnellan, M. B. (2011) Personality development across the life span: Longitudinal analyses with a national sample from Germany. *Journal of personality and social psychology* 101, S. 847–861.

4 Mehr dazu in Specht, J. (2018) Charakterfrage. Rowohlt, Reinbek.

5 Quoidbach, J. et al. (2013) The end of history illusion. *Science* 339, S. 96–98.

6 Steimer, A. & Mata, A. (2016) Motivated implicit theories of personality: My weaknesses will go away, but my strengths are here to stay. *Personality and social psychology bulletin* 42, S. 415–429.

7 Hudson, N. W. & Fraley, R. C. (2015) Volitional personality trait change: Can people choose to change their personality traits? *Journal of personality and social psychology* 109, S. 490–507.

8 Persönliche Mitteilung; Daten basieren auf der Erhebung von Quintus, M. et al. (2017) Predictors of volitional personality change in younger and older adults: Response surface analyses signify the complementary perspectives of the self and knowledgeable others. *Journal of research in personality* 70, S. 214–228.
9 Mauss, I. et al. (2011) Can seeking happiness make you unhappy? Paradoxical effects of valuing happiness. *Emotion* 11, S. 807–815.
10 Dweck, C. S. & Leggett, E. L. (1988) A social-cognitive approach to motivation and personality. *Psychological review* 95, S. 256–273.
11 Oettingens Modell basiert auf dem von dem Psychologen Peter Gollwitzer entwickelten Konzept der Implementierungsintentionen, einfach zu befolgender Wenn-dann-Regeln, die das bewusste Nachdenken umgehen. Siehe Gollwitzer, P. M. (1999) Implementation intentions. Strong effects of simple plans. *American psychologist* 54, S. 493–503 sowie Oettingen, G. (2015) Die Psychologie des Gelingens. Pattloch, München.
12 Lodi-Smith, J. & Roberts, B. W. (2007) Social investment and personality: A meta-analysis of the relationship of personality traits to investment in work, family, religion, and volunteerism. *Personality and social psychology review* 11, S. 68–86.

18 Tagträume für morgen

1 Zhu, Y. et al. (2007) Neural basis of cultural influence on self-perception. *NeuroImage* 34, S. 1310–1316.
2 Klinger, E. (1978) Modes of normal conscious flow. In: Pope, K. S. & Singer, J. L. (Hrsg.) The stream of consciousness. Springer, New York, S. 225–258.
3 Ernst, H. (2011) Innenwelten: Warum Tagträume uns kreativer, mutiger und gelassener machen. Klett-Cotta, Stuttgart, S. 96.
4 Killingsworth, M. A. & Gilbert, D. T. (2010) A wandering mind is an unhappy mind. *Science* 300, S. 932.
5 Vess, M. et al. (2016) True self-alienation positively predicts reports of mindwandering. *Consciousness and cognition* 45, S. 89–99.
6 Baird, B. et al. (2012) Inspired by distraction: Mind wandering facilitates creative incubation. *Psychological science* 23, S. 1117–1122.

7 Dubois, J. et al. (2018) A distributed brain network predicts general intelligence from resting-state human neuroimaging data. *BioRxiv* doi: 10.1101/257865.
8 Delaney, P. F. et al. (2010) Remembering to forget. The amnestic effect of daydreaming. *Psychological science* 21, S. 1036–1042.
9 Nigro, G. & Neisser, U. (1983) Point of view in personal memoires. *Cognitive psychology* 15, S. 467–482.
10 Sutin, A. R. & Robins, R. W. (2008) When the »I« looks at the »me«: Autobiographical memory, visual perspective, and the self. *Consciousness and cognition* 17, S. 1386–1397.
11 Friston, K. (2010) The free energy principle: A unified brain theory? *Nature reviews neuroscience* 11, S. 127–138.
12 Clark, A. (2013) Whatever next? Predictive brains, situated agents, and the future of cognitive science. *Behavioral brain science* 36, S. 181–204.
13 Smallwood, J. & Schooler, J. W. (2015) The science of mind wandering: Empirically navigating the stream of consciousness. *Annual review of psychology* 66, S. 487–518.

19 Jäger im Datendschungel

1 Laut dem »Quantified Wealth Report« der Agentur youGov von 2016 (siehe www.yougov.de). Nach einer Forsa-Umfrage im Auftrag der Techniker Krankenkasse von 2018 benutzen 27 Prozent der Deutschen digitale Ernährungs- und Fitness-Tracker: https://www.tk.de/centaurus/servlet/contentblob/981906/Datei/91925/TK-Studienband-Digitale-Gesundheitskompetenz-Homo-Digivitalis-2018.pdf.
2 Bernard, A. (2017) Komplizen der Erkennungsdienste: Das Selbst im digitalen Zeitalter. Fischer, Frankfurt am Main.
3 Hermans, H. J. M. & Dimaggio, G. (2007) Self, identity, and globalization in times of uncertainty: A dialogical analysis. *Review of general psychology* 11, 31–61.
4 Außer beim Vorzeige-Hirnforscher und Digitalisierungskritiker Manfred Spitzer.
5 Belk, R. W. (2013) Extended self in a digital world. *Journal of consumer research* 40, S. 477–500.

6 Hogan, B. (2010) The presentation of self in the age of social media: Distinguishing performances and exhibitions online. *Bulletin of science, technology and society* 30, S. 377–386.

7 Gergen, K. J. (1991) The saturated self: Dilemmas of identity in contemporary life. Basic Books, New York.

8 Feld, S. D. (1991) Why your friends have more friends than you do. *American journal of sociology* 96, S. 1464–1477 (siehe auch Jackson, M. O. (2016) The friendship paradox and systematic biases in perceptions and social norms. *SSRN electronic journal*).

9 Hodas, N. et al. (2013) Friendship paradox redux: Your friends are more interesting than you. *ICWSM: arXiv* 1304.3840v1.

10 Przybylski, A. K. et al. (2013) Motivational, emotional, and behavioral correlates of fear of missing out. *Computers in human behavior* 29, S. 1841–1848.

11 Matz, S. C. et al. (2017) Psychological targeting as an effective approach to digital mass persuasion. *Proceedings of the National Academy of Sciences* 114, S. 12714–12719.

12 Kramer, A. I. et al. (2014) Experimental evidence of massive-scale emotional contagion through social networks. *Proceedings of the National Academy of Sciences* 24, S. 8788–8790.

20 Konkret wünschen, abstrakt urteilen

1 Kahneman, D. (2012) Schnelles Denken, langsames Denken. Siedler, München, S. 496 (Original: Thinking, fast and slow. Farrar, Straus and Giroux, New York 2011).

2 Updegraff J. A. & Suh, E. M. (2007) Happiness is a warm abstract thought: Self-construal abstractness and subjective well-being. *Journal of positive psychology* 2, S. 18–28.

3 Während es eine umfangreiche Forschungsliteratur zu der Frage gibt, welche Faktoren das individuelle Glück des Menschen fördern, untersuchten nur wenige Arbeiten, wie dieses Glück auf die Gesellschaft insgesamt zurückwirkt. Das Streben nach Glück, einschließlich der Erwartung, dass dieser Wunsch erfüllbar sei, ist ein wichtiger Motor etwa für die Wirtschaft. Darüber hinaus fördern positive Emotionen und eine hohe Lebenszufriedenheit aber auch Toleranz,

Solidarität und den sozialen Zusammenhalt (siehe Tay, L. & Kuykendall, L. (2013) Promoting happiness: The malleability of individual and societal subjective wellbeing. *International journal of psychology* 48, S. 159–176 sowie Uchida, Y. & Oishi, S. (2016) The happiness of individuals and the collective. *Japanese psychological research* 58, S. 125–141).

4 Sheldon, K. M. (2018) Understanding the good life: Eudaimonic living involves well-doing, not well-being. In: Forgas, J. P. & Baumeister, R. F. (Hrsg.) *The social psychology of living well.* Routledge, London, S. 132–152.

5 Steger, M. F. (2008) Being good by doing good: Daily eudaimonic activity and well-being. *Journal of research in personality* 42, S. 22–42.

6 Sbarra, D. A. et al. (2012) When leaving your ex, love yourself: Observational ratings of self-compassion predict the course of emotional recovery following martial separation. *Psychological science* 23, S. 261–269.

7 DeSilveira, A. et al. (2015) Self-consciousness concept and assessment of self-report measure. *Frontiers in psychology* 6, Art. 930.

8 Carlson, E. N. (2013) Overcoming the barriers to self-knowledge: Mindfulness as a path to seeing yourself as you really are. *Perspectives on psychological science* 8, S. 173–186.

Schluss

1 In der Ursprungsversion aus Schopenhauer, A. (1841) Preisschrift über die Freiheit des Willens. Felix Meiner, Hamburg, S. 58f.

2 So der Titel eines schönen Übersichtsartikels zum Thema: Bargh, J. A. & Chartrand, T. L. (1999) The unbearable automaticity of being. *American psychologist* 54, S. 462–479.

3 Zajonc, R. B. (1980) Feeling and thinking: Preferences need no inferences. *American psychologist* 35, S. 151–175.

PERSONENREGISTER

N

O

P

Q

R

S

T

SACHREGISTER